Andreas Hülsmann

Auszeit

Andreas Hülsmann

Auszeit

25.000 Kilometer durch Südamerika

Die Motorradreisebücher im
HIGHLIGHTSVERLAG

1. Auflage 2000

Alle Fotos: Andreas Hülsmann
Redaktion: Martin Schempp, Anne Hülsmann
Lektorat: Hans Joachim Heinz
Gestaltung: Sylva Harasim
Druck und Bindung: Ebner, Ulm
Lithographie: Artcom, Königswinter

ISBN 3-933385-12-1

Inhalt

Kapitel 1

Das Fernweh kommt

»Fernweh: Unbestimmte Sehnsucht nach der Ferne und nach fremden Ländern.«

Bewegende Momente spielen sich manchmal an den ungewöhnlichsten Orten ab. Erst jetzt - 10.000 Meter über dem Atlantik - wird mir langsam bewusst, was eigentlich in den letzten 12 Monaten mit mir passiert ist. Mir wird klar, dass mich dieses Flugzeug nicht nur auf einen anderen Kontinent, sondern in ein völlig anderes Leben katapultieren wird.

Angefangen hatte alles mit einer allgemeinen Lustlosigkeit. Einer Lustlosigkeit, die im Prinzip mein gesamtes damaliges Leben betraf. Aufstehen, arbeiten, zu Bett gehen. Dazwischen ein paar Scheiben Privatleben, etwas Sport, ein wenig Hobby. Sollte das alles sein?

Gewiss, eigentlich gab es nichts, worüber ich mich beklagen konnte. Mein Privatleben war perfekt. Meine Arbeit als selbständiger Journalist machte mir sehr viel Spaß. Ich hatte mir einen Stamm von Verlagen geschaffen, die mich regelmäßig mit Aufträgen versorgten.

Aber genau das war der Knackpunkt: diese Regelmäßigkeit. Mein gesamtes Leben war vorhersehbar. Es gab weder Ausschläge nach oben noch nach unten. Für einen Adrenalinstoß sorgte höchstens hin und wieder ein Schreiben vom Finanzamt.

Im Grunde genommen war ich unzufrieden, denn irgendwie plätscherte mein Leben so dahin. Ich träumte davon, eine lange Reise zu machen, Herausforderungen anzunehmen, der Unwägbarkeit ins Auge zu blicken, Abenteuer zu bestehen. Ein Ausstieg auf Zeit, eine Auszeit - tja, das wäre jetzt genau das Richtige für mich.

Mitten in dieser Stimmung hörte ich eines Tages zwei Sätze. Es waren nur zwei Sätze, die aber alles, was mir bis dahin wichtig erschien, zur Seite drängten. »Wir fahren nach Südamerika. Bist du dabei?« lautete kurz und knapp die Frage, die mir mein Freund Jo und seine Freundin Birgit stellten. Und diese beiden Sätze setzten sich wie ein winziger Keim in meinem Kopf fest und ergriffen im Laufe der Zeit langsam aber sicher von meinem ganzen Tun und Handeln Besitz.

Denn das war die Gelegenheit, auf die ich gewartet hatte. Der Ausstieg auf Zeit, die Auszeit. In Gedanken sah ich mich schon durch die Weiten der argentinischen Pampa streifen, den Stürmen Patagoniens trotzen und den Fuß auf das Ende der Welt, auf die Insel Feuerland, setzen. Mein Gott, ein Traum würde in Erfüllung gehen.

Jo und dessen Freundin Birgit kannte ich von meiner ersten Island-Reise, die ich 1988 mit dem Motorrad unternommen hatte. Seitdem hatten wir einige Touren zusammen gemacht und nicht selten davon geträumt, die Brocken einfach mal hinzuschmeißen. Und das nicht nur für vier oder fünf Wochen.

Natürlich meldete sich auch das schlechte Gewissen. Denn eigentlich gab es viele Faktoren, die gegen eine längere Reise sprachen. So stand ich gerade am Anfang meiner Karriere als selbständiger Journalist. Die mühevoll geknüpften Kontakte einfach aufgeben und nach der Rückkehr vielleicht wieder ganz von vorn anfangen? Zugegeben, ich hatte Schiss vor dem »Danach«. Existenzangst nennt man das wohl. Aber so ist es nun einmal: Wer in einer Gesellschaft aufwächst, in der man sich gegen alles versichern kann, verlässt nur ungern den Schutz dieser Gemeinschaft.

Anne, meine Frau, würde ebenfalls nicht gerade begeistert davon sein, längere Zeit auf mich verzichten zu müssen.

Und schließlich war die Anzahl der Tourteilnehmer nicht gerade das, was man als optimal bezeichnen würde. Denn bei drei Leuten ist immer eine Meinung zu viel. Birgit und Jo sind seit Jahren ein Paar. Und wenn es einmal Unstimmigkeiten geben sollte, würden die beiden sicherlich zusammenhalten. Ich hatte keine Lust, monatelang die Opposition zu spielen. Birgit und Jo schienen auch schon ziemlich genaue Vorstellungen davon zu haben, wie diese Reise verlaufen sollte. Doch schien ihnen tatsächlich etwas daran zu liegen, diese Tour mit mir gemeinsam zu machen. Denn Jo hakte nach, so oft wir uns trafen.

Ein Punkt auf der Habenseite der Bilanz war unser gemeinsames Steckenpferd, die Fotografie. Ich wusste, dass Reisepartner sehr ungeduldig werden können, wenn es beim Fotografieren länger dauert und es im Laufe einer Reise immer schwieriger wird, Verständnis für die langen Knipspausen zu finden. Wenn ich nun eventuell nach Südamerika fahren sollte, wollte ich auf jeden Fall gute Bilder mit nach Hause bringen. Denn ich wollte die Reise hinterher unbedingt journalistisch verwerten. Da ich wusste, dass Jo von derselben Voraussetzung ausging, war zumindest die Sache mit dem Fotografieren gegessen.

Anne war, wie erwartet, alles andere als begeistert. Für sie war die Teilnahme an dieser Reise kein Thema. Sie hatte gerade einen neuen Job angetreten, den sie unter gar keinen Umständen aufgeben wollte. Außerdem konnte sie sich absolut nicht vorstellen, über einen längeren Zeitraum ein Nomadenleben zu führen. Und schließlich war sie nicht - so wie ich - mit diesem einen, besonderen Virus infiziert: dem »Travel-Bug«. Dieser Travel-Bug ist ein ganz aggressiver Bursche. Hat er sich einmal im Kopf festgesetzt, löst er eine Art von Fernweh aus, dem der Infizierte schutzlos ausgeliefert ist. Und durch Jos Südamerika-Pläne war mein Travel-Bug auf äußerst fruchtbaren Nährboden gestoßen.

Der Travel-Bug und ich führten einen erbitterten Kampf um das Für und Wider einer solchen Tour. Allerdings: Der Sieger stand schon von vornherein fest. Denn mein Unterbewusstsein beschäftigte sich von diesem Tag an fortwährend mit dem Thema »Südamerika«.

Südamerika? Das bestand für mich bis dahin nur aus Militärdiktatur, Pampa und ein paar hohen Bergen. Viel mehr wusste ich nicht über diesen Kontinent. Doch ertappte ich mich dabei, dass mein Interesse an diesem Teil der Welt ständig wuchs.

Wie schon so oft, hatte Anne mich auch diesmal längst durchschaut. Sie kannte mich eben sehr gut und spürte meist lange vor mir, was ich wollte. Ihre Versuche, mich von dieser Reise abzuhalten, wurden immer seltener. Und irgendwann, ohne dass ich es selbst bewusst wahrgenommen hatte, gab sie den Widerstand auf. Denn sie wusste viel früher als ich, dass ich diese Reise antreten würde.

Der Kampf Travel-Bug versus Hülsmann hatte etwa ein Jahr vor dem Abreisetermin ein Ende. Ich spürte, dass ich in meinem Leben eine Menge verpassen würde, sollte ich meiner Sehnsucht nach fernen Ländern nicht nachgeben. Ich wollte einen Traum Wirklichkeit werden lassen. Und ihn nicht nur wie viele andere Menschen bis ans Lebensende träumen, um dann irgendwann zu denken: »Ach, hätte ich doch ...«. Die Sache war plötzlich glasklar: Ich war an Bord.

Es ist ein eigenartiges Gefühl, wenn man mit sich im Reinen ist. Die innerlichen Reibereien zwischen Ja und Nein sind zu Ende, eine Entscheidung ist gefallen. Und so ein Entschluss tut der Seele gut. Er gibt dem Geist ein Ziel. Ein Ziel, das greifbar ist und auf das es sich hinarbeiten lässt. Zwar hatte ich noch immer ein ungutes Gefühl, was unser Trio betraf. Doch nach längeren Gesprächen, in denen jeder von uns offenlegte, was er von dieser Reise erwartete, war ich mir ziemlich sicher, dass es mit etwas Kompromissbereitschaft eigentlich zu keinen Konflikten kommen dürfte. Wir kannten uns ja schon mehrere Jahre und wussten sehr wohl, wo die Grenzen des anderen lagen.

Zwischen Anne und mir schlich sich Traurigkeit ein. Ich sah ihr an, dass sie mit meiner Entscheidung alles andere als glücklich war. In den folgenden Wochen entspann sich zwischen uns eine Art Wettkampf. Anne war klar, dass sie mich nicht mehr umstimmen konnte - jetzt ging es ihr einzig und allein noch um die Dauer der Reise.

Wir feilschten nahezu um jeden Tag. Ich wollte, wenn ich denn schon einmal auf großer Fahrt sein sollte, so lange wie möglich unterwegs sein. Anne hingegen verlangte, ich müsse so schnell wie möglich zurück kommen. Viele dieser Diskussionen endeten im Streit. Unsere Vorstellungen klafften einfach zu weit auseinander. Für Anne lag das Maximum bei drei Monaten, und ich wollte fünf Monate oder sogar ein halbes Jahr unterwegs sein. Es war schwer, aus dieser Situation einen Ausweg zu finden. Doch wir waren uns sicher, dass es einen geben würde.

Schließlich fanden wir ihn. Eigentlich war es Birgit, die diese simple, aber geniale Idee hatte. Sie schlug vor, Anne zu Weihnachten nach Ushuaia nachkommen zu lassen. Und zwar per Flugzeug. Wir würden Anne am Flughafen von Ushuaia abholen. Dann würde sie fünf Wochen lang gemeinsam mit uns in Richtung Norden fahren und danach von Puerto Montt aus wieder zurückfliegen. Ich war happy.

Jo war jedoch zunächst nicht gerade begeistert. Er hatte auf einer achtmonatigen Afrika-Reise schon schlechte Erfahrungen mit festen Terminen gemacht. Und eben diese Schwierigkeiten wollte er von vornherein vermeiden. Er hatte nicht ganz Unrecht: Auf langen Reisen gibt es in der Tat sehr viele unkalkulierbare Faktoren, die die Einhaltung eines festen Terminplans nahezu unmöglich machen.

Gerade auf einer Reise wie dieser lauern jede Menge Probleme, die einen geplanten Ablauf vollkommen durcheinander bringen können. Und die beste Möglichkeit, einen aus den Fugen geratenen Terminplan zu vermeiden, ist, gar keinen Terminplan zu haben.

Die erste Bewährungsprobe für den Zusammenhalt unseres Trios stand bevor. Und wir meisterten sie glänzend, denn Jo zeigte Verständnis für die Situation. Und so stand schließlich der Vermerk »Weihnachten in Ushuaia« auf unserem Zeitplan. Neben Annes Rückreise von Puerto Montt sollte dies jedoch der einzige Fixpunkt auf diesem Plan bleiben.

Von nun an saß Anne also mit im Boot - oder genauer gesagt mit auf dem Motorrad. Wir waren beide mit dieser Lösung überglücklich. Die fünf Wochen, die Anne uns begleiten würde, lagen ziemlich genau in der Mitte, so dass unsere Trennung gerade mal zwei Monate betragen würde. Eine Zeitspanne, die uns überschaubar und akzeptabel schien.

Doch Annes fünfwöchige Tourbegleitung warf die ganze Logistik über den Haufen. Ich sah ernste Schwierigkeiten. Ein halbes Jahr auf Tour heißt, man muss einen kompletten Haushalt auf zwei Rädern unterbringen. Bereits alleine ist das problematisch. Und nun noch eine zweite Person mit Gepäck an Bord nehmen? Unmöglich! Das würde die Tragfähigkeit meines Motorrades übersteigen. Denn der Stauraum ist nun einmal begrenzt. Sehr begrenzt, um genau zu sein. Schon bei sechs- bis achtwöchigen Touren, die ich alleine unternommen hatte, war ich an die Grenzen der Packmöglichkeiten gestoßen, und auf dieser Reise dürfte noch einiges an Ausrüstung hinzukommen. Keine Frage: Wenn Anne auf dem Sozius mitfahren wollte, hatte ich ein Transportproblem, das gelöst werden musste.

Bis zur Abreise hatte ich immer wieder Listen aufgestellt, auf denen die Ausrüstungsgegenstände standen, die unbedingt mit auf diese Tour mussten. Darunter befanden sich mit Sicherheit solche, die man zwar ganz gut gebrauchen, auf die man vermutlich aber auch verzichten könnte. Doch welche? Schwierige Frage. Auch Anne hatte ich gebeten, sich Gedanken über ihr Gepäck zu machen. Doch sie neigte dazu, lieber ein paar Kleidungsstücke zu viel als zu wenig einzupacken. Einige unserer Diskussionen über Sinn und Unsinn von Ausrüstung und Klamotten verliefen sehr heftig.

Im Grunde hatte Anne ja Recht: Einerseits verlangte ich von ihr eine spartanische Kleiderordnung, auf der anderen Seite reservierte ich einen kompletten Motorradkoffer für meine Fotoausrüstung. Doch ich ließ nicht mit mir handeln, wenn es ums Fotografieren ging. Schließlich wollte ich auf dieser Reise fotografisch auf jede Situation vorbereitet sein, und dazu erachtete ich eine etwas umfangreichere Ausrüstung als unbedingt erforderlich. Mit Stativ, Filmen, Kamera, Objektiven und Zubehör lag deren Gewicht bei knapp 20 Kilogramm.

Anne beanspruchte dasselbe für ihren persönlichen Bedarf. Und so fingen wir - obwohl der Abreisetermin erst in knapp 12 Monaten war - schon mal an zu packen. Probe zu packen. Das Ergebnis war einfach frustrierend. Denn wie wir es drehten und wendeten, es schien einfach unmöglich, auf einem Motorrad zu zweit mit Gepäck durch Südamerika zu fahren.

Meine alte Ténéré wird aussehen wie ein Möbelwagen, dachte ich nach einer solchen Probepack-Aktion bei mir. Alles in allem würde ich mehr als eine halbe Tonne Gewicht über Südamerikas Pisten dirigieren müssen. Mit jedem Schlagloch würden das Motorrad, Anne und ich an die Grenze unserer Belastbarkeit stoßen - und Schlaglöcher gibt es dort unten jede Menge. Das hatte ich jedenfalls in diversen Reiseberichten gelesen.

In vielen dieser Geschichten wurden selbst die Asphaltstraßen als abenteuerlich beschrieben, und über die Schotterpisten erzählte man sich wahre Horrorszenarien. Die einzigen, die uns bei der Lösung des Gepäckproblems helfen konnten, waren, na klar: Birgit und Jo. Nur wenn sie bereit waren, einen Teil unserer Ausrüstung auf ihren Motorrädern zu transportieren, konnte Anne die Strecke von Ushuaia nach Puerto Montt mitfahren.

Und auch hier erwies sich der Zusammenhalt unserer Truppe als hervorragend: Denn es waren Birgit und Jo, die diesen Vorschlag von sich aus machten. Auch sie sahen keine andere Möglichkeit, als einen Teil unserer Ausrüstung auf ihren Motorrädern zu transportieren. Noch heute rechne ich den beiden diese Geste hoch an. Denn es ist eine durchaus riskante Angelegenheit, eine beladene Maschine über holperige Schotterstraßen zu balancieren. Nicht umsonst heißt die Devise beim Motorradfahren »Travel light«, und in schwierigem Gelände zählt ohnehin jedes Gramm. Für Birgit kam erschwerend hinzu, dass sie mit ihrer betagten BMW bereits genug zu tun haben würde, denn der Boxer war sicherlich das unhandlichste der drei Motorräder.

Das Gepäckproblem hatten wir also gelöst. Doch die Liste der Dinge, die erledigt werden mussten, war immer noch erschreckend lang. Abgesehen vom Geld, welches ich für diese Reise benötigte, machte mir mein Motorrad am meisten Sorgen. Eine neue Maschine konnte ich mir nicht leisten und wollte es auch gar nicht. Denn mit der XT war ich schon am Nordkap, dem nördlichsten Punkt der Welt, den man mit einem Fahrzeug erreichen kann. Und nun sollte sie mich auch noch zum südlichsten Punkt bringen.

Vor mehr als acht Jahren hatte ich mir die XT 600 gekauft. Ihr Hersteller hatte ihr nach einer Wüste in Afrika den Beinamen »Ténéré« gegeben. Klingt dieser Name nicht ganz intensiv nach Abenteuer und weckt Fernweh nach fremden Ländern? Und eben diesen Sehnsüchten wollte ich zusammen mit meiner Ténéré nachgeben.

Doch dazu musste der Einzylinder erst einmal in einen fernreisetauglichen Zustand gebracht werden. Die XT hatte inzwischen - nach dem Kilometerstand auf dem Tacho gerechnet - mehr als dreimal die Welt umrundet. 50.000 Kilometer standen nun schon zum zweiten Mal auf dem Zähler. Die letzte große Revision lag mehr als 70.000 Kilometer zurück. Höchste Eisenbahn also, im Motor wieder einmal nach dem Rechten zu sehen. Denn die ersten Anzeichen eines baldigen Kollapses machten sich bemerkbar: Der Motor schwächelte ziemlich und wollte einfach nicht mehr seine volle Leistung entfalten.

Zum Glück konnte ich bei der Instandsetzung auf einen guten Geist mit dem Namen Burkhard zurückgreifen. Burkhard hatte mit mir schon früher so manches Wochenende an der Ténéré herumgeschraubt. Er kannte die Maschine genauso gut wie ich. Allerdings besitzt er mir gegenüber einen großen Vorteil, was das Schrauben betrifft: Er ist wesentlich gelassener, und ihn kann so schnell nichts aus der Ruhe bringen. Funktioniert etwas nicht sofort, verliere ich immer schnell die Geduld und werde nervös, was nicht unbedingt zur Lösung des Problems beiträgt. Burkhard hingegen raucht meistens erst mal eine Zigarette und überlegt dabei. Anschließend geht er wieder ans Werk, und kurze Zeit später haben sich die technischen Schwierigkeiten meist in Luft aufgelöst.

Verständlich, dass ich auf die Unterstützung von Burkhard nicht verzichten wollte. Doch als ich ihm von meinen Reiseplänen erzählte, lachte er nur laut: »Mit dem Ding nach Südamerika - du bist ja nicht mehr ganz richtig in dieser Welt.« Vielen Dank Burkhard! Dieser Mensch konnte so wunderschön direkt sein. Ich hatte mir von ihm eigentlich eine Aufmunterung erhofft, weil ich im Innersten selbst nicht sicher war, ob die Ténéré diese Reise schaffen würde. Und nun das. Doch dann blickte Burkhard erst auf mich, dann auf die Ténéré und sagte schließlich mit einem Augenzwinkern: »Die XT hat dich noch nie im Regen stehen lassen, und auch in Südamerika wird sie das nach einer ordentlichen Frischzellenkur nicht tun. Wann fangen wir an?«

Der letzte Satz war das Startzeichen für einige wundervolle Wochenenden in der Garage. Der Einzylinder wurde fast bis auf die letzte Schraube zerlegt. Jedes Teil, das auch nur im Entferntesten den Eindruck machte, den kommenden Ereignissen nicht gewachsen zu sein, wurde ausgetauscht.

Burkhards Ehrgeiz war nicht mehr zu bremsen. Er betrachtete es als persönliche Herausforderung, die XT so vorzubereiten, dass sie mich ohne Probleme bis ans Ende der Welt und wieder zurück bringen würde. Allerdings musste er so manche Zigarette rauchen, um die Dinge wieder so hinzubiegen, wie sie sein sollten. Denn bei der Montage lief nicht unbedingt alles perfekt.

Die Wochen gingen dahin, und allmählich fügte sich die Ténéré wie ein Puzzle zusammen. Der deutsche Yamaha-Importeur hatte mir freundlicherweise einige Ersatzteile zur Verfügung gestellt, was die Kosten für die Reparaturen erheblich verringerte. Ein weiterer Freund hatte mir in seiner Werkstatt einige Spezialteile für Motor und Fahrwerk gebastelt, die den Anforderungen der südamerikanischen Pisten besser gewachsen sein sollten. Viele Wochen gingen ins Land. Wann immer ich Zeit hatte, beschäftigte ich mich mit meinem Motorrad und half Burkhard, der schraubte und rauchte und schraubte und rauchte.

Sonst gab es nicht viel vorzubereiten. Unsere Reiseroute hatten wir mit Hilfe von Landkarten festgelegt. Starten wollten wir in Buenos Aires. Sechs Monate später würde ich irgendwo in Bolivien Birgit und Jo, die noch einen Monat länger bleiben wollten, verlassen und nach Hause zurückkehren. Dazwischen lagen unendlich viele Punkte und Sehenswürdigkeiten, die besichtigt werden wollten. Vielleicht zu viele. Denn manchmal hatte ich den Eindruck, im Intercity-Tempo durch Südamerika hetzen zu müssen, um alles zu sehen.

Mehr als ein halbes Jahr war noch Zeit bis zur Abreise. Zum damaligen Zeitpunkt sah ich - bis auf die Reparatur meines Motorrades - keine Probleme, die den Termin, den wir für den 9. Oktober festgelegt hatten, hätten gefährden können. Finanziell sah es bei mir ganz gut aus. Ich hatte inzwischen für einige Zeitungen zu tun, und auch der Verkauf von Fotos verlief sehr zufriedenstellend. Unsere Tickets für den Flug und auch Annes Reise nach Ushuaia und zurück waren gebucht.

Für die Organisation des Motorradtransportes war es noch zu früh. Wir hatten uns bei verschiedenen Speditionen und Fluggesellschaften erkundigt, jedoch wollte sich niemand sechs Monate vor Reisebeginn preislich festlegen.

Wir hatten uns entschlossen, die Motorräder mit dem Flugzeug nach Buenos Aires zu schicken. Es war zwar die teurere Variante, aber das, was wir über den Zoll im Hafen der argentinischen Hauptstadt in Erfahrung gebracht hatten, war nicht gerade ermutigend: Korrupte Beamte, verschleppte Abfertigung, verspätete Schiffe ... - die Liste des bürokratischen Grauens, welches uns im Hafen von Buenos Aires erwarten könnte, war lang. Die Motorräder fliegen zu lassen, war zwar doppelt so teuer wie das Verschiffen, doch wir konnten davon ausgehen, die Fahrzeuge innerhalb eines absehbaren Zeitraumes aus dem Zoll herauszubringen.

Noch drei Monate bis zur Abreise. Eigentlich hätte ich mich gemütlich zurücklehnen und in aller Ruhe dem Abflugtermin entgegensehen können. Aber eben nur eigentlich. Burkhard hatte inzwischen sein Werk vollendet, und die Ténéré war bereit für einen ersten Probelauf. Doch welche Katastrophe: Die Leistungsfähigkeit des Motors war trotz der umfangreichen Reparatur nicht wieder hergestellt.

Im Gegenteil - die Ténéré sprang zwar an, tuckerte einige Augenblicke vor sich hin, stellte dann aber den Betrieb einfach ein. Diese Prozedur verlief immer nach demselben Schema. Burkhard und ich suchten Tage und Nächte nach dem Fehler. Wir tauschten alle in Frage kommenden Komponenten an der Maschine aus - Kabelbaum, Lichtmaschine, Gleichrichter, Vergaser, CDI-Einheit usw. - aber es half alles nichts, wir kamen dem Fehler nicht auf die Spur. Selbst bei den Technikern von Yamaha stießen wir auf Ratlosigkeit. Alle Vorschläge, die wir von Seiten des Importeurs zu hören bekamen, hatten wir selbst schon ausprobiert. Die Ténéré wollte einfach nicht laufen.

In mir stieg ein Gefühl der Verzweiflung auf. Wenige Monate vor der Tour sah ich mich nunmehr gezwungen, ein neues Motorrad zu kaufen. Meine Ersparnisse für die Reise würden dabei fast draufgehen, und all das Geld, das ich bislang in die Ténéré gesteckt hatte, wäre für die Katz gewesen. Ich sah schon das Ende meines Traumes vor Augen, noch bevor er eigentlich richtig begonnen hatte - und das durch einen »finanziellen Exitus«. Nein, es musste eine Lösung für dieses Problem geben, so gravierend es auch war.

Burkhard hatte schlaflose Nächte. Ihn wurmte es fast mehr als mich, dass wir den Motor nicht zum Laufen brachten. Durch Zufall stießen wir dann auf des Rätsels Lösung. Als wir zum ich weiß nicht wievielten Mal den Motor starteten und er nach wenigen Sekunden wieder abstarb, hörte Burkhard noch ein leises Zischen aus dem Auspuff, als der Motor längst nicht mehr lief. Es sei hier nur am Rand erwähnt, dass mein Freund Burkhard bei dieser Entdeckung gerade wieder eine seiner Zigaretten rauchte.

Die Sache war jetzt klar - die XT hatte Verdauungsprobleme. Im Nu war der Auspuff abgebaut. Meine Güte, war ich aufgeregt. Es war die letzte Fehlermöglichkeit, auf die wir noch nicht gestoßen waren. Und tatsächlich: Der Auspuff war einfach nur verstopft. Im Laufe der Jahre hatten verrostete Partikel den Endschalldämpfer so zugesetzt, dass sich ein zu großer Staudruck aufbauen konnte und der Motor einfach abstarb.

Beim nächsten Startversuch ohne Schalldämpfer zierte sich die Ténéré erst ein wenig, doch dann sprang sie an, und der Motor lief und lief und lief. Ein ohrenbetäubender Lärm erfüllte die Garage und die nähere Umgebung. Ich ließ die Nachbarschaft an meiner Freude teilhaben und drehte immer wieder am Gas. Die Maschine knallte und polterte munter vor sich hin, und wir beide konnten uns nicht satt hören an diesem Geräusch. Der Reise nach Südamerika, die ich fast schon abgeschrieben hatte, war ich nun wieder ein großes Stück näher gekommen.

Langsam wurde es Zeit, sich um den Transport der Motorräder zu kümmern. Um das beste Angebot unter den Speditionen herauszupicken, waren viele Telefonate notwendig. Das Angebot war immens und schlichtweg nicht zu überschauen. Jo hatte irgendwann eine wirklich gute Offerte von einer Spedition bekommen.

Die Swiss-Air wollte unsere Motorräder für 3 Mark pro Kilogramm über den Atlantik fliegen. Verglichen mit anderen Angeboten schien dieser Preis ein Schnäppchen zu sein. Jo hatte alles mit der Spedition, die den Transport mit Swiss-Air arrangierte, klar gemacht - nun war auch für die Motorräder der Flug gebucht. Drei Tage vor unserer Abreise sollten die Maschinen nach Südamerika geschickt werden. Vielleicht ein wenig knapp? »Macht euch keine Sorgen, wir machen das nicht zum ersten Mal«, beruhigte man uns bei der Spedition.

Auch den Papierkram hatten wir schon acht Wochen vor dem Start so gut wie erledigt. Es fehlte nur noch das Carnet de Passage - der Pass für mein Motorrad. Dieses Carnet händigt der

ADAC erst zwei bis drei Wochen vor der Abreise aus, doch das war nur eine Formalität.

Es schien alles wunderbar zu laufen. Nur einige meiner Auftraggeber gerieten ein wenig in Panik. Die Redakteure hatten sich im Laufe der Zeit an meine Mitarbeit gewöhnt. Als ich ihnen nun mitteilte, dass ich für ein halbes Jahr nicht verfügbar sei, da schütteten sie mich mit Aufträgen regelrecht zu. Doch mir war das nur recht, denn so konnte ich noch ein finanzielles Polster für die Zeit danach anlegen.

Doch die Aufträge verfolgte ich zu diesem Zeitpunkt nur noch halbherzig. Ich war froh, dass mich Anne tatkräftig unterstützte. Für mich waren die Reisevorbereitungen einfach wichtiger, und da gab es noch jede Menge zu tun. Die Ausrüstung wollte vervollständigt und die letzten Ersatzteile mussten beschafft werden. Tausend unerledigte Kleinigkeiten schwirrten in meinem Kopf herum. Es drehte sich alles nur noch um die Tour.

Anne gefiel das selbstverständlich gar nicht. Sie wollte in den letzten Wochen bis zur Abreise weniger Stress und dafür mehr Zweisamkeit. Doch mein Terminplan ließ das nicht zu. Ihre Beweggründe waren zwar einleuchtend, aber es fiel mir aufgrund meiner noch zu erledigenden Arbeiten und des Reisefiebers schwer, mit dieser Situation umzugehen.

Wir verfolgten zu dieser Zeit unterschiedliche Ziele, die einfach nicht miteinander harmonierten. Für unsere Beziehung kein einfacher Zustand. So lebten wir in diesen Wochen in einem etwas angespannten Verhältnis. Fakt war: Ich ging fort, in eine andere Welt, in der viele Erlebnisse auf mich warten würden, und sie blieb zurück im ewig gleichen Trott des Alltags. Für Anne würde ich in den nächsten zweieinhalb Monaten unerreichbar sein - für sie ein unerträglicher Gedanke.

Meine Gedanken wiederum kreisten fast ausschließlich um den Abreisetermin. Ich hatte gar keine Lust mehr, mich auf andere Dinge zu konzentrieren. Alles lief prächtig - für meinen

Geschmack fast schon zu prächtig. Zwei Wochen vor der Abreise erhielt ich vom ADAC das Carnet de Passage. Die letzte bürokratische Hürde hier in Europa war damit genommen.

Zwei Wochen noch, und es gab eigentlich nichts mehr zu organisieren. Nur noch die Paletten, auf denen die Motorräder transportiert werden sollten, mussten zusammengezimmert werden. Eine Arbeit, die an einem Wochenende erledigt war. Wir wollten die letzten zwei Wochen vor der Abreise in Ruhe verstreichen lassen, nicht ahnend, dass das erste Abenteuer schon in Deutschland beginnen sollte.

Jos Anruf war ein Schock. Seine Stimme überschlug sich: »Die Swiss-Air hat den Transport der Motorräder gestrichen.« Diese Worte am Telefon durchfuhren mich wie Stromstöße. Die Spedition hatte bei Jo angerufen und ihm mitgeteilt, dass der Flieger bereits ausgebucht sei. Ein Embargo seitens der Fluggesellschaft, so hieß es.

In den Tagen danach versuchte der Sachbearbeiter, die Motorräder auf andere Flugzeuge umzubuchen - jedoch ohne Erfolg. Alle Maschinen Richtung Buenos Aires waren voll.

Wir wollten nicht untätig herumsitzen und darauf warten, dass die Spedition vielleicht doch noch eine Möglichkeit finden würde, um unsere Motorräder rechtzeitig nach Argentinien zu fliegen. Deswegen nahmen wir die Sache selbst in die Hand. Aber die Anfragen bei anderen Transportgesellschaften waren ernüchternd. In der Kürze der Zeit wäre kein Flug zu bekommen, hieß es immer wieder. Es stellte sich heraus, dass die Swiss-Air schon seit über drei Monaten keine Fracht mehr in Richtung Buenos Aires angenommen hatte. Die Kapazitäten waren mehr als ausgelastet. Keine Frage - unsere Spedition hatte sich nicht im Geringsten um den Transport der Motorräder gekümmert.

Wohl getrieben vom schlechten Gewissen offerierte uns der Sachbearbeiter dieses Schlamperladens ein paar Tage später eine mehr als fragwürdige Transportmöglichkeit. Die Paletten mit unseren Motorrädern sollten per Lkw nach Amsterdam und von dort aus per Flugzeug nach New York gebracht werden. Von New York werde es dann per Luft Richtung Miami gehen und anschließend weiter nach Sao Paulo. Der Transport sei bis dahin so gut wie gebucht, versicherte uns der Sachbearbeiter. Von Sao Paulo gebe es noch Schwierigkeiten, aber im Notfall könne man ja die Paletten auch per Lkw nach Buenos Aires bringen.

Was für ein idiotischer Vorschlag. Man muss kein Logistikexperte sein, um sich auszurechnen, dass die Motorräder garantiert nicht vor Ablauf von vier bis sechs Wochen in der argentinischen Hauptstadt aufgetaucht wären.

Nur noch 7 Tage bis zu unserem Abflug, und die Motorräder hatten immer noch keinen Lift nach Buenos Aires. Jo und ich telefonierten wie Besessene mit Speditionen und Fluggesellschaften, doch eine Lösung schien es nicht zu geben.

Aber ausweglose Situationen haben es an sich, dass irgendwo ein Strohhalm auftaucht, an den man sich klammern kann. Als ein solcher Strohhalm erwies sich ein Arbeitskollege von Birgit. Er teilte ihr mit, dass einer seiner Bekannten in einer Firma arbeite, die des Öfteren Maschinenteile nach Südamerika verschicken würde. Es gäbe da eventuell noch freie Transportkapazitäten, aber versprechen könne er nichts. Wenigstens ein Lichtblick.

Nun begann eine Odyssee von Telefonaten, die über besagte Firma letztendlich zu einer Spedition führte, wo wir uns berechtigte Hoffnungen machen konnten, dass die Motorräder doch noch rechtzeitig Buenos Aires erreichen würden.

Zwei Tage mussten wir noch zittern, dann kam das Okay von der Spedition. Für die Motorräder war ein Flug gebucht. Es gab allerdings einen kleinen Wermutstropfen, denn die Fluggesellschaft bestand auf Transportkisten - unsere Paletten, die wir schon fertig gebaut hatten, würden nicht ausreichen. »Was soll's?«, dachte ich in einem Anflug von Wahnsinn. So kurz vor einer großen Reise freut man sich über jegliche Art von Beschäftigung.

So stand uns eine Arbeit bevor, für die man normalerweise einige Tage benötigen würde und die uns nur einen Tag aufhalten durfte. Wir mussten eine Kiste für den Flugzeugtransport bauen - und das in Maßarbeit, denn jeder Zentimeter zu viel kostete Geld. Auf engstem Raum quetschten wir die Motorräder in den Holzverschlag. Wir nutzten jeden Kubikzentimeter Raum aus. Reservereifen, Helm und Stiefel - alles wurde noch irgendwie dazwischen geschoben. Wir konnten es schließlich selbst kaum glauben: 36 Stunden vor unserem eigenen Abflug brachten wir die Kisten samt der drei Motorräder zur Spedition.

Zu Hause herrschte das Chaos. Über mehrere Zimmer verteilt lag meine Ausrüstung, die irgendwie noch in den Rucksack und die Taschen gepackt werden musste. Das Zusammensuchen sah wohl eher nach einer Flucht aus, als nach einer lang vorbereiteten Reise. Ich hatte doch alles schon einmal zur Probe verstaut und dabei hatte es kaum Schwierigkeiten gegeben! Nun jedoch - wo es Ernst wurde - passte nichts mehr.

Der Grund: Bei dem im Vorfeld erfolgten Ausloten der Transportkapazitäten hatte ich die Motorradklamotten nicht mit eingerechnet. In Südamerika hatte ich sie ja an, und für den Flug war ein Platz im Rucksack geplant. Da sie jedoch so prima in die Motorradkoffer passten, hatte ich sie während unserer panischen Kistenbau-Aktion aus Versehen dort hineingestopft. Und zwar statt der eigentlich dafür vorgesehenen Ausrüstungsgegenstände. Die wiederum waren zu Hause liegen geblieben und benötigten nun zusätzlichen Platz in meinem restlichen Gepäck. Viel zu viel Platz. Das durfte nicht wahr sein! Ich war dem Wahnsinn nahe. Doch wie heißt es so schön: Lacht dich der Wahnsinn an, lache zurück. Und so war mir auf einmal völlig schnuppe, was nun an Ausrüstung zu Hause bleiben musste und was mitdurfte. Doch gemeinsam mit Anne löste ich auch dieses Problem ...

Kapitel 2

Hektik in Buenos Aires

»Buenos Aires: Am Rio de la Plata gelegene Hauptstadt Argentiniens, zweitgrößte Stadt Südamerikas, ca. 14 Mio. Einwohner, wurde 1536 von den Spaniern gegründet.«

Nach 24 Stunden sind wir am Ziel. Stunden, die mir wie eine Ewigkeit vorkommen. Gestern Nachmittag hatten mich meine Eltern und Anne am Bahnhof verabschiedet, und jetzt stehe ich hier in Buenos Aires am Flugplatz und bin froh, wieder ein paar Meter laufen zu können.

Im Flugzeug hatte drangvolle Enge geherrscht. Die 747 war restlos ausgebucht gewesen. Die Sitze dicht an dicht, so dass man sich fast mit den Knien die Ohren hätte zuhalten können. Auch der Service war nicht berauschend. Nach dem Servieren des Abendessens ließen sich die Stewardessen nicht mehr blicken. Keine Getränke, nichts. Von der Besatzung hätte es garantiert niemand bemerkt, wenn ich im Mittelgang mein Zelt aufgeschlagen und mich in den Schlafsack gelegt hätte. Doch das ist nun überstanden, und wir drei sind froh, endlich in Südamerika zu sein.

Bei einer Tasse Kaffee bereiten wir uns auf die erste Herausforderung unserer Reise vor - die Zollabfertigung der Motorräder. Jeder von uns hat seine eigenen Szenarien im Kopf, wie die kommenden Stunden oder vielleicht auch Tage aussehen werden. Egal, was da auch auf uns zukommen mag - klar ist: Es führt kein Weg an den argentinischen Beamten vorbei. Die Berichte, die ich während der Vorbereitungen für diese Reise über das Gebaren der Zöllner gelesen hatte, waren nicht ermutigend gewesen. Man sollte sich auf das Schlimmste gefasst machen. Von Korruption war da zu lesen, von der »Herrschaft des Stempels«. Wer in diesem Land die Befehlsgewalt über das ureigenste Werkzeug aller Bürokraten besaß, der hatte Macht und konnte diese nach Lust und Laune ausleben.

Der Gedanke, von der Laune eines Menschen abhängig zu sein, gefällt mir gar nicht. Dass sich diese Laune mit einigen Zuwendungen verbessern lässt, macht mir sogar Angst. Ich hatte mich also während des ganzen Fluges mit dem Gedanken beschäftigt, wie und womit ich die Laune eines argentinischen Beamten notfalls verbessern könnte.

Der erste Eindruck bestätigt das Gelesene. Beim Eingang in die zollfreie Zone des Cargo-Flughafens, der knapp einen Kilometer vom »International Airport« entfernt liegt, werden unsere Ausweise penibel kontrolliert. Es kommt zu ersten Verständigungsproblemen. Erst als Jo die Zollunterlagen des deutschen Spediteurs vorlegt, öffnen sich für uns die Tore.

In irgendeinem der Gebäude beginnt unsere Odyssee durch den argentinischen Bürokraten-Dschungel. Eine nette junge Dame kontrolliert die Papiere und drückt uns einen Laufzettel in die Hand, auf dem 12 Positionen stehen, die wir »abarbeiten« müssen. Zwölf Positionen - das bedeutet zwölf Stempel. Keiner von uns dreien glaubt mehr daran, dass wir unsere Motorräder heute noch zu Gesicht bekommen.

Zumindest stoßen wir überall auf freundliche Beamte, die bemüht sind, uns trotz der Sprachbarrieren zu helfen. Doch die ganze Angelegenheit zieht sich. Immer wieder werden Vorgesetzte gefragt. Mit dem »Carnet de Passage« wissen die wenigsten Beamten etwas anzufangen, und so werden wir immer weitergereicht. Motorräder aus Europa werden wohl nicht alle Tage am Flugplatz in Buenos Aires eingeführt. Die Zeit vergeht, ohne dass auch nur ein einziger Stempel auf den Laufzettel kommt.

Doch alles ändert sich schlagartig, als wir wieder einmal vor dem Schreibtisch einer jungen Frau stehen. Schreibtisch? Ja, doch. Da muss irgendwo ein Schreibtisch sein. Denn irgendwo unten auf dem Boden schauen vier hölzerne Beine aus einem

Haufen Papier heraus. Die Frau sitzt in einem Verschlag aus Maschendraht. Akten stapeln sich bis unter die Decke. Ich habe den Eindruck, dass in diesem Käfig nicht einmal mehr Platz für einen DIN-A4-Bogen ist. Wir trauen kaum unseren Ohren: Freundlich und in fast akzentfreiem Deutsch fragt sie nach unseren Pässen und den nötigen Papieren.

Sie fordert uns auf, ihr zu folgen und nimmt den bürokratischen Vorgang selbst in die Hand. Wir haben keine Chance, auch nur eine Kleinigkeit davon zu kapieren. Aber wozu auch? Unsere gute Fee erledigt alles für uns. Freundlich lächelnd stürmt sie in jedes Büro, holt ihre Kollegen aus der Mittagspause und lässt nicht locker, bis sie unseren Vorgang bearbeiten und den erforderlichen Stempel auf das Papier setzen.

Zwischendurch erfahren wir, dass sie Sandra heisst und vor einigen Jahren in Deutschland als Austauschschülerin war. Birgit, Jo und ich haben Mühe, mit Sandra Schritt zu halten. Ich habe den Eindruck, dass ihren Kollegen das plötzliche bürokratische Tempo völlig fremd ist. »Für gewöhnlich dauert es ein bisschen länger, aber ab und zu machen wir hier auch mal eine Ausnahme«, sagt Sandra noch zum Abschied und zeigt dabei auf den Eingang des Lagers, wo gerade meine Ténéré in ihrer Holzkiste ans Tageslicht gebracht wird.

Nicht einmal drei Stunden hat die Zollabfertigung gedauert - vermutlich südamerikanischer Rekord. Wir machen uns umgehend daran, die Motorräder zusammenzuschrauben. Immer wieder kommen neugierige Lkw-Fahrer, Lagerarbeiter und Zöllner vorbei und stellen unendlich viele Fragen. »Wohin?«, »Woher?«, »Wie lange soll die Reise dauern?« Für viele ist es unfassbar, dass wir ein halbes Jahr in Südamerika bleiben.

Ich muss feststellen, wie begrenzt meine Spanischkenntnisse doch sind. Nur mühsam kann ich mich verständigen. Birgit ist da besser dran. Sie hat wesentlich eifriger gelernt als ich, hat zu Hause sogar Kurse belegt, und so fällt ihr von Anfang an die Aufgabe des Dolmetschers zu. Birgit muss sich um alle Neugierigen kümmern. Und das alles, während sie unter den ungläubigen Blicken der meist männlichen Zuschauer ihre BMW zusammenbaut.

Mir ist das im Moment nur recht, denn Eile tut Not. Bis 18 Uhr müssen wir aus dem zollfreien Bezirk verschwunden sein, denn dann ist dort für heute Feierabend - und die Beamten schließen die Zone pünktlich. Wollen wir heute noch mit unseren Motorrädern fahren, müssen wir die Maschinen schnell flott machen. Denn wenn es uns in diesem Zeitrahmen nicht gelingt, verschiebt sich alles auf den morgigen Tag. Mit Brecheisen rücken wir den Kisten zu Leibe.

Vorderrad einbauen, Lenker montieren, Batterie anklemmen und noch andere tausend Kleinigkeiten sind zu erledigen, bis die drei Motorräder abfahrbereit vor uns stehen. Mit fliegenden Händen schrauben wir die Enduros zusammen und schaffen es in letzter Minute. Am Tor des Cargo-Flughafens werden noch einmal die Papiere kontrolliert, und dann geht es endlich los.

Auf den ersten Metern überkommt mich ein unglaubliches Bedürfnis. Einfach Gas geben und auf und davon fahren - von der Müdigkeit, die ich schon den ganzen Tag mit mir herumschleppe, ist nichts mehr zu spüren. Ich fühle mich euphorisch, denn jetzt geht das Abenteuer endlich los.

Aber was ist das? Das Stottern des Motors reißt mich aus meinem Hochgefühl. Panik! Für einige Sekunden bin ich nicht in der Lage, einen klaren Gedanken zu fassen. Doch dann gewinne ich meine Fassung schnell wieder. Ohne Benzin läuft der beste Motor nicht. Für den Flug mussten wir aus Sicherheitsgründen den Tank leeren - nur eine kleine Reserve wurde uns zugestanden.

Eigentlich hatte ich diese Reserve großzügig bemessen, doch irgendwie ist das Benzin aus meinem Tank verschwunden. Birgit und Jo, die vorausgefahren sind, lesen mich kurze Zeit später am Straßenrand wieder auf. Jo macht sich auf, um für mich ein wenig Benzin zu holen. Es dauert ein Weile, bis er mit einem vollen Reservekanister zurück ist, dann endlich können wir die

Fahrt fortsetzen. Wir müssen erst noch einmal zurück zum Flughafen, um das restliche Gepäck zu holen, welches wir bei unserer Ankunft dort deponiert hatten.

Es dämmert schon, als wir alle Taschen und Koffer an den Motorrädern befestigt haben. Nun beginnt die Suche nach einem Zeltplatz, denn wir sind zu diesem Zeitpunkt schon mehr als 36 Stunden ohne richtigen Schlaf auf den Beinen. Ich habe nur noch den Wunsch, einen Campingplatz zu finden, das Zelt aufzuschlagen und endlich ein paar Stunden zu schlafen.

Doch als ich den Zündschlüssel erneut herumdrehe, tut sich gar nichts. Die Cockpit-Beleuchtung bleibt dunkel und nach dem Druck auf den Startknopf bleibt das gewohnte Motorengeräusch aus. An meiner Ténéré funktioniert nichts mehr. Dieses Mal dauert es etwas länger, bis ich meine Fassung wiedergefunden habe.

Mit fliegenden Fingern untersuchen wir die Elektrik und finden auch relativ schnell den Schaden - die Sicherung ist durchgebrannt. Nach erfolgtem Austausch verläuft jedoch auch der zweite Versuch, die Maschine zu starten, im Sande, denn nun folgt ein Kurzschluss. Es hilft alles nichts, die XT muss näher inspiziert werden. Eigentlich liegen unsere Nerven blank - besonders meine. Doch jeder von uns weiß, dass »rummaulen« jetzt nichts bringt.

Birgit kümmert sich um den Polizisten, dem die Motorräder vor der Ankunftshalle des Flughafens schon länger ein Dorn im Auge sind. Unentwegt redet sie auf den Mann ein, während wir fieberhaft nach dem Fehler in der Elektrik suchen.

Aus den Tiefen meines Koffers krame ich weitere Ersatzsicherungen zu Tage, doch auch der dritte Versuch scheitert und kostet eine weitere Sicherung. Die Suche geht weiter. Es ist eine echte Herausforderung, in der Dunkelheit und übermüdet nach einem elektrischen Schaden zu suchen. Wir rütteln an allen Kabeln, die wir erreichen können. Der Polizist hat sich inzwischen verzogen. Er hat wohl erkannt, dass ich im Moment nicht in der Lage bin, mich von hier fortzubewegen. Es folgt ein weiterer Versuch, die Ténéré zu starten, und siehe da, der Motor läuft. Woran die ersten drei Startversuche scheiterten, bleibt vorerst das Geheimnis des Motorrades. Diese Unwissenheit macht mir schwer zu schaffen. Doch im Moment habe ich keine andere Wahl, als mein Gepäck zusammenzuraffen und zu verzurren, damit es endlich losgehen kann.

Völlig übermüdet machen wir uns auf den Weg, um den einzigen Zeltplatz zu suchen, den es irgendwo im Umkreis von 40 Kilometern geben soll. Wir versuchen krampfhaft, uns in dem Verkehrsgewühl nicht aus den Augen zu verlieren. In der argentinischen Hauptstadt leben mehr als 14 Millionen Menschen, und alle scheinen an diesem Abend unterwegs zu sein. Eine gigantische Blechlawine schiebt sich durch die Straßen. Ich klammere mich an den Lenker und hoffe, dass mich mein Motorrad nicht im Stich lässt. Ein elektrischer Aussetzer wie am Flughafen wäre hier der blanke Horror.

Es bedarf immer wieder riskanter Manöver, um den Anschluss nicht zu verlieren. Jo fährt zwar vorsichtig und langsam voraus, aber in dem Blechgewühl hat er kaum eine Chance, Birgit und mich im Auge zu behalten. Verkehrsregeln scheint es nicht zu geben. Jeder wühlt sich durch, wie es ihm gerade passt. So sind Ampeln wohl nur für diejenigen da, die sich mit anderen Mitteln nicht durchsetzen können.

Inmitten der Autos treiben wir immer weiter Richtung Stadtzentrum. Irgendwo in einem der unzähligen Vororte muss der Campingplatz liegen.

An einer Tankstelle erkundigen wir uns nach dem Weg. Der junge Mann gibt sich sehr ortskundig. Er lässt keinen Zweifel daran, dass wir keinen Besseren hätten nach dem Weg fragen können. Er schickt uns zwar in eine ganz andere Richtung als wir den Zeltplatz vermuten, doch wir vertrauen seinem Insider-Wissen. Zudem versichert er uns mehrere Male, dass dort ein Campingplatz zu finden sei. In der Hoffnung, auf dem richtigen Weg zu sein, stürzen wir uns wieder in dieses grandiose

Chaos aus Gummi, Blech und Abgasen.

Doch die Suche nach einem Campingplatz bleibt weiter erfolglos. Denn in dem Vorort, in welchen uns der junge Mann geschickt hat, weiß niemand etwas von einer solchen Einrichtung.

Wir fragen erneut an einer Tankstelle und treffen erneut auf einen dieser ortskundigen Menschen. Dieser Mann ist sich sicher, dass es einen Zeltplatz am anderen Ende der Stadt gibt und beschreibt wie sein Vorgänger mit wilden Armbewegungen den Weg. Es fällt ihm nicht auf, dass wir seinen Ausführungen kaum folgen können. Unaufhörlich redet er auf uns ein, wobei er wild gestikuliert. In der Hoffnung, dass wenigstens dieser Mann weiß, wovon er redet, machen wir uns wieder auf den Weg und folgen seiner Beschreibung - zumindest dem Teil, den wir verstanden haben.

Es geht wieder diese Hauptverkehrsstraße entlang, auf der aus jedem Winkel Fahrzeuge zu strömen scheinen. Der Weg führt uns dieses Mal in eine ganz andere Richtung.

Irgendwann hält Jo an, um erneut an einer Tankstelle nach dem Weg zu fragen. Wieder wird uns eine andere Route und ein anderer Stadtteil offeriert. »Ihr seid hier völlig falsch«, gibt uns ein alter Mann zu verstehen. Und als ob er ahnen würde, dass wir ihm nicht glauben, holt er Verstärkung. Zu dritt reden sie nun auf uns ein. Alle sind sich sicher, dass der Zeltplatz dort sein muss, wo der Finger des alten Mannes auf die Karte zeigt. Wieder stürzen wir uns in das Verkehrschaos.

Fast 48 Stunden bin ich nun auf den Beinen, und meine Sehnsucht nach etwas Ruhe übermannt meinen Geist mehr und mehr. Die Konzentration auf den Verkehr fällt mir immer schwerer - ich will nur noch in meinen Schlafsack.

Warum nehmen wir eigentlich kein Hotel? Diese Frage schießt mir durch den Kopf. Was machen wir hier eigentlich? Nur um ein paar Mark zu sparen, hauen wir uns die halbe Nacht um die Ohren. Bei der nächsten Gelegenheit werde ich den Vorschlag unterbreiten, für diese Nacht - oder besser gesagt: was davon übrig geblieben ist - ein Zimmer zu nehmen. Ich weiß jetzt schon, dass das den beiden anderen nicht gefallen wird. Aber bevor einer von uns noch einen Unfall baut, ist es besser, ein paar zusätzliche Pesos für ein Bett zu investieren.

Doch ich komme gar nicht dazu, meinen Hotel-Vorschlag zu unterbreiten. Als Jo wieder einmal nach dem Weg fragt, wird ihm bestätigt, was die drei Männer an der letzten Tankstelle gesagt haben: Irgendwo in dieser Region muss es einen Zeltplatz geben. Nicht weit von hier, so wird uns versichert. Es scheint so, als ob wir auf dem richtigen Weg sind. So kurz vor dem Ziel aufgeben und dann in ein Hotel gehen? Nein, die paar Kilometer schaffe ich noch.

Aber das südamerikanische Verständnis von Entfernungen scheint anders zu sein als bei uns in Europa. Wir fahren noch etliche Kilometer. Ich weiß schon längst nicht mehr, wo ich bin. In dem Straßengewirr habe ich bereits vor Stunden die Orientierung verloren. Jedenfalls sind wir irgendwo weit draußen vor der Stadt, denn die Häuserschluchten haben wir schon lange hinter uns gelassen. Die Gegend wirkt ländlich. In meinem Scheinwerferlicht tauchen dann und wann Eselskarren auf. Die Häuser, an denen wir vorbeifahren, sind höchst primitiver Natur. Manchmal nur aus Wellblech zusammengezimmert. Kein Zweifel - in dieser Gegend wohnen Leute, die noch nicht am wirtschaftlichen Aufschwung Argentiniens beteiligt sind.

Die Suche nach dem ominösen Zeltplatz bleibt weiterhin erfolglos. Jeder Passant, den wir auf der Straße fragen, bestätigt uns die Existenz einer solchen Einrichtung. Wo genau aber diese liegt, scheint keiner zu wissen.

Nun habe ich die Schnauze endgültig voll. Mittlerweile ist es weit nach Mitternacht, und mein Geist wird nur noch von dem Verlangen nach Schlaf beherrscht. Ich halte neben einem Wagen an, in dem ein Pärchen sitzt. Die beiden sind zwar gerade sehr miteinander beschäftigt, doch das ist mir egal. Ich klopfe an das Seitenfenster. Der junge Mann öffnet nur sehr widerwillig. Mit meinen begrenzten Spanischkenntnissen frage ich ihn nach dem

Zeltplatz. Unwirsch deutet er in eine Richtung, um sich dann gleich wieder seiner Freundin zuzuwenden.

Na vielen Dank. Eine große Hilfe warst du ja nicht gerade. Ich gebe Gas und fahre meinen beiden Freunden hinterher. Sekunden später werde ich durch Lichthupensignale geblendet - Jo kommt mir wieder entgegen und ruft mir zu, dass er endlich den Zeltplatz gefunden habe.

Endlich Schlaf? Leider nicht. Denn wir stehen vor verschlossenen Toren. Das darf ja wohl nicht wahr sein. So kurz vor dem Ziel und dann das Aus.

Lautstark machen wir uns bemerkbar. Durch den Lärm aufgeschreckt, kommt eine Frau in den Garten und fragt aus sicherer Distanz, was wir wollen. Birgit erklärt unser Anliegen. Doch die alte Dame ist nicht gewillt, uns das Tor zu öffnen. Sie sucht Schutz hinter einem Strauch und vermeidet es, an den Zaun zu treten. Offensichtlich traut sie uns nicht. Mist! Keine Chance - hier kommen wir heute Nacht nicht mehr rein.

Plötzlich tippt mir jemand auf die Schulter. Es ist der junge Mann aus dem Auto. Er murmelt etwas auf spanisch. Ich verstehe nur so viel, dass wir ihm folgen sollen. Durch die Nacht brausen wir mit unseren Motorrädern hinter dem Auto her. Wir haben keine Ahnung, wohin uns das Pärchen führt. Und ehrlich gesagt, es ist mir auch völlig egal. Kurze Zeit später hält der Wagen vor einem riesigen Eisentor.

Der junge Mann steigt aus und ruft irgendetwas. Kurze Zeit später wird das Tor einen Spalt geöffnet, und der Lauf eines Gewehres wird sichtbar. Die beiden Männer reden kurz ein paar Worte, dann öffnet sich das Tor ganz. »Terreno de Camping«, strahlt mich unser jugendlicher Retter an, als ich an ihm vorbei auf den Hof fahre. Na endlich! Ich könnte ihn glatt umarmen. Herzlich verabschieden wir uns von ihm und lassen uns von dem Nachtwächter einen Platz für die Zelte zeigen. Als wir ihn auf das Gewehr ansprechen, winkt er ab. Wir sollen uns keine Sorgen machen. Die Flinte wäre eine reine Vorsichtsmaßnahme.

Es ist inzwischen zwei Uhr morgens, und ich bin hundemüde. Aber überglücklich, ein paar Stunden schlafen zu können.

Eine gewaltige Hitze weckt mich am anderen Morgen gegen sieben Uhr. Die fünf Stunden Schlaf waren natürlich viel zu kurz, doch die Temperaturen treiben mich aus dem Schlafsack. Im Schatten eines Baumes döse ich noch eine Weile vor mich hin, dann kann ich endlich einen klaren Gedanken fassen.

Und der widmet sich meinem Gepäck. Denn am Zelteingang türmt sich ein riesiger Haufen Klamotten und Ausrüstung. Mein lieber Schwan - das wird ein hartes Stück Arbeit, das ganze Zeug so auf dem Motorrad zu verpacken, dass die Maschine noch ordentlich zu fahren ist.

Auch Birgit und Jo sind inzwischen wach. Da es uns an jeglichen Nahrungsmitteln fehlt, gehen wir zunächst einmal einkaufen. Ein paar Kilometer vom Zeltplatz entfernt hatte ich gestern Nacht ein Shoppingcenter gesehen. Wir finden es auf Anhieb.

Der große Parkplatz vor dem Einkaufsparadies ist nur spärlich belegt. Doch als wir unsere Motorräder abstellen wollen, stürmen zwei kleine Elektrofahrzeuge mit Blinklicht auf uns zu. Aus jedem stürzt ein Wachmann. Irgendetwas ist wohl nicht in Ordnung. Es braucht eine ganze Weile, bis wir verstehen, was diese uniformierten Herren eigentlich von uns wollen. Aha, wir stehen auf Parkplätzen für Autos. Und hier sind keine Motorräder zugelassen. Eskortiert von den beiden Elektrokarren werden wir zu den Einstellplätzen für Motorräder gebracht. Hier steht dann nochmal ein Wachmann, der darauf aufpasst, dass unseren Maschinen nichts und niemand zu nahe kommt.

Fast den ganzen Vormittag verbringen wir damit, den Proviant für die nächsten Tage einzukaufen. Sechs Tüten schleppen wir zurück zum Campingplatz. Dort folgt die Ernüchterung. Denn keiner von uns hat sich Gedanken darüber gemacht, wo das ganze Zeug verstaut werden soll. Nach dem gemischten Frühstück/Mittagessen ist leider nur ein kleiner Teil der Nahrungsmittel verschwunden. Wie sollen wir bloß den Rest neben dem noch zu verstauenden Gepäck unterbringen?

Ich bin mir plötzlich nicht mehr sicher, ob ich die ganze Ausrüstung eigentlich wirklich benötige. Die Hälfte scheint überflüssig zu sein.

Ersatzteile, Werkzeug, Zelt, Schlafsack, Iso-Matte, Geschirr, Kocher, Kleidung, Fototasche, Filme, Stativ, Bücher, Ersatzreifen und -schläuche, Flickzeug, Montierhebel, Wasser- und Benzinkanister, Öl ... und ... und ... und.

Das alles muss sowieso schon auf die Ténéré. Und nun suchen auch noch zwei Tüten voller Lebensmittel eine Mitfahrgelegenheit auf meinem Motorrad. Die Theorie von dem Möbelwagen auf zwei Rädern scheint sich zu bestätigen. Zu Hause beim Probepacken sah das alles irgendwie anders aus. Aber was soll's? Ich muss damit leben. Und mit viel Geduld sowie akribischer Feinarbeit findet schließlich jedes Teil einen Platz in, an oder auf meiner XT.

Ebenfalls finde ich - so ganz nebenbei - auch noch den Grund für die elektrischen Probleme des gestrigen Abends. Das Stromkabel vom Öltemperaturmesser hatte sich gelöst und sich mit dem Rahmen kurzgeschlossen, wodurch die Sicherung schlichtweg überfordert wurde. Mit wenigen Handgriffen bringe ich die Sache wieder in Ordnung.

Tags darauf steht der erste größere Ausflug unserer Reise auf dem Programm. Buenos Aires »Down Town« ist das Ziel.

Die Erfahrungen, die wir auf der Suche nach dem Zeltplatz sammeln konnten, veranlassen uns, auf Bus und Bahn umzusteigen. Die Reise ins Zentrum der Hauptstadt ist für uns das erste große Abenteuer auf dem südamerikanischen Kontinent. »Billig« und »voll« wären spontan die Adjektive, die mir einfallen, wenn man mich nach meinen Erfahrungen mit öffentlichen Verkehrsmitteln in Buenos Aires fragen würde. Die Busfahrt zum Bahnhof lässt sich noch als gemütlich bezeichnen - die Fahrt mit dem Zug wird jedoch zu einem echten Erlebnis.

Die Enge in der Eisenbahn ist grauenvoll. Und je näher wir der

Endstation kommen, desto voller wird es. Die fliegenden Händler, die unablässig die Abteile auf der Suche nach Kundschaft durchstreifen, haben es immer schwerer, sich einen Weg durch die Menschen zu bahnen. Aber getrieben von der Hoffnung, etwas zu verkaufen, quälen sie sich wieder und wieder durch die Menge. Die Luft ist stickig, die Hitze lähmt jede Bewegung. Doch an jeder Station drängen mehr Menschen in die Abteile.

Mehr als eine Stunde braucht der Zug für die knapp 40 Kilometer. Dann geht alles ganz schnell - ich werde von der Menschenmasse mit nach draußen gerissen, und eher zufällig treffen wir drei uns im Bahnhof wieder.

Das Leben in der Stadt selbst ist ein beeindruckendes Schauspiel. Für die Porteños, die Bewohner von Buenos Aires, ist die Stadt der Nabel der Welt. Was im Rest des Landes passiert, interessiert sie - wenn überhaupt - nur am Rande.

Wir schlagen uns durch das Labyrinth von Straßen, bis unser Blick irgendwann auf den prachtvollen Boulevard »Avenida 9 de Julio« fällt. Mehr als 100 Meter sind es von Häuserfront zu Häuserfront. Es heißt, die »Avenida 9 de Julio« sei die breiteste Straße der Welt.

Das ganze Leben in dieser Stadt wird von Hektik bestimmt. Alle Porteños scheinen beschäftigt. Es geht ja auch um etwas. Argentinien ist dabei, von einem Schwellenland in die erste Welt aufzusteigen. Und jeder möchte am Wohlstand teilhaben. Der Zug, mit dem wir in die Hauptstadt gekommen sind, hat uns in ein anderes Argentinien gebracht. Nicht einmal 20 Kilometer Distanz liegen in Buenos Aires zwischen Reichtum und Armut - zwischen den prachtvollen Häusern in der City und den Slums in den Vororten.

Argentinien ist fast siebenmal größer als die Bundesrepublik. Aber die Geschicke dieses großen Landes werden heute immer noch an einem einzigen Ort bestimmt - an der »Plaza de Mayo«. Im »Casa Rosa«, dem alten Rathaus mit der rosafarbenen Fassade am Rande dieses Platzes, wurde die Unabhängigkeit von Spanien verkündet. Hier teilte Juan Perón dem argentinischen

Volk fast jede wichtige politische Entscheidung mit. Und zur Plaza de Mayo pilgerten am 17. Oktober 1945 mehr als hunderttausend Arbeiter, um gegen die Verhaftung von Juan Perón durch das Militär zu demonstrieren. Den Generälen war die Politik Peróns nämlich zu liberal geworden. Und aus Angst, weiteren Einfluss zu verlieren, wurde er von seinen Offizierskollegen eingesperrt.

Perón hatte als Arbeitsminister den rechtlosen Landarbeitern per Gesetz mehr Freiheiten gegenüber den Großgrundbesitzern eingeräumt und der Gewerkschaftsbewegung mehr Macht verschafft.

Mobilisiert wurden damals die Massen von einer Frau, die heute noch von den Arbeitern in ganz Argentinien wie ein Heilige verehrt wird - Maria Eva Duarte, die Lebensgefährtin und spätere Frau des Generals, die als Evita Perón in die Geschichte einging. Ohne die charismatische Evita wäre Juan Perón wohl auf ewig im Gefängnis verschwunden. Doch so gilt der 17. Oktober 1945 als der Gründungstag des Perónismus, der in Argentinien nach wie vor viele Anhänger hat.

Unseren Ausflug in die Hauptstadt beschränken wir auf die »Avenida 9 de Julio« und den »Plaza de Mayo«. Andere Sehenswürdigkeiten wie das Künstlerviertel »La Boca« und den Stadtteil »San Telmo«, auf dessen Straßen Tango getanzt wird, heben wir uns eventuell für die Rückreise auf. Fürs Erste muss der flüchtige Eindruck genügen.

Nach einer Stärkung in einem der zahlreichen Straßencafés machen wir uns auf, geeignetes Kartenmaterial für unsere weitere Tour zu besorgen. Diese Aktion ist jedoch schwieriger, als wir angenommen haben. Beim argentinischen Automobilclub finden wir endlich geeignete Landkarten. Deren Maßstab ist zwar ziemlich klein, und viele dieser Karten sind veraltet. Doch sie müssen genügen und zur groben Orientierung reichen.

Bis zum späten Abend bleiben wir in der Stadt und genießen das pulsierende Leben. Ich ahne, dass ich so etwas während der nächsten Wochen nicht mehr zu Gesicht bekommen werde.

Kapitel 3

In den Fängen von El Niño

»El Niño: Warmer Küstenstrom, taucht unregelmäßig während der Weihnachtszeit vor der Westküste Südamerikas auf und führt warmes tropisches Wasser in den kalten Humboldstrom ein.«

Endlich! Meine Ténéré steht bepackt vor mir. Doch bevor wir zum Ende der Welt aufbrechen können, muss ich mir erst einmal einen Sitzplatz erkämpfen. Und zwar irgendwo zwischen Tankrucksack und Gepäckrollen.

Zwei Tage sind wir nämlich noch auf dem Zeltplatz geblieben und haben herumgeräumt, verstaut, ausgepackt und wieder verstaut, bis für jedes Ausrüstungsteil ein optimaler Platz gefunden war. Zugegeben - wir haben uns dabei mächtig viel Zeit gelassen. Quasi jede erfolgreich abgeschlossene Verpackungsmaßnahme wurde mit einer Tasse Tee begossen.

Ich bin mehr als froh, dass es jetzt endlich los geht. Nicht nur, weil ich gespannt bin, was wir in den nächsten Wochen und Monaten alles erleben werden. Nein, es ist auch ein leichter Anflug von Heimweh, der mich zum Aufbruch drängt. Bei der ganzen Aufregung nach der Ankunft in Buenos Aires hatte ich überhaupt keine Zeit, an zu Hause zu denken. Doch jetzt, wo die Dinge wieder in normalem Tempo laufen, kommen plötzlich Gedanken an Deutschland auf. An Deutschland und an Anne.

Es klingt verrückt, aber mein Gehirn sehnt sich in dieser fremden Umgebung nach irgendetwas Vertrautem. Leider sucht es erfolglos. Birgit und Jo haben es da besser. Fröhlich schnatternd zurren sie ihr Gepäck auf den Motorrädern fest und sind mit sich und der Welt rundum zufrieden. Kein Wunder - jeder von ihnen hat eine vertraute Person dabei, blickt morgens in ein vertrautes Gesicht. Vielleicht habe ich auch gerade deshalb so ein mulmiges Gefühl in der Magengegend und einen kleinen Kloß im Hals. Jedenfalls brenne ich regelrecht darauf, endlich loszufahren und auf andere Gedanken zu kommen.

Der Einzylinder läuft. Ein letztes Mal werfe ich einen prüfenden Blick auf die Ténéré. Kontrolliere, ob auch alle Gepäckrollen richtig verzurrt sind und sehe mich auf dem Zeltplatz um, ob nicht irgendein verlorenes Teil herumliegt. Dann zwänge ich mich auf die Sitzbank.

Birgit und Jo sind schon längst durch das Tor und meinen Augen entschwunden. Alle Angestellten und sogar der Chef des Zeltplatzes höchstpersönlich stehen Spalier, um uns zu verabschieden. Hastig werfe ich ihnen einen letzten Gruß zu und versuche, den Anschluss an die beiden zu finden.

Ich wühle mich durch den Verkehr der Vorstadt, der mir noch hektischer als sonst erscheint. Ich darf Birgit und Jo keinesfalls aus den Augen verlieren. Um an ihren Rücklichtern zu bleiben, sind einige riskante, aber hier durchaus übliche Fahrmanöver notwendig.

Es dauert schließlich nicht lange, und wir haben eine der großen Ausfallstraßen von Buenos Aires erreicht. Die Hauptstadt beginnt sich im Rückspiegel langsam aufzulösen. 1.500 Kilometer bis zu unserem ersten Ziel, den Wasserfällen von Iguazú, liegen nun vor uns.

Ist das Leben nicht herrlich? Der warme Fahrtwind bläst mir ins Gesicht. Mit nichts und niemandem möchte ich in diesem Moment tauschen. Ich fühle mich so frei wie nie zuvor in meinem Leben. Heimweh? Kalter Kaffee. Ist schon lange vergessen. Genau so habe ich mir meine Auszeit vorgestellt. Keinen einzigen Gedanken an den Alltag in Deutschland verschwenden, nicht eine Sekunde lang an Arbeit, Geld und Aufträge denken. Dem Geist und der Seele freien Lauf lassen. Gierig sauge ich alles Neuartige und Fremde in mich hinein. Ich brenne darauf, zu erfahren, was in den nächsten Tagen, Wochen und Monaten alles auf mich zukommen wird.

Nach knapp 100 Kilometern machen wir zum ersten Mal Bekanntschaft mit einem der schlimmsten Naturphänomene unserer Zeit: El Niño. Oder besser gesagt: mit seinen Auswirkungen. Die Straße führt nun 30 Kilometer lang über den Rio Paraná und seine Sumpfgebiete. Der Fluss ist deutlich über die Ufer getreten. Und dort, wo sich die Straße über einen Damm durch die Überschwemmungsgebiete windet, reicht das Wasser bis an die Fahrbahn heran.

Nun begreife ich, welche klimatische Macht hinter El Niño steckt. Die beiden Hauptarme des Flusses, die an dieser Stelle normalerweise etwa einen Kilometer breit sind, haben sich mit den umliegenden Sumpfgebieten zu einer gigantischen Wassermasse verbunden. Mein Blick schweift über einen riesigen Strom, der sich irgendwo am Horizont verliert.

Im Paraná fließt ohnehin schon alles zusammen. Das Schmelzwasser aus den Anden sowie die unzähligen Flüsse aus dem Yungas in Bolivien enden irgendwann in diesem gewaltigen Strom. Und nun kommen auch noch die ungeheuren Regenmengen dazu, die El Niño mit sich bringt. So ist die Katastrophe vorprogrammiert.

Schon auf dem Zeltplatz bei Buenos Aires hatten uns die Leute vor diesen Fluten gewarnt. Gerade der Norden des Landes werde im Augenblick von den schlimmsten Überschwemmungen in der Geschichte Argentiniens heimgesucht. Übertreibungen, dachte ich. Denn nach den Erfahrungen bei der nächtlichen Zeltplatzsuche war ich mir ziemlich sicher, dass die Argentinier mal wieder gehörig aufschneiden würden. Doch jetzt, wo ich den Paraná sehe, bekomme ich eine große Ehrfurcht vor der Natur und El Niño.

Jo hat die Spitze übernommen, Birgit fährt in der Mitte, und ich mache den Schluss. In dieser Formation spulen wir Kilometer um Kilometer herunter. Es ist mir recht, dass Jo die Führungsarbeit übernimmt. So kann ich mich tief in meine

Gedanken versenken, brauche einfach nur hinterherzufahren und kann meine Aufmerksamkeit diesem einzigartigen Naturschauspiel widmen. Viel Arbeit mit der Orientierung hat Jo allerdings nicht. Denn die Suche nach dem richtigen Weg ist im Moment keine große Herausforderung. Es geht einfach immer nur geradeaus entlang der Ruta 14. Die Kilometer ziehen sich zäh dahin, die Tachoanzeige scheint sich im Zeitlupentempo zu drehen.

Politik bringt etwas Abwechslung. Denn immer wieder sehe ich am Straßenrand Schilder mit der Aufschrift »Las Malvinas son Argentinas«. Gemeint sind die Falkland Inseln. Der verlorene Krieg gegen die Briten im Südatlantik hat die Argentinier tief in ihrem Stolz verletzt. Die Auseinandersetzung kostete mehr als 1.000 Menschen das Leben. Auch heute noch - mehr als 15 Jahre nach den Kämpfen - darf kein argentinischer Staatsbürger die Falkland Inseln betreten. Argentinien erhebt aber immer noch Anspruch auf dieses Archipel. Und die Schilder sollen helfen, diesen Anspruch nicht in Vergessenheit geraten zu lassen.

Birgit, die Strebsame, benutzt die Schilder, um ihr Spanisch zu verbessern. Da sich die Botschaften dauernd wiederholen, kann man auf diese Weise prima Vokabeln lernen. Weitere Sätze und Ausdrücke hat sie sich auf verschiedene Zettel geschrieben, die sie ins Kartenfach des Tankrucksacks steckt. So ist sie auch auf den langen Geraden der Ruta 14 immer beschäftigt.

Der Tag verstreicht ohne aufregende Ereignisse. Knapp 300 Kilometer mehr stehen am Abend auf dem Tacho. Nicht viel für einen ganzen Tag Motorrad fahren. Bei den vielen Pausen, die wir unterwegs gemacht haben, jedoch kein Wunder.

Gualeguaychú heißt der Ort, in dem wir unsere Zelte aufschlagen. Kein Ort für Geschäfte. Denn der Manager des Campingplatzes ist über unser Erscheinen nicht gerade begeistert. Eigentlich will er uns überhaupt nicht hier haben. Denn Gäste bedeuten Arbeit. Und die kann er gerade nicht gebrauchen. Doch Birgit leistet hervorragende Überzeugungsarbeit.

Die Streicheleinheiten, die ich während des Abendessens einem Hund zukommen lasse, rächen sich allerdings bitterlich. Der »Flohtransporter« wird nämlich richtig zutraulich und kuschelt sich während der Nacht von außen an mein Zelt. Dummerweise genau dort, wo ich mit dem Schlafsack liege. Nur der dünne Stoff trennt uns. Immer weiter rückt er an mich heran. Als er auch noch anfängt, leise zu schnarchen, reicht es mir. Ich klettere aus meinem Schlafsack, um den neu gewonnenen Freund zu verscheuchen. Doch der missversteht meine nächtlichen Aktivitäten völlig, wackelt freudig mit dem Schwanz und schleppt flugs einen Stock heran, den er erwartungsvoll vor meine Füße legt. Alle Überredungskünste nützen nichts. Als ich unverrichteter Dinge wieder in den Schlafsack krieche, liegt er bereits an gewohnter Stelle und kuschelt sich, soweit es die Elastizität des Zeltes erlaubt, an mich heran.

Eine Nacht mit wenig Schlaf liegt hinter mir. Bis zu unserem nächsten Ziel, dem Nationalpark El Palmar, sind es gerade mal 140 Kilometer - eine kurze Etappe. Und das ist gut so, denn gleich nach dem Frühstück überkommt mich eine bleierne Müdigkeit. Ich brauche an diesem Morgen sehr viel länger, um den gewohnten Rhythmus zu finden.

Kurz hinter Gualeguaychú ist jedoch schlagartig Schluss mit dem Tagschlaf: Eine Polizeikontrolle. Unsere erste. Ein Adrenalinstoß zuckt durch meinen Körper, sofort bin ich hellwach. Schon in Deutschland hatten wir uns mit Reisenden unterhalten, die mit Motorfahrzeugen in Südamerika unterwegs gewesen waren. Die meisten von ihnen hatten schlechte Erfahrungen mit korrupten Polizeibeamten gesammelt. Nicht selten sollen die miserabel bezahlten Polizisten versuchen, ihr Gehalt auf direktem Weg mit ungerechtfertigten Bußgeldern aufzubessern.

Wir hatten uns schon vorab gemeinsam dazu entschlossen, auf solche illegalen Geldforderungen nicht einzugehen und keinesfalls irgendwelche individuell festgesetzten Strafen zu zahlen. So weit zur Theorie. Doch wie würde es später in der Praxis laufen?

Ich malte mir in Gedanken schon ein paar Mal aus, wie eine solche Situation aussehen könnte. Am Ende sah ich mich jedes Mal in einem dunklen südamerikanischen Knast schmoren. Wie auch immer: Sich in einem fremden Land ohne ausreichende Sprachkenntnisse der Staatsmacht zu widersetzen, ist sicher mehr als nur ein Abenteuer.

Es wird ernst. Mit kalter Miene treten die drei Polizisten an uns heran. Birgit reagiert gut. Sofort reißt sie sich den Helm vom Kopf und redet höflich, aber ohne die geringste Pause auf die Polizisten ein. Sie läßt ihnen damit überhaupt keine Chance, irgendeine Frage an uns zu richten.

Die Männer sind sichtlich erstaunt, eine Frau am Lenker eines Motorrades zu sehen, und es dauert eine Weile, bis sie sich nach Fahrzeugpapieren, Führerscheinen und Ausweisen erkundigen. Groteskerweise schenken sie Birgit dabei kaum Beachtung. Sie haben Jo, den Mann, dazu auserkoren, ihre Fragen nach dem Woher und Wohin zu beantworten. Da es mit Jos Spanischkenntnissen jedoch nicht zum Besten steht, beantwortet Birgit die Fragen. Und das irritiert die Beamten enorm. In einem Land, in welchem das Machogehabe noch zu den vornehmen Tugenden der Männer gehört, fällt es diesen Polizisten schwer, die ganze Angelegenheit mit einer Frau zu regeln.

Als einer der drei Ordnungshüter einen Blick auf meine Dokumente wirft, schaut er beim Anblick des Fahrzeugscheins etwas fragend. Mist! Jetzt kommt garantiert die Sache mit dem persönlichen Bußgeld. Doch der Polizist stellt keine Forderung, sondern grübelt weiterhin über dem bundesdeutschen Fahrzeugpapier.

Ich habe den Eindruck, er sucht darauf nach irgendetwas, das er versteht. Also zeige ich ihm den Eintrag des Kennzeichens und deute dabei nach hinten auf mein Nummernschild. Aha. Seine Miene erhellt sich, und nach kurzer Bedenkzeit kommt er zu der Überzeugung, dass mit meinen Papieren alles in Ordnung ist. Denn wenn etwas schwarz auf weiß in einem Dokument steht und sich dann auch noch am Motorrad wiederfindet. Na ja, dann kann ja nur alles okay sein.

Nachdem sich die Beamten schließlich davon überzeugt haben, dass wir alle drei harmlose Touristen sind, entspannt sich die Situation. Ein Lächeln huscht über ihre Gesichter, und sie fragen uns nach dem Grund der Reise. Wieso, woher, wohin. Natürlich wollen sie auch alle Details unserer Motorräder wissen. Das Komische daran ist, dass die Unterhaltung nach wie vor im Dreiecksverfahren stattfindet. Denn Jo wird gefragt und Birgit antwortet. 20 Minuten später können wir uns wieder auf den Weg machen.

Die 140 Kilometer zum Nationalpark El Palmar sind schnell heruntergespult. Schon am frühen Nachmittag stehen die Zelte.

Der Park liegt direkt am Rio Uruguay, dem Grenzfluss zwischen Argentinien und Uruguay. El Niño hat den Fluss jedoch um mehr als 13 Meter ansteigen lassen, und daher sind riesige Weidegebiete überschwemmt. Das Ufer auf der anderen Seite ist mit bloßem Auge kaum noch zu erkennen. 13.000 Menschen sollen entlang des Rio Uruguay vor den Wassermassen geflohen sein. Und das Schlimmste, so erzählt uns ein Ranger, komme noch, denn die Meteorologen hätten weitere schwere Regenfälle angekündigt.

Wir machen uns mit den Motorrädern auf eine Erkundungstour durch den Park. Es gibt hier Tausende von Yatay-Palmen, von denen einige bis zu 800 Jahre alt sein sollen. Die wollen wir sehen. Doch welchen Weg wir auch nehmen - jeder endet irgendwann am Wasser. Kein Wunder: Fast die Hälfte des Parks ist überschwemmt. So ist unser Ausflug leider nur von kurzer Dauer.

Am Abend leisten uns Vizcachas beim Essen Gesellschaft. Sie sind hinter unseren Obstresten her. Es sind ulkige Tiere. Sie sehen aus wie eine Mixtur aus Meerschweinchen und Kaninchen und haben den Schwanz eines Eichhörnchens.

Aber meine - beziehungsweise unsere - Fürsorge sollte sich wieder einmal bitter rächen. Die possierlichen Tierchen sind nämlich nachtaktiv und fortwährend auf der Suche nach etwas Essbarem. Während wir also in unseren Schlafsäcken liegen und zu schlafen versuchen, durchstöbern sie unser Lager. Auch Mülleimer scheinen ihnen eine durchaus vertraute Nahrungsquelle zu sein. Ein Tier beschäftigt sich - wo auch sonst - direkt neben meinem Zelt mit einer Coladose. Genüsslich bearbeitet es sie mit seinen scharfen Zähnen. Das Resultat: Noch eine Nacht ohne richtigen Schlaf.

Wir bleiben noch einen Tag im Park. Ich verdöse ihn zum größten Teil im Schatten. Nur ein kleiner Spaziergang am Fluss bringt ein wenig Bewegung in den sonst trägen Tagesablauf.

Nach einer weiteren geräuschvollen Nacht peilen wir Iguazú an. Wird sich das Wetter bessern? Nein. Wir haben Pech und fahren El Niño direkt in die Arme. Die Zelte können wir morgens zwar noch im Trockenen abbauen, doch schon unmittelbar nach Verlassen des Parks beginnt es zu regnen - und hört nicht wieder auf. Die Weiden entlang der Straße sind alle überschwemmt - Wasser, wohin das Auge auch blickt.

Zwei Polizeikontrollen müssen wir über uns ergehen lassen. Die Beamten kontrollieren genau. An einer Station müssen wir fast 20 Minuten warten, bis wir an der Reihe sind.

Das Fahren wird zur Tortur. Die Regenkombi schützt mich schon lange nicht mehr vor der allgegenwärtigen Feuchtigkeit, das Wasser hat sich mittlerweile einen Weg bis zur Haut gebahnt. Zum offenen Cross-Helm, zu den Ärmeln, zum Kragen - überall drückt der Regen herein. Wir fahren, fahren und fahren. Pausen gibt es nur selten, denn bei jeder Bewegung spürt man die ekelhafte Nässe am Körper.

Bis zum frühen Abend sitzen wir auf unseren Motorrädern. Endstation für heute ist eine Tankstelle in Santo Tomé. Alle Tankstellen in Argentinien bieten Reisenden die Möglichkeit, kostenlos eine Nacht in der Nähe der Zapfsäulen zu verbringen. Bei den riesigen Entfernungen in diesem Land eine sehr sinnvolle Einrichtung, die meist von Truckern wahrgenommen wird. Es gibt Duschen, oft ein kleines Restaurant. Außerdem ist man in der Nähe der Zapfsäulen vor unangenehmen Überraschungen halbwegs sicher.

Binnen Sekunden haben wir den Verkaufsraum in eine Nasszelle verwandelt. Doch der Tankwart bleibt gelassen. Freundlich bietet er uns an, eine Nacht auf seinem Grundstück zu verbringen. Leider steht die Wiese, die als Zeltplatz in Frage kommt, unter Wasser. Doch das ist für den älteren Herrn hinter dem Tresen kein Problem. Nachdem er sich selbst davon überzeugt hat, dass man auf der Wiese eher Kajakfahren als Zelten kann, telefoniert er mit einigen Bekannten im Ort, und nach zehn Minuten steht fest, dass wir unter dem überdachten Grillplatz des angrenzenden Schwimmbades unsere Zelte aufschlagen können. Super!

Eine halbe Stunde später sieht der kleine Grill-Pavillon wie eine Waschküche aus. Wir haben Leinen kreuz und quer gespannt, an denen nun unsere Sachen zum Trocknen hängen. Notdürftig binden wir die Zeltleinen an den Pfeilern fest, um unsere Stoffbehausungen halbwegs in Form zu bringen. Abendessen und eine Tasse Tee, duschen und dann in den Schlafsack. Endlich pennen.

Leider kommt es ganz anders. Einige Lkw-Fahrer nutzen nämlich den Grillplatz für ihr Abendessen. Wogegen ja eigentlich nichts einzuwenden wäre. Doch blöderweise parken sie ihre Laster genau neben unseren Zelten und lassen die ganze Zeit über die Motoren laufen. Der Sound eines arbeitenden Dieselaggregats scheint ihnen als Musik zum Essen zu dienen. Uns bescheren sie damit jedenfalls eine weitere kurze Nacht.

Auch am folgenden Tag fallen Bindfäden vom Himmel. Es sieht so aus, als hätten sich alle Wassermassen dieser Welt zur gleichen Zeit an diesem Ort verabredet. Es fällt mir schwer, in die noch klammen Klamotten zu steigen. Es gießt wie aus

Kübeln, und keiner von uns verspürt den rechten Drang, wieder auf sein Motorrad zu steigen. Aber genau so wollte ich es ja: Abenteuer, Natur, Unwägbarkeiten.

Das Frühstück fällt an diesem Morgen deutlich länger aus. Der Tankwart erkundigt sich, ob wir die letzte Nacht gut verbracht haben und bringt gleich eine schlechte Nachricht mit: Eine Besserung der Wetterlage sei nicht zu erwarten. Er habe gehört, dass bei anhaltenden Regenfällen die Straße Richtung Posadas gesperrt werden soll. Wenn wir also noch nach Iguazú wollten, müssten wir uns beeilen.

Wir raffen zügig unser Zeug zusammen und starten zu einer neuen Fahrt durch den Regen. Es dauert nicht lange, bis wir merken, wie ernst die Äußerungen des Tankwarts zu nehmen sind. Die Straße, die auf einem Damm verläuft, scheint durch einen riesigen See zu führen. Rechts und links der Fahrbahn schauen nur noch die Spitzen der Strommasten aus den Fluten. An einigen Stellen schwappt das Wasser schon über den Asphalt. Ab und zu treffen wir auf Bautrupps, die versuchen, den aufgeweichten Weg zu retten. Sie stapeln unermüdlich Sandsäcke am Fahrbahnrand.

Irgendwann stoppt uns eine Polizeikontrolle. Ungläubig schauen uns die Männer an. Drei Motorradfahrer bei diesem Schweinewetter? Sie wollen wissen, woher wir kommen. Als wir ihnen sagen, dass wir heute Morgen in Santo Tomé gestartet sind, schütteln sie fassungslos den Kopf. Dann telefonieren sie mit der dortigen Polizeistation. Die Straße, so erfahren wir, ist schon seit gestern gesperrt, und eigentlich hätten wir sie gar nicht benutzen dürfen. Dumme Sache. Ob sie uns wieder zurückschicken? Birgit versucht ihnen klarzumachen, dass wir weder eine Sperre noch einen Kontrollposten gesehen hätten.

Gott sei Dank ist das Thema Sperre schnell abgehakt. Denn der Chef der Truppe fährt selbst eine BMW und interessiert sich nur noch für Birgits Boxer. Unsere Papiere sind plötzlich Nebensache. Die GS steht im Mittelpunkt des Interesses. Nur gut, dass es inzwischen aufgehört hat zu regnen. Denn die

Unterhaltung spielt sich im Freien ab. Und das nun folgende, ziemlich lang andauernde Frage-und-Antwort-Spiel wird damit wenigstens einigermaßen erträglich. Nach zwei weiteren Kontrollen rollen wir in Iguazú ein.

Wir machen uns sofort auf zum Nationalpark und hoffen, dort unsere Zelte aufschlagen zu können. Der Ranger am Eingang behauptet zwar, dass es im Park keine Campingmöglichkeiten gebe, doch wir lassen nicht locker. Denn wir wissen es besser. Zu dritt bearbeiten wir den Ranger. Der ändert daraufhin die Taktik. Er behauptet nun, ein Puma habe ein Kind angefallen. Solange die Raubkatze nicht tot sei, gebe es keine Möglichkeit, im Park zu zelten - es sei einfach zu gefährlich. Dieses Argument ist leider durch nichts mehr zu entkräften, und wir suchen uns missmutig im Ort eine Unterkunft.

Die ist glücklicherweise schnell gefunden. Denn die Iguazú-Fälle gehören neben dem Gletscher Perito Moreno und der Halbinsel Valdés zu den drei wichtigsten touristischen Attraktionen in Argentinien, und der Ort hat sich auf die Besucher hervorragend eingestellt.

Wir finden einen Zeltplatz, auf dem uns ein freundlicher alter Herr in akzentfreiem Deutsch begrüßt. Lange unterhalten wir uns an diesem Abend noch mit ihm. Er heißt Heinz und erzählt, dass seine Großeltern vor mehr als 70 Jahren von Deutschland nach Argentinien ausgwandert seien. Er erzählt auch, dass es den gefährlichen Puma im Nationalpark wirklich gegeben habe - das Kind eines Rangers sei ihm zum Opfer gefallen. Die ganze Geschichte sei jedoch schon über ein Jahr her und das Raubtier mittlerweile längst tot. Der Vorfall aber werde gerne als Vorwand benutzt, um die Touristen über Nacht aus dem Park herauszuhalten.

Weshalb, wollen wir wissen. »Na ja«, meint Heinz ausweichend, »in Argentinien wurde und wird gerne herumkommandiert. Das sind noch Überbleibsel aus der Zeit der Militärdiktatur, und daran wird sich auch so schnell nichts ändern.« Dann verrät er uns den wahren Grund. Eigentlich will man die Touristen vor Überfällen schützen. Die Nähe zu Brasilien sei der Hauptgrund, dass die Polizei hier aufmerksamer kontrolliere als im restlichen Land. Brasilianische Banden hätten in der letzten Zeit in dieser Gegend häufig Autofahrer ausgeraubt.

»Das Grenzdreieck zwischen Argentinien, Brasilien und Paraguay«, führt Heinz weiter aus, »ist für viele kriminelle Banden ein interessantes Betätigungsfeld. Hier werden Menschen sowie Schmuggelware verschoben, und die vier Millionen Touristen, die jährlich die größten Wasserfälle der Welt besuchen, sind ein zusätzliches Bonbon. Ciudad del Este, eine Stadt in Paraguay, die nur einen Steinwurf von Iguazú entfernt liegt, ist ein gutes Beispiel. Sie gilt in ganz Südamerika als Einkaufs-Oase, die keine Wünsche offen lässt. In Ciudad del Este kann man alles kaufen: Elektroartikel, Autos, Kleidung. Entweder im Original oder für den kleinen Geldbeutel als gut gemachte Kopie. Auch nach einer Pistole mit dem dazugehörigen Killer muss man in dieser Stadt nicht lange suchen.«

Ich muss schlucken. Irgendwie fühle ich mich nach diesen Ausführungen nicht mehr so ganz wohl und sehe in jedem Menschen, der uns bei den Einkäufen am Nachmittag anspricht, einen potentiellen Dieb. Vermutlich zu Unrecht. Aber wenn das Misstrauen einmal geweckt ist ...

Während Birgit und Jo einkaufen, bleibe ich sicherheitshalber bei den Motorrädern. Die wecken schnell das Interesse einer Horde von Jugendlichen. Jeder will mir irgendetwas anbieten, ein Restaurant empfehlen oder eine Unterkunft aufschwatzen. Ich bin angespannt und genervt. Mein Blick klebt an den Motorrädern. Ich lasse sie keinen Moment aus den Augen, bis mich Birgit und Jo endlich erlösen.

Am nächsten Morgen stehen wir schon früh im Dusch- und Toilettenhaus des Campingplatzes. Es eignet sich hervorragend für biologische Studien. Überall sitzen Insekten: an den Wänden, in der Dusche, im Abfluss. Schon etwas gewöhnungsbedürftig. Um die Scheu vor ihnen zu verlieren, mache ich es wie

Birgit: Ich schaue sie mir einfach näher an. Und plötzlich finde ich sie richtig hübsch. Manche sehen aus wie Zweige, andere wie Blätter.

Dann starten wir zum ersten Highlight dieser Reise, zu den Wasserfällen von Iguazú. Vorerst wollen wir auf argentinischer Seite bleiben. Wir sind gespannt auf dieses Naturschauspiel und haben sämtliche Antennen auf Empfang geschaltet.

Schon von weitem ist das dumpfe Dröhnen der herabstürzenden Wassermassen zu hören. Eine dichte Wand aus Milliarden von Wassertröpfchen schwebt wie ein weißer Vorhang über dem Urwald. Den ganzen Tag stromern wir auf den Stegen hin und her. Jo und ich fotografieren wie im Rausch. Wir fühlen uns wie Kinder auf einem gigantischen Spielplatz. Der Regen des El Niño serviert uns in diesem Jahr aber auch ein ganz besonderes Spektakel: Dreimal mehr als die sonst übliche Wassermenge stürzt über die 275 Kaskaden bis zu 70 Meter in die Tiefe. Einen Blick in den »Garganta del Diablo«, den Rachen des Teufels, können wir nicht werfen, denn die Gischt versperrt uns jede Sicht.

Irgendjemand folgt uns. Es ist ein Ranger. Er bleibt uns dicht auf den Fersen und beobachtet uns aufmerksam. Irgendwann spricht er mich an und will mein »Permit« sehen. Wie bitte? Ich kapiere zunächst gar nichts. Er wird deutlicher, und schließlich verstehe ich: Es handelt sich um eine Erlaubnis, die professionelle Fotografen für 100 US-Dollar pro Tag erwerben müssen. Ich erkläre ihm mit Händen und Füßen, dass ich mit professioneller Fotografie überhaupt nichts am Hut habe. Er glaubt mir nicht. Gott sei Dank biegt in diesem Moment Birgit um die Ecke und leistet mir Beistand. Ich sei eben ein wenig »loco«, ein wenig verrückt, klärt sie ihn auf, wenn es darum gehe, schöne Fotos zu machen. Damit gibt sich der uniformierte Naturschützer zufrieden.

Wir bleiben den ganzen Tag. Erst als die Ranger am Abend alle Besucher regelrecht aus dem Park heraustreiben müssen, kehren wir zum Zeltplatz zurück.

Am darauf folgenden Tag wollen wir uns die Wasserfälle von der anderen Seite ansehen. Dazu müssen wir allerdings erst über die Grenze nach Brasilien. Was uns am Zoll wohl erwartet? Überraschenderweise nicht viel. Alles geht erstaunlich schnell. Der argentinische Zöllner drückt lediglich seinen Stempel in unsere Pässe - die Motorräder interessieren ihn überhaupt nicht. Die Brasilianer sind noch lockerer drauf. Sie machen sich nicht einmal die Mühe, einen Blick in unsere Pässe zu werfen. Wir erzählen ihnen, dass wir zu den Wasserfällen fahren wollen und können passieren. Na bitte - der kleine Grenzverkehr funktioniert auch in Südamerika.

Der Anblick ist eine Wucht. Denn nur von Brasilien aus lassen sich die »Cataratas del Iguazú« in ihrer gesamten Schönheit betrachten. Und auch hier warten Fotomotive im Überfluss. Doch das Schleppen der Kameraausrüstung wird mir bei den tropischen Temperaturen schon sehr bald lästig.

Da entdecke ich etwas, das meinen Körper schnell wieder regeneriert: »Empanadas« heißt das Zauberwort - gebackene oder frittierte Teigtaschen, die mit Fleisch gefüllt sind. Das kleine Café am Rande der Wasserfälle wird daher tagsüber schnell zu meinem Lieblingsplatz. Es ist wirklich nicht sehr angenehm, bei hohen Temperaturen und extremer Luftfeuchtigkeit in Motorradklamotten durch die Gegend zu marschieren.

Auf der Fahrt zurück geraten wir - wieder einmal - in eine Kontrolle. Diesmal sind es brasilianische Polizisten, was die Sache nicht einfacher macht. Denn die Kollegen sprechen weder spanisch noch englisch, und keiner von uns ist des Portugiesischen mächtig. Mit ernster Miene durchblättern sie die Reisepässe und sehen sich argwöhnisch alle Führer- und Fahrzeugscheine an. Dass keiner von uns einen brasilianischen Stempel im Pass hat, scheint sie zu stören. Doch dann bemerken sie plötzlich, dass wir aus Deutschland kommen. Schlagartig ändert sich die Stimmungslage. Es wird sogar gescherzt. Mit Händen und Füßen erklären wir die bisherige Reiseroute und was wir sonst noch vorhaben. Dass wir auf dem Weg Richtung Süden durch Brasilien fahren wollen, finden sie großartig.

Bester Laune fahren wir weiter zum argentinischen Grenzposten. Doch von wegen kleiner Grenzverkehr. Inzwischen war Schichtwechsel, und ein weitaus pingeliger Zöllner hat Dienst. Er nörgelt an den Motorrädern herum. Unsere Carnets können wir dummerweise nicht benutzen, da der entspannte Kollege sie bei der Ausreise nicht abgestempelt hatte. Na prima. Es dauert schließlich eine geschlagene Stunde und bedarf mehrerer Telefonate, bis wir endlich wieder nach Argentinien einreisen dürfen.

Irgendwann an diesem Abend kommt Heinz ganz aufgeregt zu uns. »Ihr müsst schnell eure Zelte abbauen, heute Nacht wird wahrscheinlich ein Tornado kommen!« Das hat uns noch gefehlt. Natürlich befolgen wir die Anweisung augenblicklich. Obwohl es mir sehr lästig ist, mein ganzes Zelt auszuräumen und das komplette Gepäck zu einem großen Haufen zusammenzupacken.

Heinz bringt uns in eines seiner sogenannten »Fremdenzimmer«, in dem wir die Nacht verbringen sollen. Zimmer ist ein eher schmeichelhafter Ausdruck für diesen winzigen Schuhkarton, in dem es unglaublich heiß und stickig ist. Zwei Etagenbetten füllen den Raum nahezu komplett aus, wir haben kaum Platz, uns darin zu bewegen. Na ja, für eine Nacht wird es irgendwie gehen. Die Motorräder stellen wir in einem Schuppen unter.

Unser »Fremdenzimmer« ist durch unser Gepäck restlos ausgefüllt. Von der Tür aus müssen wir in die Betten klettern. An Schlaf ist in dieser Nacht nicht zu denken. Ein Ventilator zieht geräuschvoll an der Decke seine Kreise. Der nervt zwar, aber ohne ihn geht es auch nicht.

Die Hitze in dem Kabuff ist unerträglich. Nur durch bloßes Daliegen schwitze ich wie nach einem Fußballspiel im Hochsommer. Meine Ohren sind gespitzt und warten darauf, dass der Sturm losbricht. Aber nichts, absolut nichts ist zu hören. Nicht einmal eine Grille zirpt. Es gibt sie also wirklich, die oftgenannte Ruhe vor dem Sturm. Lange liege ich wach und warte darauf, dass etwas passiert. Doch es bleibt ruhig in dieser Nacht. Irgendwann döse ich ein und finde so wenigstens ein wenig Ruhe.

Am nächsten Morgen freue ich mich wie ein kleines Kind, als die ersten Sonnenstrahlen durch das kleine Fenster dringen und sich in dem dunklen Raum über Betten, Schlafsäcke und Gepäck tasten.

Wir erfahren, dass sich der Sturm einen anderen Weg suchte, als die Meteorologen vorhergesagt hatten. 70 Kilometer weiter südlich hat er anscheinend ein Dorf völlig verwüstet - sechs Menschen seien dabei ums Leben gekommen. Wir haben wohl ein Riesenglück gehabt, dass dieser Tornado uns verschont hat.

Nach fünf Tagen Ruhe an den Wasserfällen fahren wir heute endlich weiter. Ich habe nun genug herabstürzendes Wasser gesehen, und Birgit und Jo geht es ebenfalls so.

Doch zunächst ist wieder einmal der unangenehme Part einer jeden Reise dran - das Packen. Nach einer so langen »Standzeit« gibt es viel zu räumen und zu verstauen. Drei Stunden benötigen wir, um alles wieder an seinen Platz zu bringen.

Für die Weiterreise haben wir uns eine kleine Piste in Richtung Brasilien ausgesucht. Möglicherweise ist es ein Risiko, diese Lehmstraße zu befahren. Denn es hat in den letzten Tagen immer wieder geregnet. So bleibt es höchst ungewiss, in welchem Zustand sich der Weg nun befindet. Aber bin ich nicht nach Südamerika gekommen, um große, aber auch kleine Abenteuer zu erleben?

Eben. Dennoch bin ich nicht hundertprozentig von unserer Entscheidung überzeugt. Das erste Stück der 140 Kilometer langen Piste lässt sich zumindest schon mal ganz gut fahren. Wir kommen auf dem lehmigen Boden schnell voran. Dann fängt es an zu regnen. Und binnen Minuten hat die flotte Fahrt ein Ende. Mensch und Maschine sehen aus, als seien sie durch eine Lackierstraße gefahren - alles ist komplett mit rotem

Schlamm überzogen. Die Piste hat sich in eine reibungsfreie Zone verwandelt, auf der es nur noch im Schritt-Tempo vorwärtsgeht. Der Lehm klebt wie Kleister am Motorrad und blockiert das Vorderrad, indem er sich zwischen Schutzblech und Reifen festsetzt. Die mühseligen Befreiungsversuche nützen kaum etwas, denn nach wenigen hundert Metern sitzt das Vorderrad wieder wie einbetoniert fest.

Der Regen wird immer heftiger, und wir schlingern völlig unkontrolliert über die spiegelglatte Piste. So hat das gar keinen Wert. Wir beratschlagen uns kurz und stellen fest, dass uns gar nichts anderes übrig bleibt, als abzuwarten. Also spannen wir unsere Plane auf, setzen uns ins Trockene und trinken erst mal eine gemütliche Tasse Tee. Und siehe da: Nach gut einer Stunde zeigt sich wieder die Sonne. Genau so schnell wie sich die Piste in eine Rutschbahn verwandelt, trocknet sie auch wieder ab.

Wir sind von den zurückliegenden »Erdarbeiten« ziemlich geschafft. Und da wir uns das anstrengende Prozedere der Aus- und Einreise heute nicht mehr antun wollen, bleiben wir für die Nacht im argentinisch-brasilianischen Grenzort Bernado de Irigoyen.

Die Aufregung ist groß, als wir am nächsten Tag beim Zoll auftauchen. Drei Ausländer mit Motorrädern - das ist neu. So etwas gab es hier noch nie. Jeder, der eine Uniform trägt, schaut sich unsere Papiere an. Große Ratlosigkeit. Das Problem sind nicht wir, sondern unsere Motorräder.

Ich blicke in fragende Gesichter. Die Zöllner diskutieren lange und lebhaft. Schließlich kommen sie zu dem Schluss, dass unsere Angelegenheit eigentlich Chefsache ist. Der große Boss muss her.

Es dauert eine Weile, bis wir Fortschritte erkennen, denn der oberste Grenzschützer muss erst telefonisch herbeigerufen werden. Dann aber löst sich alles innerhalb von Sekunden in Wohlgefallen auf. In astreinem Deutsch stellt er uns einige kurze Fragen, winkt seine Beamten heran, und schon läuft die Sache. Keine Frage: Dieser »Dienststellenleiter«, wie er sich persönlich vorstellte, hat seinen Laden im Griff. Seine Vorfahren sind Deutsche, und zu Hause wird auch heute noch deutsch gesprochen. Während er lässig mit uns plaudert, bearbeiten seine Männer im Blitztempo unseren Vorgang. Dank Vitamin B genießen wir an diesem argentinischen Grenzübergang höchste Privilegien. »Suerte« - Glück - wünscht er uns, als wir uns verabschieden.

Ich komme ins Grübeln. Weshalb hat er das mit dem Glück so ausdrücklich betont? Ganz wohl ist mir ohnehin nicht bei dem Gedanken, die nächsten zwei, drei Tage durch Brasilien zu fahren. Die Argentinier hatten uns eine Menge Beunruhigendes über ihr Nachbarland erzählt: schikanöse Polizeikontrollen, Bandenkriminalität, Raubüberfälle auf offener Straße, Entführungen. Irgendwie scheint diese hohe Kriminalitätsrate etwas mit der Dienstauffassung der brasilianischen Beamten zu tun haben.

Die Lustlosigkeit und das Desinteresse des Grenzbeamten, der kurze Zeit später unsere Pässe durchblättert und ein Zolldokument für die Motorräder auf den Tisch legt, ist einfach grandios. Null Bock auf nichts. Wenn alle Staatsdiener so eine Einstellung haben, müssen ja für Ganoven goldene Zeiten herrschen. Oder sehe ich das alles schon wieder durch meine deutsche Penibel-Brille? Jedenfalls hat das Ganze im Augenblick für uns nur Vorteile: Um so schnell wie möglich wieder Ruhe zu haben, fertigt uns der Zöllner im Nullkommanichts ab. Brasilien, wir kommen.

Kapitel 4

Durch die endlose Pampa

»Pampa: Öde, spärlich bewachsene Region in Argentinien. Die Bevölkerung betreibt Landwirtschaft mit Ackerbau und Viehzucht.«

Um ganz ehrlich zu sein: Ich fühle mich nicht wohl in Brasilien. Irgendwie fehlt mir der Zugang zu diesem Land. Wohl deshalb hatte ich mich auch während der Vorbereitungen zu dieser Reise nur ungern mit Brasilien beschäftigt. Ich kann kein portugiesisch, verstehe deshalb die Menschen nicht und komme mit diesem Teil Südamerikas einfach nicht klar. Eine instinktive Abneigung. Was natürlich Quatsch ist. Denn es ist dumm und ignorant, sich von vornherein einer Sache zu verschließen. Und erst recht, wenn die ablehnende Haltung von Vorurteilen genährt wird. Außerdem werde ich wohl nie mehr in meinem Leben in diese Region der Erde kommen. Also - weshalb nicht versuchen, diesem Land eine Chance zu geben?

Birgit geht es ähnlich wie mir. Auch sie ist hin- und hergerissen und weiß nicht so recht, was sie von Brasilien halten soll. Wir beide konnten uns schon von Anfang an nicht mit dem Gedanken anfreunden, durch dieses Land zu fahren. Nur Jo hatte sich für Brasilien stark gemacht. Objektiv gesehen hatte er sogar völlig Recht. Denn die Alternative zur Brasilien-Route hätte gelautet, den gleichen Weg, den wir nach Iguazú gekommen waren, wieder zurückzufahren.

Nun sitze ich also auf der Ténéré und bemühe mich um eine positive Einstellung. Diese geistigen Bemühungen werden zunächst einmal von einem ganz schlichten menschlichen Bedürfnis beiseite geschoben. Zum Glück hat der vorausfahrende Jo auch das Schild gesehen, auf dem in großen Lettern das

Wort »Empanadas« geschrieben ist. Endlich - ein Hinweis auf etwas Essbares. Gott sei Dank. Denn mein Magen knurrt schon seit zig Kilometern. Und auch das Hinterteil will nach dem zweistündigen Ritt etwas bewegt werden.

Das Restaurant, das man in unseren Breitengraden als Pommes-Bude bezeichnen würde, sieht schon sehr baufällig aus. Kaum sind die Motoren verstummt, werden wir schon von Leuten umringt. In dieser kleinen Ansiedlung mit ihren vier Häusern dauert es nur Sekunden, bis es sich herumspricht, dass Fremde gekommen sind. Man bestaunt uns, als kämen wir von einem anderen Planeten. Zwar sind wir keine Außerirdischen, für diese Menschen aber doch aus einer ganz anderen Welt. Es bleibt kaum Zeit zum Luft holen. Dutzende von Händen fingern überall herum. Ein Trommelfeuer aus fremden Lauten prasselt auf uns nieder, doch wir kapieren kein einziges Wort. Mit Händen und Füssen versuchen wir, Antworten auf unverstandene Fragen zu geben.

Es dauert seine Zeit, bis wir vor dem Tresen stehen und vom Koch freundlich begrüßt werden. Unser Erscheinen ist gut für sein Geschäft, denn unser Empfangskomitee hat sich ebenfalls niedergelassen. Das Inventar bestätigt den äußeren Eindruck. Der Putz bröckelt von den Wänden, in der Küche türmt sich das dreckige Geschirr, und die Schürze des Kochs ist so schmutzig, dass die Essensreste, die daran kleben, vermutlich kurz vor der Wiedergeburt stehen. Nun ja - wir müssen uns mit den Gegebenheiten arrangieren, wollen wir die Fahrt nicht hungrig fortsetzen.

Dann die Überraschung: Das Essen kommt auf den Tisch, und ich werde wieder einmal eines Besseren belehrt. Äußerlichkeiten sind in vielen Fällen einfach kein Maßstab für Qualität. Wir bekommen die besten Empanadas der bisherigen Reise serviert.

Richtig genießen können wir sie allerdings nicht, denn die anderen Gäste sind intensiv um Völkerverständigung bemüht. Es ist eine angeregte Unterhaltung in Deutsch, Portugiesisch,

Spanisch und Englisch. Und natürlich mit den Händen. Wir sind für die Menschen eine willkommene Abwechslung, und sie wollen uns so schnell nicht wieder fahren lassen. So dauert es eine ganze Weile, bis wir wieder auf den Motorrädern sitzen.

Gas geben lautet die Devise, wenn wir heute noch Panambi erreichen wollen. Die Karte weist in diesem Ort einen Zeltplatz aus, und der ist unser heutiges Ziel. Jo fährt wieder vorweg und dreht ordentlich am Quirl. Die Zeit ist uns davongelaufen. Von wegen Völkerverständigung und so. Doch die Straßen hier im Süden Brasiliens sind in einem erstaunlich guten Zustand. Zügig geht es voran. Panambi erreichen wir sogar noch vor Einbruch der Dunkelheit. Aber es ist nicht ganz einfach, den Zeltplatz zu finden.

Auch in Panambi sind wir die Attraktion des Tages. Selbst die Policia Federal interessiert sich für uns. Die Polizisten sitzen schwer bewaffnet im Wagen und halten lässig die Pump-Gun im Anschlag. Aus Deutschland? Kein Problem. Wir dürfen weiterfahren, durchkämmen den gesamten Ort, doch dieser verdammte Zeltplatz ist nirgendwo zu finden.

Als Birgit, Jo und ich wieder einmal ratlos an einer Kreuzung stehen, tippt mir jemand auf die Schulter: »Kommt Ihr aus Deutschland?« fragt eine Stimme. Auf deutsch. Mir bleibt der Mund vor Erstaunen offen. Das gibt's ja wohl nicht. Gibt es doch: Zwei junge Männer bauen sich vor uns auf. Den ominösen Zeltplatz kennen sie zwar auch nicht, aber wir sollen warten. Es würde gleich jemand kommen, der uns helfen kann.

Und tatsächlich dauert es nicht lange, bis ein älterer Herr auf einem Traktor herantuckert. Er stellt sich als Lauro vor. Funktion: Chef der örtlichen Landwirtschaftskollektive. Die Sache mit dem Campingplatz ist schnell geklärt. Dort stehe alles unter Wasser, weiß Lauro, aber das sei kein Problem - irgendwo würde man schon ein Plätzchen für uns finden.

Mittlerweile haben sich zwei Dutzend Menschen um uns versammelt. Und schon zeigt die Polizei Interesse an dieser Zusammenkunft. Doch Lauro behält die Sache im Griff. Er hat schon längst ein paar Leute vorgeschickt, um alles für uns zu arrangieren. Und auch mit der Polizeistreife ist Lauro ruck zuck fertig.

Jetzt löst sich auch das Rätsel um die Sprachbegabung der Leute hier: Die Bevölkerung von Panambi ist nämlich zu 90 Prozent deutscher Abstammung. Fast jeder in diesem Ort spricht deshalb auch unsere Sprache.

Die Nachricht, dass Besuch aus dem Land der Vorfahren eingetroffen ist, verbreitet sich wie ein Lauffeuer. Im Konvoi geleitet man uns zu einem Hotel.

Dort hat sich zwischenzeitlich sowohl die örtliche Tageszeitung als auch der Lokalfunk eingefunden - alle warten vor dem Hotel auf uns. Erst mal werden jede Menge Bilder geschossen. Danach müssen wir Interviews geben. Unsere Anwesenheit sorgt für einige Aufregung in Panambi. Immer wieder schlendern Leute am Hotel vorbei, um sich die Motorräder anzusehen und um ein paar Worte mit uns zu wechseln. Schließlich werden wir von einem der anwesenden Journalisten zum Essen eingeladen. Wir sind überwältigt von dieser Gastfreundschaft. Und von den Mengen an Essen, das dieser Einladung folgt. Der Journalist heißt Werner und bringt uns in eine Pizzeria, in der heute das Motto »all you can eat« herrscht. 25 verschiedenen Pizza-Sorten werden der Reihe nach gebacken und dann in der Größe von Tortenstücken an die Gäste verteilt. Birgit schafft 10 Stück, Jo und ich 12, dann sind wir platt.

Werner arbeitet für verschiedene Zeitungen. Nicht ohne Stolz erzählt uns dieser ältere Herr, dass er zum Organisations-Komitee des Oktoberfestes gehört. Natürlich nicht zu dem in München. Werner erzählt uns von einer brasilianischen Stadt mit dem deutschen Namen Blumenau, in der alljährlich das zweitgrößte Oktoberfest der Welt stattfindet.

Während er begeistert von der deutsch-brasilianischen Festivität erzählt, merke ich plötzlich, wie bei mir die Batterien leer werden. Auf einmal bin ich hundemüde. Von dem Gespräch bekomme ich kein Wort mehr mit. Mensch Hülsmann! Nimm dich zusammen! Aber es hilft nichts. Meine Müdigkeit und das südamerikanische Temperament - das sind einfach zwei Paar Stiefel. Diese Menschen blühen erst gegen Mitternacht so richtig auf. Noch um zwei Uhr in der Früh ist das Restaurant bis zum letzten Platz besetzt. Irgendwann in der Nacht falle ich wie ein Stein ins Bett.

Ich werde erst wieder wach, als Birgit laut gegen meine Zimmertür klopft. Ich habe verschlafen. Um zehn Uhr wollen wir starten. Zum Anziehen, Frühstücken und Zusammenpacken habe ich also gerade noch 20 Minuten Zeit. Mist! Doch ich habe Glück - unsere Abreise verzögert sich. Denn es sind an die 30 Leute zum Hotel gekommen, um uns zu verabschieden. Auch die Zeitung ist noch einmal dabei. Werner stehen die Tränen in den Augen; er hat uns in der kurzen Zeit, in der wir in Panambi waren, richtig ins Herz geschlossen. Ich bin gerührt von so viel Anteilnahme und Interesse an unserer Reise. Bevor es losgeht, werden viele Hände geschüttelt und viele Menschen geherzt.

Der Abschied aus Panambi tut weh. Es waren nur einige Stunden, die wir in der Stadt verbrachten. Doch die Herzlichkeit der Menschen geht mir nicht mehr aus dem Kopf. Auf dem Weg in Richtung Uruguay bleibt mir genügend Zeit, über alles nachzudenken. Was habe ich mich innerlich gesträubt, durch dieses Land zu fahren - und bis jetzt habe ich hier nur Menschen kennengelernt, die mit einer solchen Warmherzigkeit auf Fremde zugehen, dass es schon fast beschämend ist. Ich fange an, Brasilien mit anderen Augen zu sehen.

An diesem Tag fahren wir wieder sehr viel. Wir wollen heute noch bis zur Grenze nach Uruguay. Es passiert nicht viel, und auch das flache Land bietet wenig Spektakuläres. Viehweiden soweit das Auge reicht. Seit fast 200 Kilometer nur noch Zäune rechts und links der Straße. Das ist also die berühmte Pampa.

Die Suche nach einem geeigneten Zeltplatz gestaltet sich als äußerst schwierig. Wegen der eingezäunten Viehweiden bietet nur ein zehn Meter breiter Seitenstreifen die Möglichkeit, ein Zelt aufzustellen. Und einen offiziellen Campingplatz gibt es in dieser vom Tourismus völlig unberührten Gegend garantiert nicht.

Kein Platz zum Campen. Also wieder ins Hotel? Doch Jo hat seinen eigenen Ehrgeiz - er will unbedingt einen Platz für die Zelte finden. Noch eine Nacht in einem Hotel ist für ihn nicht akzeptabel. Ich bin nicht gerade begeistert von seiner Idee. Es ist nach meiner Meinung gefährlich, die Zelte direkt am Straßenrand aufzubauen. Zwar sind wir in diesem Land bisher nur freundlichen Menschen begegnet, aber man soll sein Glück nicht überstrapazieren. Auf dem Grünstreifen zwischen Zaun und Straße wären wir mit unseren bunten Zelten wie auf dem Präsentierteller. Nein, das muss nicht sein. Auch Birgit zeigt sich wenig begeistert, die heutige Nacht direkt an der Straße zu verbringen. Zwei zu eins - wir haben ein Problem.

Jo will zunächst seinen eigenen Kopf durchsetzen. Er übernachtet prinzipiell nicht gerne in Hotels. Zum einen tut es ihm leid ums Geld. Zum anderen ist er lieber in freier Natur und schaut sich die Landschaft an, als in einem kleinen, engen Zimmer zu sitzen.

Im Prinzip hat er ja Recht. Auch ich schlafe viel lieber unter freiem Himmel als in irgendeiner muffigen Bude. Doch nicht heute. Denn hier direkt am Straßenrand hält sich der landschaftliche Genuss doch sehr in Grenzen - die Dollars für ein Zimmer sind heute also gut angelegt.

Zudem geht mir ein Gerücht nicht aus dem Kopf: Banditen, so lautet es, haben sich anscheinend auf Urlauber spezialisiert. Sie stoppen Autos und lassen ihren Opfern meist nicht mehr als die Unterhose. Im letzten Jahr, so erzählte uns jemand in Panambi, hätten sich Urlauber gewehrt und ihren Mut mit dem Leben bezahlt.

Egal, ob diese Geschichte nun wahr ist oder nicht - ich habe jedenfalls keine Lust, die kommende Nacht am Asphalt zu verbringen. Die Diskussion geht noch eine Weile hin und her, und auf einmal sieht Jo ein, dass Birgit und ich Recht haben. Ganz ohne schlechte Laune zu versprühen, stimmt er uns zu. Ein deutliches Zeichen dafür, dass er bemüht ist, die Harmonie nicht zu gefährden. Wie jeder von uns.

In den Wochen, in denen wir schon unterwegs sind, hat sich zwischen uns ein regelrechter Teamgeist entwickelt. Jeder versucht zwar, seine eigenen Vorstellungen von dieser Reise irgendwie zu realisieren, doch nimmt er dabei stets Rücksicht auf die anderen. Und wenn es einmal nicht funktioniert, macht keiner ein Drama daraus.

Zügig geht es zum Grenzstädtchen Acegua. Die bescheidene Anzahl an Unterkünften erleichtert die Quartiersuche - es gibt nur ein Hotel. 10 Dollar mit Frühstück pro Nacht kostet das Zimmer, das in erster Linie durch seine spartanische Ausstattung besticht. Ein Bett, ein Stuhl und ein kleiner Tisch sind das ganze Inventar. Die Bezeichnung »Zelle« wäre zutreffender.

Immerhin existiert eine Dusche. Eine heiße sogar. Ihre Besonderheit: Wenn man während des Duschens die Armaturen berührt, kribbelt es, da sie unter Strom stehen.

Beim Abendessen werden wir von drei Männern angesprochen. Dass sie deutsch reden, wundert mich nicht mehr, denn in diesem Teil Brasiliens gibt es wohl kaum einen Ort, in dem nicht irgendjemand deutsche Vorfahren hat. Wir unterhalten uns den ganzen Abend. Einer von ihnen, er heißt Villie, hat ein Jahr lang in Deutschland gelebt und dort ein landwirtschaftliches Praktikum gemacht. Das war in den 70er Jahren, und Villie ist nun neugierig, wie es heute bei uns aussieht. »Hier draußen bekommt man leider nicht viel davon mit, was in der restlichen Welt passiert«, sagt er. Dann lädt er uns für die nächsten Tage zu sich nach Hause auf seinen Hof ein.

Am nächsten Morgen hat uns El Niño wieder eingeholt. Es stürmt mächtig. Erwartungsvoll begeben wir uns zum Frühstück. Doch in dem Restaurant tut sich nichts. Als wir nach

Kaffee, Tee und Brot fragen, schaut uns die Wirtin ganz entgeistert an und erklärt erstaunt über unsere Unwissenheit: »Heute ist Sonntag - da gibt es kein Frühstück«. Aha. Hätten wir natürlich wissen müssen. Es bleibt uns nichts anderes übrig, als auf unsere kargen Vorräte zurückzugreifen. Ein erbärmliches Frühstück. Aber waren da nicht Villie und seine Einladung?

Wir packen unsere Sachen und fahren hinaus zur »Colonia Nova«, wie die Bauernsiedlung heißt. Hier erwartet uns Villie voller Freude. Die ganze Familie ist sehr herzlich und so herrlich unkompliziert.

Zum ersten Mal trinken wir Mate. Nichts, aber auch gar nichts scheint in diesen Breiten ohne den grünen Tee mit dem bitteren Geschmack zu gehen. Mate wird zu jeder Gelegenheit getrunken. Auch Villie läßt das Gefäß mit dem Sud in seinem Wohnzimmer kreisen. Wieder und wieder wird heißes Wasser aufgegossen. Mate-Tee ist in diesem Teil Südamerikas eine Art Droge. Zwar nicht zu vergleichen mit Marihuana oder Kokain, aber auch Mate macht ganz schön süchtig.

80 Prozent der Bevölkerung sind diesem Gebräu verfallen, das jedoch im Gegensatz zu herkömmlichen Rauschmitteln sehr gesund sein soll. Wie oft haben wir auf unserer Fahrt Mate-Trinker gesehen. Die Thermoskanne unter den Arm geklemmt, das Trinkgefäß mit dem metallenen Strohhalm - der Bombilla - in der Hand. Ob in Büros, auf der Straße, im Auto - stets ist Mate mit von der Partie. Sogar so mancher Polizist geht mit den Mate-Utensilien in der Hand auf Streife. Ähnlich wie die Japaner trinken die Südamerikaner ihren Tee nicht einfach, sondern zelebrieren Zubereitung und Genuss mit viel Brimborium.

Wir bleiben drei Tage in »Colonia Nova« bei Villie und seiner Familie. Die Kinder haben ihr Zimmer für uns geräumt. Als Dank dafür drehen wir mit ihnen auf unseren Motorrädern einige Runden durch die Kolonie.

Villies Hof ist eine von rund 40 Farmen, die sich vor mehreren Jahrzehnten zu einer Genossenschaft zusammenschlossen. Die Kolonie funktioniert wie eine kleine Stadt - hier gibt es

Kindergarten, Schule, Feuerwehr und Krankenhaus. Auch ein Supermarkt fehlt nicht. Fast alles, was die Menschen brauchen, bekommen sie in der Kolonie.

Jeder Hof ist selbständig. Villies Familie hat einen besonderen Status, denn er ist nicht Pächter, sondern Eigentümer des Landes, das er bewirtschaftet. »Wir verkaufen alle Erzeugnisse wie Milch und Getreide an die Genossenschaft, denn zusammen können wir auf dem Markt bessere Preise erzielen«, erklärt mir Villie das System. Nein, das sei kein Sozialismus, lacht er laut, als ich den Vergleich ziehe. »Ich kann meine Sachen auch selbst verkaufen, aber nirgends erziele ich einen so guten Preis wie hier in der Colonia Nova«, erklärt Villie. Er sei zwar nicht reich, aber sehr zufrieden, versichert er mir. Und in der Tat muss ich lange nachdenken, wann ich das letzte Mal einen so ausgeglichenen Menschen gesehen habe.

Nach drei Tagen zieht es uns weiter. Der Abschied von Villie und seiner Familie geht ans Herz. Es fallen zwar wie immer in solchen Situationen die Versprechungen, sich irgendwann einmal zu besuchen. Aber in der Regel sind es Abschiede für immer. Ich werde diese Menschen in meinem ganzen Leben wohl niemals wiedersehen.

Doch wir drei haben keine Zeit, den schönen Tagen in der »Colonia Nova« nachzutrauern. An der Grenze zu Uruguay holt uns die Realität ein. Acegua ist zwar ein Grenzort, doch eine Zollstation gibt es dort nicht. Wir sollen zurück nach Bagé, heißt es. Die Stadt liegt im Landesinneren, etwa 70 Kilometer von der Grenze entfernt. Blöde Sache.

Keiner von uns verspürt viel Lust, wegen eines Stempels einen Umweg von 140 Kilometer zu machen. Wir versuchen deshalb, die Grenze ohne den brasilianischen Ausreisestempel zu passieren.

Die Beamten in Uruguay sträuben sich zunächst, doch nach dem üblichen Hin und Her ist es ihnen auf einmal egal, ob wir den brasilianischen Stempel besitzen oder nicht. Wir dürfen ohne ihn nur nicht mehr nach Brasilien einreisen. Na prima. Denn das haben wir ohnehin nicht mehr vor. Und so geht der Übergang nach Uruguay in einer knappen halben Stunde über die Bühne.

Landschaftlich unterscheidet sich Urugay durch nichts von Brasilien. Rechts und links der Straße sehen wir Zäune, dahinter liegen endlose Weiden. In Treinta y Tres tauschen wir Geld. Ich frage mich, wie um Himmels Willen man eine Stadt »Dreiunddreißig« nennen kann, denn das ist die Übersetzung für Treinta y Tres. Vielleicht war da ein zahlenverliebter Beamter im Spiel.

Die Bank ist umstellt von schwer bewaffnetem Wachpersonal. »Im Vorbeigehen habe ich auf einer der Maschinenpistolen das Autogramm von Al Capone gesehen«, witzelt Jo. So ganz abwegig ist das nicht, denn die Knarren sehen aus, als hätten sie schon so manche Gangster-Generation überlebt. Der Grund für die erhöhte Konzentration der großen Kaliber zeigt sich drinnen in der Bank: Es ist Monatsanfang, und die Löhne und Renten werden ausbezahlt. Die Schalterhalle ist rappelvoll mit Menschen.

Es dauert eine Weile, bis wir uns orientiert haben, schließlich landen wir am Tresen einer netten jungen Dame. Viele Papiere werden ausgefüllt, bis wir unser Geld in den Händen halten. Die Dame fragt ein wenig nach dem Wohin und Woher. Wir antworten wie immer gerne und ausführlich. Das hätten wir hier besser nicht tun sollen. Denn die Tatsache, dass wir mit Motorrädern unterwegs sind, legt schlagartig die gesamte Bank lahm. Jeder Angestellte will einen Blick auf die Maschinen werfen. Für zehn Minuten herrscht völliger Auszahlungsstopp. Dann werden wir überschwenglich aus Treinta y Tres verabschiedet.

Die unendliche Pampa hat uns wieder. Es geht nur geradeaus. Mein rechter Fuß reißt mich irgendwann aus der Konzentration. Denn er tritt auf einmal ins Leere, wo eigentlich Widerstand zu spüren sein sollte. Der Grund: Meine Hinterradbremse ist so gut wie wirkungslos. Die unverzüglich erstellte Diagnose: Die Entlüftungsschraube hat sich gelockert, und Flüssigkeit ist ausgetreten. Der Aufbau von Bremsdruck ist unter diesen Umständen nahezu unmöglich. Doch die Schraube ist schnell wieder festgezogen. Heute abend werde ich dann die Bremse entlüften und die Sache endgültig beheben. Während der Weiterfahrt beschäftigt mich allerdings die Frage, weshalb sich die Schraube eigentlich gelöst hat. Theoretisch hätte das nicht passieren dürfen. Na ja, man wird sehen.

Schließlich komme ich dem Fehlerteufel auf die Schliche. Schuld am Druckverlust ist mein neuer Auspuff. Genauer gesagt, der Endschalldämpfer. Das gute Stück ist kein Originalteil, sondern stammt aus dem Zubehörhandel. Und passt irgendwie nicht hundertprozentig. Die Folge: Bei Bodenunebenheiten schlägt das Ding jedesmal auf den Bremssattel. Und zwar genau auf die Stelle, an der die Entlüftungsschraube sitzt. Mit einigen Hammerschlägen verschaffe ich dieser Schraube mehr Platz. Zwar sieht der Auspuff jetzt ziemlich verbeult aus, doch was zählt ist die Funktionalität.

Was mir allerdings mehr Sorgen macht, ist das Federbein. Es ist nämlich im Prinzip jetzt schon am Ende seiner Möglichkeiten. Was soll erst werden, wenn Anne in Ushuaia mit auf die Ténéré steigt? Aber erst mal weg mit dem Federbeinproblem in eine der unteren Schubladen. Damit will ich mich später befassen, zumal die XT auch noch andere Blessuren hat: Die Zylinderkopfdichtung ist ein wenig ins Schwitzen geraten, und auch an einem Seitendeckel tritt Öl aus. In absehbarer Zeit werde ich mich wohl mit dem Thema Schmierstoffverlust befassen müssen - aber nicht heute.

Uruguay ist etwas enttäuschend. Landschaftlich bietet das flache Land nur wenig Abwechslung. Pampa eben. Aber ich hatte mich ja ohnehin auf etwas anderes gefreut: Auf die alten Autos aus den 50er und 60er Jahren, von denen hier angeblich noch jede Menge herumfahren sollen. Doch die Zeit der automobilen Raritäten ist in Uruguay wohl schon lange vorbei. Hier und da sieht man zwar noch einen betagten Wagen, doch haben die Japaner das Land fahrtechnisch schon lange erobert. Toyota, Nissan und Mitsubishi prägen das Straßenbild. So bleibt Uruguay für uns leider nicht mehr als eine Durchgangsstation auf dieser Reise. Merkwürdigerweise sind auch die Menschen wesentlich reservierter als in Brasilien.

Wir fahren entlang der Küste, an der sich ein Badeort an den anderen reiht. Was dem Deutschen sein Mallorca, ist dem Argentinier sein Urugay. Der Bade- und Bikinispaß gipfelt schließlich in Punta del Este, dem Vergnügungsviertel der Bevölkerung von Buenos Aires. Die Argentinier fallen an den Wochenenden in großer Zahl in diesen Küstenort Uruguays ein. Hotels, Diskotheken und Restaurants gibt es in Hülle und Fülle, und die Einfallstraßen in die Stadt hinein werden gesäumt von prächtigen Villen.

Wir merken es schnell: Punta del Este ist kein Ort für uns. Eher einer für Menschen, die das Nachtleben lieben. Der Beliebtheit dieser Touristen-Oase haben die Geschäftsleute die Preise angepasst. Allein der Zeltplatz kostet für südamerikanische Verhältnisse ein Vermögen. 20 US-Dollar verlangt der Eigentümer für das Stückchen Erde, auf das wir unsere Zelte für eine Nacht aufstellen wollen.

Aber nicht mit uns. Die Weiterfahrt könnte man auch als Flucht bezeichnen. Nein - Punta del Este ist einfach nicht unsere Welt. In Montevideo, der nächsten Station, geht es uns ähnlich. Wir finden einfach keinen Bezug zu dieser grauen und tristen Stadt. Auf Gäste, die im Zelt übernachten wollen, ist die Hauptstadt Uruguays nicht eingerichtet.

Die 160 Kilometer zwischen den Städten Punta del Este und Montevideo waren schnell heruntergespult, doch jetzt suchen wir schon fast vier Stunden nach einem Campingplatz. Unsere Odyssee von Buenos Aires schießt mir wieder durch den Kopf. Auf eine solche Suchaktion kann ich gerne verzichten. Doch die Situationen gleichen sich frappierend: Jeder Passant, den wir fragen, schickt uns weiß Gott wohin - aber nirgends ist ein Campingplatz zu finden.

Eine höhere Macht hat auch dieses Mal ein Einsehen mit uns. Durch Zufall sehe ich ein kleines Schild mit einem Zeltsymbol am Straßenrand. Es ist schon komisch, dass einem solche Kleinigkeiten so viel Freude bereiten können. Es ist jedoch eine Sache, einen Campingplatz zu finden - sein Zelt dort aufzustellen, ist eine andere.

Nachdem wir den Besitzer artig gefragt haben, ob wir hier übernachten können, hält er uns einen langen Vortrag. Anscheinend kommen die Leute üblicherweise hierher, um Picknicks zu veranstalten, aber nicht, um Zelte aufzustellen. Für uns könne er vielleicht eine Ausnahme machen, meint der Alte, weil wir von so weit nach Urugay gekommen sind. Na also.

Wir fahren auf den Platz. Er ist in Ordnung und verfügt im Gegensatz zu vielen anderen südamerikanischen Campingplätzen über vernünftige sanitäre Anlagen.

Doch der Alte lässt uns so leicht nicht aus seinen Klauen. Immer und immer erzählt er den gleichen Senf. Eine Stunde schon dauert der Vortrag, und allmählich werde ich sauer. Ich bin hungrig und in diesem Zustand selten gut zu genießen. Also fange ich an, mein Zelt aufzubauen. Aber damit erhalte ich erst recht die uneingeschränkte Aufmerksamkeit des alten Mannes. Er beginnt, mir jede erdenkliche Ecke auf dem Platz zu zeigen. Ich verstehe sowieso nur einen Bruchteil von dem, was da ununterbrochen aus ihm heraussprudelt. Das scheint er dann auch zu kapieren und wendet sich an Birgit.

Die ist aufgrund ihrer guten Spanisch-Kenntnisse schlechter dran als ich. Seinem neuen Opfer erläutert der alte Mann jeden Grashalm auf der Wiese. Von einer Ecke des Grundstücks marschiert er in die andere und wieder zurück. Birgit trottet immer brav hinter ihm her. Jo und ich stehen etwas verlegen da und wissen nicht recht, was wir machen sollen. Doch ein Ende der Tortur ist nicht in Sicht. Kaum zeigt Birgit Ermüdungserscheinungen, redet der Alte um so intensiver auf sie ein.

Eine weitere Stunde vergeht. Mir reicht's jetzt. Genervt widme ich mich wieder meinem Zelt. Das gefällt dem Patron nun überhaupt nicht. Er versucht, mit mir zu diskutieren. Aber Höflichkeit zu zeigen, wäre in diesem Moment eine übermenschliche Anstrengung für mich. Deshalb ignoriere ich ihn einfach.

Auch Jo beginnt jetzt, sein Zelt aufzubauen. Worauf der Alte mächtige Schimpfkanonaden loslässt. Mir ist das jedoch Wurst. Entweder schmeißt er uns raus oder lässt uns die Zelte aufbauen. Der zweite Fall tritt ein. Wir dürfen bleiben und endlich unsere Stoffhäuser aufstellen. Alles natürlich unter einem nicht enden wollenden Redeschwall. Erst als es anfängt zu regnen, verzieht sich unser Alleinunterhalter in sein Haus. Noch ein paar Minuten länger, und uns wäre wohl der Schädel geplatzt.

Am nächsten Tag frühstücken wir so unauffällig wie Agenten im feindlichen Hinterland, um bloß nicht die Aufmerksamkeit des alten Mannes auf uns zu ziehen. Es klappt. Dann brechen wir zu einer Stadtbesichtigung auf.

Ich erinnere mich: Während der gestrigen Fahrt durch die Stadt erschien mir alles grau. Ein Eindruck, der sich auf den zweiten Blick jedoch nicht bestätigt. Montevideo gibt sich einem nicht sofort hin. Man muss schon in den Ecken wühlen, um dieser Stadt etwas zu entlocken.

Ihr Charme verbirgt sich vor allem in ihren Cafés. Hier herrscht diese Kaffebohnen-/Tangostimmung, wie man sie von Südamerika eigentlich erwartet. Einige der Cafés können auf eine fast hundertjährige Vergangenheit zurückblicken.

Wie damals sitzen an den Tischen auch heute noch meist nur Männer, man trinkt Kaffee oder Mate. In der Ecke steht ein Akkordeonspieler und sorgt mit tieftraurigen Tango-Rhythmen für eine Stimmung, die unter die Haut geht.

Trotz Cafés, Mate und Tango reicht uns ein Tag für Montevideo. Wir fahren weiter nach Colonia del Sacramento, von wo aus die Fähre über den Rio de la Plata nach Buenos Aires geht.

Während der Fahrt bemerke ich, wie am Motorgehäuse Öl austritt. Das darf doch nicht wahr sein. Erst gestern Abend habe ich die Dichtung getauscht. In Colonia del Sacramento angekommen, versiegle ich den Deckel kurzerhand mit Dichtmasse. Einfach, aber wirksam.

Dann die nächste Überraschung: Die Benzinpumpe hat in der Zwischenzeit ihre Tätigkeit eingestellt. Die letzten Liter Benzin im Tank erreichen deshalb den Vergaser nicht mehr. Was tun? Mir bleibt nichts anderes übrig, als die Benzinpumpe so penibel wie möglich zu reinigen. Ob es was bringt, wird die weitere Fahrt zeigen.

Die Dichtmasse am Deckel ist inzwischen trocken, und ich betätige den Anlasser. Aber nichts passiert, nur ein leises Surren ist zu hören. Einige nicht druckreife Flüche kommen mir über die Lippen. Gott sei Dank versteht sie keiner der anwesenden Südamerikaner. Ich nehme also den gerade abgedichteten Deckel wieder ab und sehe den Fehler sofort: Die Anlasserkupplung hat sich verabschiedet - sie rutscht durch.

Entmutigt richte ich mich auf. Mir kommen Zweifel, ob es richtig war, ein so altes Motorrad mit auf diese Reise zu nehmen. Wir stehen erst am Anfang unserer Fahrt. Doch seitdem wir in Uruguay sind, vergeht kaum ein Tag, an dem ich nicht an der Ténéré herumschrauben muss. Dabei war die bisherige Strecke im Grunde genommen völlig unproblematisch, da wir fast nur auf Asphalt gefahren sind. Was aber wird mein Motorrad erst sagen, wenn es mit den berüchtigten patagonischen Pisten konfrontiert wird?

Birgit und Jo haben inzwischen den Ort angeschaut und finden mich nach ihrer Rückkehr in völlig demoralisiertem Zustand. Doch die beiden reden mir gut zu und richten mich wieder auf. »Was willst du eigentlich?« sagt Jo zum Schluss. »Die XT läuft doch prima. Mach dich wegen ein paar Kleinigkeiten nur nicht verrückt.«

Im Prinzip hat er ja Recht. Das Herz der Maschine ist gesund. Außerdem verfügt sie neben dem elektrischen Anlasser über einen Kickstarter, den ich vor Jahren zusätzlich montiert habe. Diese Investition zahlt sich heute aus. Das Starten ist dadurch lediglich etwas anstrengender als früher - statt mit einem Knopfdruck muss der Motor nun mit Beinarbeit in Schwung gebracht werden.

Gesagt, getan. Man merkt, dass ich das Antreten schon lange nicht mehr praktiziert habe. »Wohl ein bisschen aus der Übung gekommen«, meint Birgit trocken, während sie mich bei den schweißtreibenden Versuchen beobachtet, dem Motor Geräusche zu entlocken. Es dauert insgesamt eine viertel Stunde, bis die Ténéré endlich zur Abfahrt bereit ist. Dann fahren wir nach Colonia del Sacramento hinein. Für den morgigen Tag müssen nämlich noch die Fährtickets nach Buenos Aires gebucht werden, außerdem haben Birgit und Jo bei ihrem Stadtbummel einige schöne Cafés entdeckt.

Colonia del Sacramento ist der Endpunkt unserer Nordroute. 4.000 Kilometer liegen nun schon hinter uns. Auf der anderen Seite des Rio de la Plata liegt Buenos Aires. Von dort aus wollen wir in großen Etappen durch die Pampa in Richtung Süden fahren.

Während wir es uns in einem gemütlichen Café gut gehen lassen, beschäftigen sich meine Gedanken wieder mit der Ténéré. Was kommt als nächstes? Ich sehe mich schon irgendwo in Patagonien sitzen und auf Ersatzteile aus Deutschland warten. Mein Vertrauen in das Motorrad hat ziemlich gelitten. Vielleicht mache ich mir einfach zu viele Sorgen. Also ruhig Blut. Wie nannte es Jo? Kleinigkeiten.

Anderntags bin ich dennoch früh dran, damit ich ein kleines Zeitpolster habe, falls der Motor nicht anspringt. Doch oh Wunder: Schon nach dem ersten Versuch bewegt sich der Kolben aus eigener Kraft auf und ab.

Drei Stunden später schippern wir über den Rio de la Plata. Schippern ist der richtige Ausdruck. Denn die alte Fähre ist ein würdiger Vertreter der Schiffsgattung »Seelenverkäufer« und scheint in erster Linie aus Rost zu bestehen. Im Hafen von Buenos Aires schiebt sie sich durch eine unglaublich schmutzige Brühe. Ein Ölfilm wabbert über die gesamte Wasseroberfläche. Er ist so dick, dass man Angst haben muss, der Kahn könnte darauf ausrutschen.

Argentinien hat uns wieder. Der Hafen ist voller Hektik. Alle scheinen es eilig zu haben. Das Zollbüro läuft über vor Menschen. Jeder fuchtelt mit einem Stoß Papier in der Luft herum. In diesem Tohuwabohu ist es für einen Nicht-Argentinier fast unmöglich, sich durchzusetzen. Zudem trennt eine unsichtbare Barriere die Zollbeamten vom Rest der Welt. Auf der anderen Seite der Schreibtische herrscht völlige Gelassenheit. Jegliche Hektik prallt von den Beamten ab. Ich versuche verzweifelt, mir Gehör zu verschaffen. Doch hätte ich ebenso gut gegen eine Wand reden können.

Aber da ist im rechten Moment mal wieder die Kavallerie zur Stelle. Und zwar in Form eines uniformierten Herrn. Der schiebt sich wie ein Schlachtschiff durch das Gewimmel und schreit lauthals nach den Besitzern der Motorräder. Strahlend baue ich mich vor dem grimmig dreinschauenden Menschen auf und halte ihm meine Papiere unter die Nase. Doch davon will er zunächst nichts wissen und gibt mir barsch zu verstehen, dass ich mich zu meiner Maschine begeben soll. Jawoll, Herr General!

Dort dauert es zwanzig Minuten, bis ein gutgekleideter Zivilist in Anzug und Krawatte auftaucht. Aha, der Boss. Kein Zweifel - wir und die Motorräder sind Chefsache. Der Boss bringt Schwung in die Angelegenheit. Sein Helfer, dem eher der Status eines Lakaien zukommt, hat alle Hände voll zu tun. Im Laufschritt schafft er Stempel und Papiere heran, und letztlich ist es ihm zu verdanken, dass die Zollformalitäten im Hafen innerhalb von einer Stunde erledigt sind.

Die Route in Richtung Süden führt uns mitten durch Buenos Aires. Irrer Verkehr, das übliche Chaos. Der Regen, der in Bindfäden vom Himmel fällt, macht die Sache nicht einfacher. Schon nach wenigen Minuten ist meine Crossbrille beschlagen. Nur noch schemenhaft kann ich erkennen, was um mich herum geschieht.

Wir lassen uns mit der Blechflut durch die Häuserschluchten treiben, bis wir auf eine der großen Ausfallstraßen treffen. Jo gibt jetzt mächtig Gas. Als wolle er heute noch Feuerland erreichen. Ich kann ihm im Blindflug kaum folgen, und auch Birgit hat Schwierigkeiten, dranzubleiben. Das Ganze ist nicht ungefährlich, denn der starke Regen raubt uns jegliche Sicht. Ich bin längst nass bis auf die Haut. Keine Frage - El Niño hat uns wieder gefunden. Es ist uns leider nicht gelungen, ihn abzuschütteln.

Der Regen wird immer heftiger und Jo immer schneller. Ob er glaubt, El Niño doch noch abhängen zu können? Buenos Aires liegt schon längst hinter uns. Aus den Vororten sind Dörfer geworden. Die Abstände zwischen den Ortschaften wachsen, dazwischen liegt nichts als flaches, weites Land, das irgendwo im Grau der Wolken verschwindet. Jede Pore meiner Haut ist mit Wasser gefüllt. Die Sehnsucht nach etwas Trockenem wächst mit jedem Kilometer. Seit Mittag schon sind wir im Regen unterwegs.

Eine kleine Tankstelle wird zum Quartier für die heutige Nacht. Dummerweise steht die Wiese, auf der wir unsere Zelte aufbauen können, fast komplett unter Wasser - nur ein kleiner Fleck wurde bisher von den Fluten verschont. Diese Insel ist gerade groß genug für unsere Stoffbehausungen.

Zu spät bemerken wir, dass unser Domizil in direkter Nachbarschaft zu einer »Gomeria« liegt. So heißen hier die Reifenwerkstätten. Der Besitzer unserer Gomeria weiß, dass guter Service bares Geld ist und bietet seinen Kunden Reifenwechsel rund um die Uhr an. Der wird in dieser Nacht auch prompt in Anspruch genommen. Das Hämmern eines Pressluft-Aggregats reißt mich urplötzlich aus dem Schlaf, und es versteht sich von selbst, dass während des zweistündigen Reifenwechsels der Motor des Lkws weiterläuft. Danach halten Monteur und Fahrer noch ein ausgedehntes Schwätzchen, und erst als sich der Tag langsam über den Horizont schiebt, kehrt wieder Ruhe ein.

Zwar wäre meine Nachtruhe mit einem Paar Ohrenstöpsel wesentlich angenehmer ausgefallen. Doch trage ich während der gesamten Reise nachts absichtlich keine dieser sonst so praktischen Ruhespender. Ich würde es ja sonst nicht hören, falls sich irgendjemand an den Motorrädern zu schaffen machen würde.

Nicht wirklich ausgeschlafen, packen wir die triefend nassen Zelte zusammen und machen uns wieder auf den Weg. Es ist ein ekelhaftes Gefühl, aus einem warmen Schlafsack in feuchte Motorradklamotten zu steigen. Mein Körper reagiert darauf mit massivem Widerstand. Es dauert eine Weile, bis ich mich an die feuchte Umhüllung gewöhnt habe. Aber - es regnet nicht mehr, und einige blaue Löcher am Himmel zeigen, dass das Wetter besser wird.

Wir erreichen Azul. Die Stadt ist uns nicht ganz unbekannt. Vor der Reise hatten wir mit einigen Südamerika-Fahrern gesprochen, die uns Azul wärmstens ans Herz gelegt hatten. Dort gebe es einen Motorrad-Club, dessen Mitglieder ganz wild darauf seien, motorisierte Zweiradfahrer aus aller Welt kennenzulernen. Und so bleibt unsere Anwesenheit den Mitgliedern dieses wissbegierigen Vereins nicht lange verborgen. Vor dem Supermarkt spüren sie uns auf.

Was dann passiert, haut uns glatt um: Ein Korso von Motorradfahrern geleitet uns zum Vereinslokal mitten in der Stadt. Wenig später ist das kleine Café zum Bersten voll. Fast alle Mitglieder sind gekommen, um uns persönlich zu begrüßen. An die geplante Weiterfahrt ist natürlich nicht mehr zu denken. Die sofort ausgesprochene Einladung zum Asado, wie hier ein Grillabend genannt wird, abzulehnen, wäre eine grobe Beleidigung. Also gut, wir bleiben über Nacht.

Der Präsident der GAMA - Grupo Amigos de la Moto de Azul - nimmt die Organisation der für heute Abend geplanten

Grillfete persönlich in die Hand. Welche Ehre.

Im Café geht es mittlerweile hektisch zu. Der Informationsfluss unter den GAMA-Mitgliedern funktioniert perfekt. Immer mehr Menschen trudeln ein, um uns zu begrüßen, und wir müssen Fragen über Fragen beantworten.

Mit über 3.000 Mitgliedern ist die GAMA Argentiniens größter Motorrad-Club. Gerade mal zwei von ihnen sind Frauen, die auf 50-Kubik-Mopeds unterwegs sind. Überhaupt sind große Maschinen die Ausnahme. Selbst Hernandez, der »Presidente«, fährt nur eine 350er Jawa. Dafür mit amerikanischer Polizeisirene.

Nach der Mittagspause wird es allmählich ruhiger. Viele Clubmitglieder sind mal eben von ihrer Arbeitsstelle gekommen, und nun sind wir wieder uns selbst überlassen. Der Präsi geht aber nicht eher, bevor er uns das Versprechen abgerungen hat, im Café zu warten, bis uns jemand abholt.

Ich nutze den Nachmittag, um ein Lebenszeichen nach Hause zu schicken und eine Ersatzteilliste zu faxen. Anne soll mir eine neue Anlasser-Kupplung mit nach Ushuaia bringen. Die Ténéré reagiert auf meine Tritte nämlich sehr launisch. Manchmal bedarf es einiger Wadenarbeit, bis der Motor endlich seine Arbeit aufnimmt. Da Anne mit den Innereien einer XT nicht so vertraut ist, fällt die Bestelliste nebst Zeichnung etwas ausführlicher aus. Auch Birgit und Jo haben eine kleine Liste mit nützlichen Dingen vorbereitet, die ihnen Anne aus Deutschland mitbringen soll.

Mehrere Stunden verbringen wir im Café, wobei uns die Zeit alles andere als lang wird. In kurzen Abständen schauen immer wieder Menschen vorbei, begrüßen uns herzlich, reden mit uns ein paar Worte und verschwinden wieder. Ich gewinne den Eindruck, die Clubmitglieder haben Angst, wir könnten uns im letzten Augenblick doch noch aus dem Staub machen. Aber wir bleiben gerne.

Am späten Nachmittag holt uns der Präsident dann höchstpersönlich ab. Er hat uns ein Quartier für die Nacht organisiert

- ein Schlafsaal für Schulklassen wird für ein paar Stunden unser Heim.

Der Mecánico des Clubs schaut vorbei und erkundigt sich nach unseren Motorrädern. Ich diskutiere mit ihm in meinem Anfänger-Spanisch über die Schwierigkeiten mit der Anlasserkupplung. Er kennt das Problem, doch ohne das Ersatzteil kann man da wohl nichts machen. Aber auf die Benzinpumpe wirft er ein Auge, demontiert die Zuleitungen, pustet einmal kräftig durch jeden Schlauch und meint anschließend, dass das Ding nun wieder funktioniere. Ich glaube ihm zwar nicht so recht, aber morgen werde ich die Möglichkeit haben, mich von seinen Schrauberqualitäten zu überzeugen.

Das Asado, das die Mitglieder für uns organisiert haben, ist überwältigend. Eine solche Gastfreundschaft habe ich noch nie in meinem Leben erfahren. Dieser Herzlichkeit können wir kaum etwas entgegensetzen. Uns bleibt nichts anderes übrig, als uns ständig für diesen unvergesslichen Abend zu bedanken.

Später am Abend bekommen wir eine Urkunde verliehen und werden zu Ehrenmitgliedern des Clubs ernannt.

Der Abend wird lang, sehr lang. Südamerikanisch eben. Auch die Argentinier laufen erst nach Mitternacht zur Höchstform auf. Gegen 3 Uhr morgens kommen wir erst zur Ruhe.

Doch sehr lange schlafen wir nicht. Schon gegen 7 Uhr schneien die ersten Mitglieder herein und bringen Brot zum Frühstück.

Wir hatten uns eigentlich vorgenommen, zeitig im Sattel zu sitzen. Doch schnell wird klar, dass auch daraus nichts wird. Den ganzen Morgen kommen und gehen Leute. Es wird dann insgesamt ein langer Abschied von Azul und seinem Motorradclub. Und wieder kommt in mir dieses wehmütige Gefühl auf. Dieses Gefühl, das mich hier in Südamerika jedesmal beschleicht, wenn ich mich nach spontan geschlossenen, tiefen Freundschaften wieder verabschieden muss. So wie heute in Azul. Es fällt mir verdammt schwer, diesen Menschen, mit denen ich gestern gelacht und gefeiert habe, Lebewohl zu sagen.

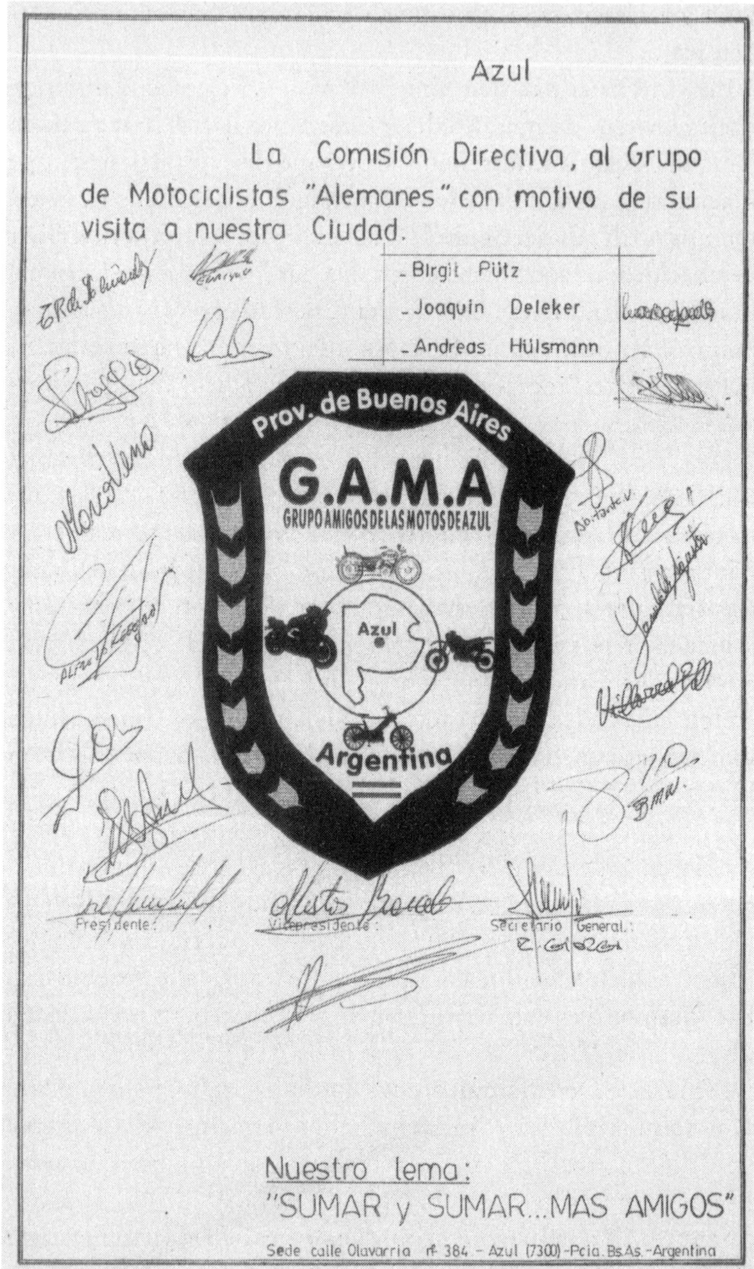

Azul

La Comisión Directiva, al Grupo de Motociclistas "Alemanes" con motivo de su visita a nuestra Ciudad.

- Birgit Pütz
- Joaquin Deleker
- Andreas Hülsmann

Prov. de Buenos Aires

G.A.M.A

GRUPO AMIGOS DE LAS MOTOS DE AZUL

Azul

Argentina

Presidente: Vicepresidente: Secretario General:

Nuestro lema:

"SUMAR y SUMAR...MAS AMIGOS"

Sede calle Olavarria nº 384 – Azul (7300) – Pcia. Bs.As. – Argentina

Und zu wissen, dass ich sie wahrscheinlich niemals wiedersehen werde.

Im Clubhaus hat sich eine fast melancholische Stimmung breitgemacht. Immer wieder müssen wir warten, weil noch jemand »Auf Wiedersehen« sagen möchte. Erst am frühen Nachmittag schaffen wir den Absprung. Einige Mitglieder geleiten uns noch aus der Stadt. Mit einem Hupkonzert werden wir verabschiedet. Doch nicht bevor uns der Präsident noch einmal kräftig umarmt. Diese Geste ist eine besondere Wertschätzung, da in Argentinien enger Körperkontakt unter Männern unüblich ist. Keine Frage - dieser Mann hat uns ins Herz geschlossen.

Es geht weiter Richtung Süden. Ein kräftiger Wind bläst uns ins Gesicht. Die XT stemmt sich ihm entgegen und muss sich mit dem ganzen Gepäck ziemlich quälen. Wir fahren nicht mehr auf der Ruta 3, sondern haben uns für eine Nebenstrecke entschieden. Wie Zugvögel drängen wir nun mit aller Macht nach Süden. Die Landschaft macht es uns einfach, denn sie bietet wenig Reizvolles. Es ist stets das gleiche Bild wie in Brasilien und Uruguay: Viehweiden, soweit das Auge reicht. Bis zum Horizont ist das Land flach, platt und topfeben.

Damit mir nicht langweilig wird, spiele ich ein wenig Sprit-Roulette. Zwangsläufig. In dem Abschiedstaumel von Azul habe ich nämlich vergessen zu tanken. Und hier auf der Nebenstrecke steht nur alle 100 Kilometer eine Zapfsäule. Gleich der erste Versuch scheitert daran, dass die Tankstelle geschlossen hat. Jetzt wird es eng. Reicht das Benzin noch bis zum nächsten Ort?

Ein Trost: Der Mecánico des Motorradclubs verstand etwas von seinem Handwerk. Denn ich habe längst die Reserve erreicht, und das Motorrad läuft immer noch wie ein Uhrwerk. Das bedeutet, dass die Benzinpumpe tatsächlich wieder funktioniert. Mit dem letzten Tropfen Sprit rolle ich in die nächste Tankstelle hinein. 460 Kilometer bin ich seit dem letzten Tankstopp gefahren. Ein Wahnsinn. Und das trotz des heftigen Gegenwindes. Ich gieße fast 25 Liter in den Tank, der laut Handbuch nur 24 Liter fasst. Ich glaube, ich habe heute wirklich Glück gehabt.

Wieder verschluckt uns die Weite der Pampa. Wie einsame Eisschollen treiben wir in einem Meer aus grünen Viehweiden. Bis zur Valdés-Halbinsel wird sich an diesem Anblick nicht viel ändern. Irgendwann erhebt sich die Sierra de la Ventana aus dem Horizont. Die ersten Berge seit 4.000 Kilometern. Eigentlich sind es nur Hügel, doch in dieser unendlichen Weite kommen sie mir gigantisch hoch vor.

Die Sierra de la Ventana ist unser heutiges Etappenziel. Die Fahrt dorthin dauerte nicht sehr lange, doch mir reicht es für heute. Denn der ständige Wind hat mir den letzten Nerv geraubt. Die Sierra de la Ventana entschädigt mich dafür mit Entspannung für Seele und Augen. Diese Hügel mit ihren saftigen Wiesen und Wäldern sind eine willkommene Abwechslung.

Morgen geht es weiter zur Küste und zum Rio Colorado, dem Grenzfluss zwischen Patagonien und der Pampa. Mehr als 4.000 Kilometer sind wir inzwischen durch die Pampa gefahren, die sich von Uruguay im Norden bis hinab zum Rio Colorado erstreckt.

Für einen Europäer bildet diese ultraflache und weite Region eine völlig neue Dimension. Man fährt wie durch eine andere Welt. Irgendwie nicht von diesem Planeten. Die Ureinwohner haben diesem Landstrich den passenden Namen gegeben: »Bamba«. Das bedeutet »Weite ohne Hindernis«.

Kapitel 5

Geheimnisvolles Patagonien

»Patagonien: Trockenes, geröllübersätes Hochland im Süden Südamerikas, viele Seen und Erdölfelder, etwas Schafzucht.«

Patagonien! Mein Gott. In diesem Namen verbirgt sich Abenteuer und Weite. Mit der Überquerung des Rio Colorado habe ich nun endlich dieses mystische Land erreicht und mir damit einen lang gehegten Traum erfüllt. Ich bin wie von Sinnen. Adrenalin pumpt durch meinen Körper, ich fühle mich in Hochstimmung. Als würde die Südamerika-Reise erst jetzt richtig beginnen. Als wären die letzten Wochen nur Beiwerk gewesen. Nicht, dass ich die zurückliegenden Erlebnisse und Begegnungen deshalb weniger schätze. Aber das alles war einfach nicht Patagonien.

Patagonien. Schon der Name klingt wie eine Herausforderung. Und der will ich mich stellen. Hier unten wehen die stärksten Winde der Welt, und das einzige Ziel ist der Horizont. Der Himmel beansprucht in Patagonien den meisten Platz. Die Augen tun sich schwer, in der endlosen Weite etwas anderes zu entdecken.

Zeit zum Träumen bleibt mir nicht. Auch den Horizont habe ich inzwischen aus den Augen verloren. Mein Blick klebt auf der Straße. Wir sind zurück auf der Ruta 3, und auf deren Asphalt tun sich wahre Abgründe auf.

Gerade habe ich mal wieder die Ténéré in einem dieser gewaltigen Schlaglöcher versenkt und stelle schmerzhaft fest, dass die Federelemente diesen Kratern nicht gewachsen sind. In der Folge versuche ich, mich besser darauf zu konzentrieren, was sich da unmittelbar vor meinem Vorderrad abspielt.

Diesen badewannengroßen Löchern auszuweichen, verlangt eine gehörige Portion Akrobatik. Immer gelingen diese Kunststücke natürlich nicht, und so werden die XT und ihr Reiter ab und zu heftig durcheinander geschüttelt. Es fällt zudem mit jeder Stunde Fahrt schwerer, wie eine Schlange hochkonzentriert auf die Straße vor sich zu starren.

Die Tortur geht erst zu Ende, als wir die Grenze zur Region Chubut passieren. Aus der löchrigen Straße ist ein feines schwarzes Asphaltband geworden, dessen einzige Unebenheiten aus ein paar harmlosen Bodenwellen bestehen.

Komischerweise hat sich plötzlich der Benzinpreis halbiert. Den Grund erfahren wir vom Tankwart: Mit dieser steuerlichen Begünstigung versucht die Regierung, die Menschen in der windigen Einöde des argentinischen Südens zu halten. Denn gerade die Abwanderung junger Leute in den Norden des Landes ist sehr hoch. Schlecht für Argentinien, gut für uns, denn die Halbierung der Spritkosten bedeutet eine enorme Erholung für unsere Reisekasse.

Wir sind auf dem Weg zur Valdés-Halbinsel. Ein eiskalter Wind bläst uns beharrlich ins Gesicht, als wollte er uns den Weg versperren. Er schaufelt polare Luft aus der Antarktis nach Patagonien. Und macht es damit auf dem Motorrad höchst ungemütlich. Jede Pause ist eine willkommene Gelegenheit zum Aufwärmen.

Auf einmal dringen ungewohnte Geräusche an mein Ohr. Der Wind? Nein. Irgendetwas stimmt am Motorrad nicht. Ich stoppe sofort. Schnell werde ich fündig: Das obere Kettenlaufrad hat sich auf den letzten Kilometern verabschiedet. Dieses Kunststoffteil dient zur Führung der Kette. Nun ist nur noch die Halterung vorhanden, und diese wird permanent von der Kette bearbeitet.

Das passende Ersatzteil befindet sich blöderweise ganz unten in meinem Koffer. Ich habe aber keine Lust, hier am Straßenrand und bei diesem saukalten Wind alles auszupacken und das neue Teil zu montieren. Also beschließe ich, dass die ganze

Angelegenheit bis Puerto Piramides warten kann und ich bis dahin die Geräusche einfach ignorieren werde, was sich jedoch als ziemlich schwierig herausstellt. Denn das direkte Aufeinandertreffen von Metall auf Metall ist trotz des Fahrtwindes nicht zu überhören.

Von der Sierra de la Ventana brauchen wir zwei Tage bis zum Städtchen Puerto Piramides. Es liegt auf Valdés.

Die Strände und Buchten der Halbinsel sind die Heimat zahlreicher seltener und bedrohter Meerestiere. Fast ganz Valdés steht unter Naturschutz. Hier hoffen Jo und ich, Aufnahmen von Walen, See-Elefanten und Seelöwen machen zu können.

Doch das hat Zeit. In Puerto Piramides muss ich mich erst einmal um andere Dinge kümmern. Heute ist der erste Null-Tag dieser Reise, die Motorräder werden keinen einzigen Meter bewegt. Ich repariere das Kettenlaufrad, und die XT ist wieder fit. Birgit und Jo haben außer den üblichen Wartungsarbeiten an ihren Motorrädern wie immer nichts zu tun. Bei Jo ist das kein Wunder - seine Dominator ist nagelneu. Birgits 17 Jahre alte BMW gibt mir jedoch Rätsel auf. Dass die betagte Gummikuh immer noch so zuverlässig läuft ...

Anschließend nehme ich mir meinen Benzinkocher vor. Seit gestern ist dem Brenner nämlich keine müde Flamme mehr zu entlocken. Den halben Tag biege, putze und feile ich an dem Ding herum. Doch die Mühe ist umsonst - der Kocher bleibt kalt. Ein weiteres Teil, das ich auf die Ersatzteilliste für Anne setzen muss.

Apropos Anne. Sie ist von den vielen Bestellungen nicht gerade begeistert. Doch die wenigen Minuten, die mir für ein Telefonat nach Deutschland zur Verfügung stehen, sind zu kostbar, um mit Anne über Sinn und Unsinn dieser Mitbringsel zu diskutieren.

Wir überlegen, was wir mit dem folgenden Tag anfangen sollen - entweder mit den Motorrädern an der Küste entlangfahren oder auf Wal-Safari gehen. Es ist Sonntag, und an den Wochenenden läuft Puerto Piramides über vor Touristen. Deshalb heute keine Wal-Safari.

Wir machen uns lieber auf nach Punta Norte, zum nördlichsten Zipfel von Valdés. Die Piste ist gut zu fahren. Nur dann und wann bringen einige sandige Passagen etwas Unruhe in das Fahrwerk.

Die - fotografische - Enttäuschung in Punta Norte ist groß. Wir kommen an die See-Elefanten nicht heran. Sie dürfen lediglich aus 40 bis 50 Meter Entfernung beobachtet werden. Die argentinische Regierung hat seit dem letzten Jahr dem touristischen Treiben an den Stränden anscheinend ein Ende gesetzt. Jetzt passen Ranger auf wie Schießhunde, dass niemand den Meeressäugern zu nahe kommt.

Einer von ihnen, ein sogenannter Guarda Parque, erklärt uns den Grund. Es gab wohl immer wieder Leute, die versuchten, die See-Elefanten zu streicheln. Diese empfanden solche menschlichen Zuwendungen eher als störend, so dass Jahr für Jahr immer weniger Tiere nach Valdés kamen. Verständlich, dass die Ranger nun ein Auge auf die Besucher werfen und darauf achten, dass die Tiere bei der Aufzucht ihrer Jungen nicht gestört werden.

Wir wollen es ein Stück weiter in Punta Caleta probieren, wo sich die Tiere nach wie vor aus nächster Nähe beobachten lassen. Dass es inzwischen begonnen hat zu regnen, stört uns erst einmal nicht. Doch dann kommt es dick. Die Fahrt nach Punta Caleta wird zur Rutschpartie.

Schon nach wenigen Kilometern setzt sich mein Vorderrad zu. Der Regen hat die Piste aufgeweicht. Wie Beton haben sich Kies und Lehm zwischen Reifen und Schutzblech festgesetzt. Eine Viertelstunde brauche ich, bis sich das Vorderrad wieder drehen lässt. Doch das Erfolgserlebnis dauert nur wenige Sekunden - 50 Meter weiter blockiert das Rad schon wieder.

Jo geht es nicht besser. Nur Birgit hat mit dem hoch angebrachten Schutzblech ihrer BMW keine Probleme. Wir beiden

Männer kämpfen uns noch ein, zwei Kilometer vorwärts. Dann wird uns klar, dass wir heute auf keinen Fall weder Punta Caleta erreichen, noch nach Puerto Piramides zurückkommen. Die einzige Zuflucht ist Punta Norte. Also zurück. Drei Stunden brauchen wir für die 10 Kilometer. Und dabei haben Jo und ich unsere Motorräder mehr als einmal abgelegt.

Der Ranger ist erstaunt, uns wiederzusehen. Wir erklären ihm die Lage. Zelt, Schlafsack, Kocher und der Rest unserer Ausrüstung liegen in Puerto Piramides - mehr als 100 Kilometer von der Station entfernt. Er runzelt die Stirn. Eigentlich ist es Besuchern nicht erlaubt, über Nacht in Punta Norte zu bleiben. Aber was will er machen? Wir sind eine Art Notfall.

Er führt uns zu einem Abstellraum mit einer Matratze. Dort können wir schlafen. Dann findet er irgendwo noch ein paar Pferdedecken. Aus den Tiefen meiner Koffer fische ich einige Müsliriegel und etwas Brot mit Käse. Na also, geht doch. Obwohl für unsere Unterkunft die Bezeichnung spartanisch noch geschmeichelt ist, gibt es sicherlich schlechtere Plätze zum Übernachten.

Unsere Sorge gilt eher dem Wetter - sollten die Regenfälle morgen nicht nachlassen, haben wir ein Problem. Denn nur wenn die Piste abgetrocknet ist, können wir wieder zurückfahren.

Beunruhigt richten wir uns für die Nacht ein. Ich schlafe in meinen Motorradklamotten. Die Jacke nehme ich als Decke, die Füße stecke ich in die Thermohose. Der heftige Wind und der prasselnde Regen machen das Einschlafen schwierig. Ich denke an morgen. So wie es im Moment aussieht, kommen wir auf keinen Fall zurück.

Ganz früh weckt uns der Ranger mit einer Tasse Tee. Eine nette Geste? Nein, der Mann möchte einfach, dass wir uns so schnell wie möglich auf die Socken in Richtung Puerto Piramides machen. Durch unser nicht erlaubtes Biwak könnte er eine Menge Ärger bekommen.

Wir respektieren seinen Wunsch. Mittlerweile ist auch die

Piste wieder gut befahrbar. Der starke Wind und die kräftige Sonne haben die Oberfläche schnell abgetrocknet. Nur dann und wann heißt es, gefühlvoll um ein Schlammloch herum zu zirkeln. Dunkle Wolken, die vom Festland heraufziehen, mahnen zu Eile. Und gerade rechtzeitig vor dem ersten Regenschauer trudeln wir auf dem Zeltplatz ein.

Der Tag danach. Die See-Elefanten haben es uns angetan. Aufgeben? Niemals. Wir versuchen also erneut, nach Punta Caleta zu kommen. Die Route entlang der Küste steht schon wieder oder immer noch unter Wasser. Schon nach wenigen Kilometern macht Jo mit blockierendem Vorderrad einen Abflug, und wir entscheiden, die Strecke durch das Landesinnere zu nehmen. Ohne Probleme kommen wir ans Ziel.

Hier in Punta Caleta lassen sich die See-Elefanten tatsächlich aus der Nähe betrachten. Streng achten die Ranger darauf, dass niemand die Absperrung übertritt. Ihr Gehabe ist militärisch. Mit dunkler Sonnenbrille und ohne eine Miene zu verziehen schreiten sie ständig das Spalier der Besucher ab. Wenn es ihnen angebracht erscheint, weisen sie die Leute ruppig und unfreundlich zurecht. Unangenehme Typen. Ich fühle mich in ihrer Nähe unwohl. Andererseits sind sie notwendig. Denn in Punta Caleta werden ganze Busladungen von Besuchern ausgekippt. Wenn diese ohne Aufsicht durch die Brutkolonien stapfen würden, gäbe es auf Valdés in kürzester Zeit wohl kaum noch See-Elefanten.

Wir verbringen den Rest des Tages in Punta Caleta und hoffen, dass irgendetwas passiert. Doch die Tiere denken gar nicht daran, für uns irgendwelche Aktivitäten zu zeigen. Wie Treibholz liegen sie regungslos am Strand und genießen die Sonne. Die Paarungszeit ist vorbei, und die Bullen erholen sich von Kämpfen mit den Rivalen.

Hundert Meter weiter wird es dann doch noch etwas unruhig am Strand. Ein junges Männchen hat sich in den Harem eines alten Bullen verirrt. Für dieses Missverständnis kassiert der junge Wilde mächtig Prügel. Bis auf vier Tonnen Körpergewicht kann es ein ausgewachsenes Männchen bringen, und wenn diese Masse in Bewegung kommt, wird es für jedes Lebewesen in unmittelbarer Nähe gefährlich. Schnell ist der Halbstarke vertrieben, und am Strand herrscht wieder Ruhe.

Dafür wird es an der Rangerstation und dem angeschlossenen Café hektisch. In der nahen Lagune sind zwei Glattwale mit ihren Jungen aufgetaucht. Um uns diese Tiere aus der Nähe anzusehen, schwingen Jo und ich uns schnell auf die Motorräder. Auf den Klippen bauen wir Stative und Kameras auf. Und tatsächlich: die Wale!

Die Muttertiere zeigen den Kleinen, wie sich die einlaufende Flut nutzen lässt. Die Strömung treibt den Walen die Nahrung direkt ins Maul. Wir sehen diesem Schauspiel fasziniert zu. Auf der Klippe stehen mittlerweile ein Dutzend Leute. Auf einmal erscheint der Besitzer der Weide, auf der wir stehen. Barsch bedeutet er, dass wir gefälligst verschwinden sollen. Wir ziehen uns auf die Straße zurück, doch der Mann ist immer noch nicht zufrieden. Der Aussichtspunkt sei ja wohl dort drüben, und er deutet auf die einen Kilometer entfernte Rangerstation.

Sämtliche Zuschauer folgen daraufhin artig seinem Befehl und verlassen die Straße. Nur Jo beugt sich nicht. Er will sich das Naturschauspiel von diesem Wichtigtuer nicht verderben lassen. Der Grundbesitzer ist vollkommen sprachlos, weil sich jemand seinen Anweisungen widersetzt. Nun steige auch ich wieder von meinem Motorrad und solidarisiere mich mit Jo.

Das ist für den Typen Meuterei. Wild gestikuliert er herum und macht uns deutlich, dass ihm auch die Straße gehöre. Doch Jo lässt sich nicht einschüchtern. Ruhig antwortet er, die Straße sei öffentlich, und jeder habe das Recht, hier zu stehen.

Diese passive Art von Widerstand ist dem Grundbesitzer völlig unbekannt, und er weiß nicht so recht, wie er damit umgehen soll. Bis heute wurde allen seinen Anordnungen vermutlich ohne Diskussion Folge geleistet. Ob er endlich merkt, dass wir wirklich auf öffentlichem Grund und Boden stehen? Jedenfalls gibt er nach und zieht unverrichteter Dinge ab.

Eine unbehagliche Situation. Hätten wir nachgeben und weichen sollen? Schließlich sind wir Besucher in Argentinien und sollten uns ordentlich benehmen. Andererseits kann man nicht einfach hergehen und ein paar harmlose Naturliebhaber in Gutsherrenmanier von seiner Wiese vertreiben, auf der nicht einmal ein Hälmchen gekrümmt wurde.

Das Ganze passt zu meiner Stimmung. Ich bin enttäuscht. Valdés ist nicht gerade das, was ich erhoffte. Die Bilder, die ich im Kopf habe, kann ich fotografisch nicht umsetzen. Überall Zäune, Absperrungen, Ranger und übelgelaunte Großgrundbesitzer.

Um schließlich doch noch zu unserem Naturerlebnis zu kommen, schließen wir uns einer Wal-Safari an. Ich hoffe, auf diesem Trip einige gute Fotos schießen zu können. Die Vorzeichen hierfür stehen gut, denn der Golf Nuevo ist die Kinderstube der Wale. Hier bringen die Kühe ihre Jungen zur Welt.

Ein halbes Dutzend Boote fahren mehrmals am Tag hinaus zu den Glattwalen. Dabei ist das Walewatching in Argentinien nicht ganz unumstritten. In früheren Jahren wurden die Tiere regelrecht verfolgt und mit den Booten umzingelt - und das nur, um den zahlenden Besuchern einige spektakuläre Szenen bieten zu können. Diesem Treiben wurde glücklicherweise ein Ende gesetzt. Die Skipper müssen sich nun an strikte Anweisungen halten. Falls sie diese nicht beachten, drohen ihnen hohe Geldstrafen.

Unser Boot ist voll. Aufregung herrscht an Bord. Der Kapitän gibt noch einige Anweisungen, bevor es losgeht. Lange müssen wir nicht auf die ersten Wale warten. Schon wenige hundert Meter vom Strand entfernt dümpelt eine Mutter mit ihrem Jungen im Wasser. Bis auf 50 Meter nähert sich das Boot den beiden.

Da taucht plötzlich das Kalb direkt neben dem Boot auf. Mir fährt der Schreck durch alle Glieder. Für einen Moment fürchte ich, der Kahn würde kentern, da sich alle Passagiere innerhalb weniger Sekunden in Richtung Wal stürzen. Das Boot hat eine solche Schlagseite, dass man mit ausgestrecktem Arm fast die Wasseroberfläche berühren kann.

Auch die Mutter kommt, um nach dem Rechten zu sehen. Einige Male umkreisen die beiden Wale das Boot oder tauchen darunter hinweg. Dabei scheinen sie uns genau zu beobachten. Wer besucht hier eigentlich wen? Whalewatching oder Menwatching? Nach einiger Zeit verliert die Mutter jedoch die Lust und macht sich mit ihrem Jungen auf und davon - es gibt wohl nichts Neues mehr an unserem Boot zu entdecken.

Wir bleiben zurück, denn die Verfolgung der Wale mit dem Boot ist strengstens verboten. So hält der Skipper Ausschau nach einem neuen Tier. Delphine spielen mit der Bugwelle und umkreisen unseren Kahn, als würden sie um die Gunst der Passagiere buhlen. Doch alle Bemühungen der Delphine bleiben ohne Erfolg - sie sind heute nur Statisten, mit den Walen können sie nicht konkurrieren.

Der Skipper hat wieder eine Walkuh mit ihrem Kalb ausgemacht und lenkt das Boot vorsichtig in deren Richtung. Jedes Auftauchen des 15 Meter langen Muttertieres wird begleitet von begeisterten »Aaahs« und »Ooohs«. Alle geraten in Verzückung, wenn eine Fontäne aus Wasserdampf durch das Luftloch in den Himmel steigt. Es sind gewaltige Tiere. Noch nie habe ich Wale aus so kurzer Distanz gesehen.

Dabei hätte nicht viel gefehlt, und dieser Anblick wäre für immer Vergangenheit gewesen. Fast bis zur Ausrottung wurden die »ballena franca«, die Glattwale, gejagt. Diese Walgattung war für die Walfänger eben eine leichte Beute. Der Glattwal gilt nämlich als zutraulich. Falls man diesen Begriff für ein so gewaltiges Tier überhaupt verwenden kann. Jedenfalls taucht er normalerweise nicht ab, wenn er verfolgt wird, und die Walfänger hatten leichtes Spiel. Eine Millionen Glattwale, so schätzt man, wurden bis heute abgeschlachtet. Lediglich 3.000 Tiere überlebten das jahrzehntelange Massaker. Erst im Jahr 1984 wurden die Glattwale in allen argentinischen Hoheitsgewässern unter Artenschutz gestellt - seitdem erholen sich die Bestände langsam.

Fast zwei Stunden verbringen wir draußen auf See. Es ist gar nicht so einfach, die großen Tiere zu fotografieren. Mit den anderen Passagieren herrscht ein ständiger Kampf um die Vorherrschaft an der Reling. Zudem ist ein grauer Wal auf der grauen Wasseroberfläche durch den Sucher der Kamera nur schwierig auszumachen. Doch eigentlich kann mir das egal sein - die Begegnung mit den sanften Riesen im Golf Nuevo ist trotz fotografischer Hindernisse ein einmaliges Ereignis, an das ich mich mein Leben lang erinnern werde.

Es wird Zeit für uns, weiter in Richtung Süden zu fahren. Auf dem Weg ans Ende der Welt gibt es noch einiges zu sehen. Außerdem landet Anne kurz vor Weihnachten in Ushuaia, und spätestens dann müssen wir in der südlichsten Stadt der Welt sein. So nehmen wir am nächsten Tag den Lenker fest in die Hand und stemmen uns wieder gegen den Wind. Denn immer noch bläst er, der »Escobar del Dios«, der Besen Gottes, wie ihn die Menschen hier nennen. Und immer noch bläst er bitterkalt aus der Antarktis.

Punta Tombo, die größte zugängliche Magellan-Pinguin-Kolonie der Welt, ist unser nächstes Ziel. Bis zur Stadt Trelew fahren wir auf Asphalt. Eine plattgewalzte Schotterpiste wäre sicher besser zu fahren gewesen, denn die Straße ist in erbärmlichem Zustand. Die Schlaglöcher werden immer größer, je weiter wir Richtung Süden kommen. So mancher Abgrund tut sich vor meinem Vorderrad auf und reißt mich schlagartig aus meinen Gedanken. Es ist aber auch nicht einfach: Die Konzentration erlahmt schnell, wenn den Augen nichts Neues geboten wird.

Patagonien ist für mich zu einer Herausforderung der ganz anderen Art geworden. Zur Auseinandersetzung mit der Unveränderlichkeit, mit einer scheinbar stillstehenden Zeit. In diesem

Teil der Erde ist das Nichts zu Hause. Oder? Nein, nicht ganz - außer einer endlosen Weite gibt es doch noch etwas. Und zwar den unablässig blasenden Wind. Was man bei uns als Sturmböe bezeichnen würde, ist in Patagonien gerade mal eine leichte Brise. 6 bis 7 Windstärken sind die Normalität. Und alles, was darunter liegt, gilt als leichter Luftzug.

Wir bleiben einen Tag in Trelew. Nach fast eineinhalb Monaten Fahrt wird es Zeit, die Klamotten einer Generalwäsche zu unterziehen. Durch das Waschen mit der Hand werden T-Shirts, Strümpfe, Pullover und was man sonst noch so am Leib trägt zwar geruchsmäßig ein wenig aufgefrischt. Richtig sauber wird die Wäsche jedoch nicht.

Trelew ist eine lebendige Stadt. Sie ist Ausgangspunkt für Touren nach Valdés oder Punta Tombo. Wir genießen es, wieder einmal in einem dieser Cafés zu sitzen und dem Treiben auf der Straße zuzusehen. Auch das Stöbern in den Souvenirläden gehört dazu. Tourismus pur mit seinem ganzen Drum und Dran.

Einen Tag lang ist das ganz schön, am Abend reicht es mir jedoch. Denn solche »Stadttage« sind stets eine teure Angelegenheit, da man irgendwie immer weit über seine Verhältnisse lebt. Ich bin froh, dass es morgen früh wieder in die Einsamkeit hinausgeht, und merke, wie es mir immer schwerer fällt, den Trubel einer Stadt zu ertragen. Erste Anzeichen einer beginnenden Zivilisationsmüdigkeit? Es sieht so aus. Und das ist gut so. Denn schließlich habe ich mir gerade deshalb diese Auszeit genommen.

120 Kilometer auf Schotterpisten - so weit ist es bis zur Pinguin-Kolonie Punta Tombo. Die bisher längste Off-Road-Distanz. Die Piste selbst ist unproblematisch, sieht man vom Wellblech ab. Wellblech, so werden rillenförmige Unebenheiten bezeichnet, die quer zur Fahrbahn verlaufen. Die Busse, die häufig zwischen Trelew und Punta Tombo hin- und herfahren, sind dafür verantwortlich. Die schweren Fahrzeuge fräsen die Riefen geradezu in den Boden. Teilweise sind sie so übel, dass

mir fast die Plomben aus den Zähnen fallen.

Wir brauchen einige Zeit, bis wir die Pinguin-Kolonie erreicht haben. Der Ranger begrüßt uns freundlich und gibt uns noch einige Verhaltensregeln mit auf den Weg. Eine davon heißt: Im gesamten Schutzgebiet haben die Pinguine Vorfahrt. Also ist Vorsicht geboten, denn die kleinen Tiere rennen rücksichtslos über die Straße, ohne auf den Verkehr zu achten. Blitzartig tauchen sie aus dem Gebüsch auf, um genauso schnell auf der anderen Seite der Piste wieder zu verschwinden.

Fast eine Million Magellan-Pinguine leben in Punta Tombo. In 250.000 Nisthöhlen ziehen sie an der argentinischen Atlantikküste jedes Jahr zwischen Oktober und Januar ihre Jungen auf. Teilweise liegen ihre Höhlen mehr als einen Kilometer vom Wasser entfernt.

Drei Stunden lang marschieren wir durch die Kolonie. In einigen Nestern sind die Jungen schon geschlüpft. Es bleibt immer ein Elternteil beim Nachwuchs, während der andere Partner auf Nahrungssuche im Meer ist. Die Aufzucht ist für die Eltern äußerst anstrengend, denn die Küken sind schon vom ersten Tag an ständig hungrig. Ihr Appetit scheint grenzenlos zu sein. Kommt ein Elternteil zurück, lassen die Kleinen so lange nicht locker, bis der Fang hochgewürgt und im Schnabel der Jungen verschwunden ist.

Gegen Abend müssen die Besucher das Schutzgebiet verlassen. Wir stellen fest, dass die Zeit bei den Pinguinen viel zu kurz war. Wir wollen gerne über Nacht bleiben und die Kobolde morgen nochmals besuchen. Doch Campen ist in Punta Tombo verboten, und der Ranger bleibt hart. Keine Chance - wir dürfen unsere Zelte nicht an der Station aufbauen. Die nächste offizielle Möglichkeit ist Trelew. Zu weit. Also werden wir uns heute Nacht irgendwo in die Büsche schlagen müssen. Denn zurückfahren wollen wir nicht. Es wird das erste »wilde Camp« unserer Reise. Und wir sind schon gespannt, wie es wird. Vorbereitet sind wir bestens. Jeder von uns hat ohnehin immer einen Vorrat an Wasser dabei, und eine Mindestmenge an Nahrungsmitteln ist ebenfalls stets an Bord.

Wir rollen los. Es dürfte nicht allzu schwer sein, zwischen Punta Tombo und Trelew ein gemütliches Plätzchen für die Nacht zu finden. Auf der Suche nach einer geeigneten Stelle kommt uns ein Motorradfahrer entgegen. Eine Art argentinische Fata Morgana? Nein, der Typ ist real. Und ziemlich schnell an uns vorbei. Ein Blick über die Schulter, und ich erkenne gerade noch ein deutsches Nummernschild.

Wir haben Glück, denn auch der eilige Biker hat unsere Kennzeichen bemerkt. Kaum haben wir angehalten, steht er schon hinter uns. Der erste Motorradfahrer aus Deutschland, dem wir auf unserer Tour begegnen.

Sein Name ist Reiner, und er reist alleine. Und das schon seit fast zwei Jahren. Für ihn sind wir seit Monaten die ersten Landsleute, und sein Bedürfnis, wieder einmal in seiner Muttersprache zu reden, ist groß. So ist sein Wortschwall kaum zu stoppen. Was aber nicht tragisch ist, denn er hat tatsächlich viel zu erzählen. Seine Erlebnisse in Mittel- und Südamerika klingen abenteuerlich und spannend. Mehr als eine Stunde verbringen wir auf diese Weise am Pistenrand, bis wir uns gemeinsam aufmachen, einen Platz für die Nacht zu suchen.

Es dauert nicht lange, und die Zelte stehen. Wir sitzen bei einer Tasse Tee zusammen und lauschen gespannt Reiners Geschichten. Erst weit nach Mitternacht kriechen wir in unsere Schlafsäcke.

Am nächsten Morgen stellen wir mit Schaudern fest, dass sich über Nacht unter den Zeltböden etliche Skorpione versteckt haben. Sie sind zwar nur 3 Zentimeter groß, aber man weiß ja nie ... Um Birgit zu beruhigen, behaupte ich einfach, dass so kleine Skorpione ungefährlich seien. Ob sie mir das glaubt?

Schon kurz nach neun Uhr stehen wir vor dem Haus des Rangers. Der ist sichtlich irritiert und fragt, wo wir denn die Nacht verbracht hätten. Ganz in der Nähe seiner Station? Der Mann ist auf einmal stocksauer und fängt böse an zu schimpfen. Wir versichern ihm schnell, dass wir außerhalb des Schutzgebietes campiert haben, und er zeigt sich versöhnlich.

Den ganzen Vormittag bleiben wir in der Kolonie, fotografieren und schauen uns das Treiben am Strand an. Die kleinen Gesellen sind wirklich putzig. Ihr Seemannsgang sieht zwar ziemlich wackelig aus, doch es erstaunt uns immer wieder, wie schnell sie sich an Land fortbewegen können, wenn sie es eilig haben.

Gegen Mittag heißt es Abschied nehmen. Reiner ist auf dem Weg nach Buenos Aires, wo seine Reise endet. In einigen Wochen wird er wieder zurück nach Deutschland fliegen. Für uns jedoch geht es weiter Richtung Süden nach Cabo dos Bahias, einer weiteren Pinguin-Kolonie. Diese Kolonie soll wesentlich kleiner sein als die in Punta Tombo, dafür schöner. Heißt es.

Die Fahrt nach Cabo dos Bahias ist eine staubige, ansonsten aber höchst genussvolle Angelegenheit. Die Piste führt direkt an der Küste entlang. Der feine Schotter ist festgefahren und bereitet keinerlei Schwierigkeien. So wird die Fahrt von einer ungewohnten Leichtigkeit geprägt. Kein Kampf gegen den Wind, keine Schlaglöcher. Ich hatte fast schon vergessen, wie das ist. Vom Meer her weht eine leichte Brise, die Piste ist in einem einwandfreien Zustand.

Wir haben es nicht eilig, denn Cabo dos Bahias liegt nur knappe 200 Kilometer entfernt. Wegen des Staubs, fahren wir weit auseinandergezogen. Ich verliere meine Kollegen des öfteren aus den Augen. Meist folge ich nur einer Staubfahne, die die beiden Motorräder vor mir hinterlassen.

Am späten Nachmittag erreichen wir die Kolonie. Kurz vor dem Park läuft uns eine Herde Guanakos über den Weg. Diese Tiere gehören zur Familie der Kamele und sind mit den bekannteren Lamas verwandt. Allerdings stehen sie nicht in dem Ruf zu spucken. Dafür sind sie ausgesprochen scheu. Kaum haben uns die Tiere bemerkt, wird die Gruppe unruhig. An Fotografieren ist nicht zu denken. Es dauert viel zu lange, bis ich die Kamera aus der Tasche geholt habe. Längst sind die Guanakos auf und davon. Aus sicherer Entfernung sehen sie uns neugierig an. Ich nehme die Verfolgung auf, doch die Fluchtdistanz kann ich nicht überwinden. Näher als 70 bis 80 Meter komme ich an die Herde nicht heran.

Es sind nur noch einige Meter bis zum Eingang des Reservats. Der Guarda Parque, ein älterer Herr, freut sich über unseren Besuch. Nach einer kurzen Einweisung können wir zum Zeltplatz weiterfahren.

In der Kolonie selbst geht es zu wie in einem Taubenschlag. 13.000 Tiere, so schätzt der Ranger, kommen jedes Jahr für einige Monate an den Strand von Cabo dos Bahias, um dort ihre Eier zu legen und die Jungen aufzuziehen. Wir müssen aufpassen, dass wir nicht in die Pinguin-Nester treten, die einige Tiere direkt auf dem Gehweg gegraben haben. Erst als die Sonne hinter dem Horizont verschwindet, fahren wir zurück zu unseren Zelten. Der Ausflug hat sich gelohnt, da sind wir uns einig.

Tags darauf wollen Jo und ich nochmals die Guanako-Frage angehen. Es wäre doch gelacht, wenn wir nicht näher an diese Tiere herankommen würden. Wir müssen nicht lange suchen, bis wir auf eine Herde stoßen. Die Tiere grasen nichtsahnend einige hundert Meter von uns entfernt. Mit Stativ und Kamera schleichen wir uns heran.

Doch richtig nah kommen wir den Guanakos auch dieses Mal nicht. Ihr Anführer ist nämlich sehr aufmerksam. Bei jeder noch so kleinen Veränderung in der Landschaft schlägt er Alarm und zieht mit der Herde ein Stück weiter. Als Chef hat er viel zu tun. Vor allem jetzt. Denn außer dem Zusammenhalten der Herde und dem Zurechtweisen der Halbstarken in seiner Gruppe muss er nun auch noch uns im Auge behalten. Er macht einen ziemlich gestressten Eindruck.

Über eine Stunde verfolge ich die Herde. Jo ist längst andere Wege gegangen und sucht sein Glück bei einer anderen Guanako-Familie. Ich versuche es mit allen möglichen Tricks, krieche über den Boden oder springe von Busch zu Busch. Aber es ist nichts zu machen - der Guanako-Boss ist ein Muster an Wachsamkeit. Irgendwann gebe ich schließlich auf.

Jetzt merke ich, dass ich komplett die Orientierung verloren habe. Wo steht denn nur mein Motorrad? Ich schlage eine Richtung ein, in der ich es vermute. Fehlanzeige. Ein entferntes Motorgeräusch lässt mich aufhorchen. Weit weg erkenne ich Jo auf seinem Motorrad. In dieser Richtung liegt also die Piste - und mein Motorrad, das ich nach einer 30-minütigen Wanderung erreiche.

Comodoro Rivadavia heißt der nächste Zielort. Und in dieser Stadt müssen wir uns um ganz profane Dinge kümmern. Die Motorräder brauchen nämlich dringend einen Ölwechsel sowie eine Inspektion. Der Ort für etwas Schraubarbeit könnte besser nicht gewählt sein. Ist doch Comodoro Rivadavia das Ölzentrum Argentiniens.

Um 1900 stieß man während der Suche nach Trinkwasser rein zufällig auf das schwarze Gold. Gut für uns. Denn in der Stadt müsste es eigentlich jede Menge Werkstätten geben, in denen wir unsere Motorräder inspizieren können.

Doch erst einmal müssen wir uns wieder gegen den Wind stemmen, der uns schon wenige Kilometer hinter der Küste erwartet. Er bläst irgendwie heftiger als bisher. So, als hätte er etwas nachzuholen. Denn in den letzten Tagen wurden wir vom Escobar del Dios Gott sei Dank einigermaßen verschont.

Industriestädte wie Comodoro Rivadavia haben alle etwas gemeinsam: Sie sind meist sehr hässlich. Wobei hässlich eigentlich das falsche Wort ist. »Nützlich« würde die Sache schon eher treffen. Doch hässlich und nützlich ist, was Industriestädte angeht, oft das Gleiche. Und die Campingplätze in diesen Orten stehen dem in nichts nach. Andererseits sollte man als Ausländer nicht zu voreilig sein und einfach so auf die architektonischen Verfehlungen schimpfen. Denn von irgendwas müssen die Menschen schließlich leben. Und das ist hier eben die Industrie. Dass dabei ästhetische Aspekte eine untergeordnete Rolle spielen, ist nur allzu verständlich.

Auf einem solchen Campingplatz treffen wir Marion und Ralf. Reiner, unsere Zufallsbekanntschaft von Punta Tombo, hatte uns schon von diesem Paar erzählt, das mit zwei Motorrädern vom Typ BMW GS 1100 unterwegs sei. Das eigentlich Unglaubliche, so Reiner, sei das Gepäck der beiden. So sollen sie vollbepackt mit unzähligen Rollen, Kanistern und Taschen durch Südamerika fahren. Die beiden Maschinen würde man unter dem riesigen Gepäckhaufen kaum noch erkennen.

Und Reiner hat kein bisschen übertrieben. Wir trauen unseren Augen kaum: Das Zelt der beiden ist so groß, dass man darin bequem aufrecht stehen kann und auch problemlos ein Fest feiern könnte. Wenn ich da an unsere spartanischen Hundehütten denke. Vor dem Zelt türmen sich schließlich zwei komplette Reifensätze und acht Benzinkanister mit je 5 Liter Fassungsvermögen.

Die ersten Spötteleien lassen natürlich nicht lange auf sich warten. Doch Marion und Ralf ertragen es mit Fassung. Die beiden sind bestens gelaunt und verfügen über eine Eselsgeduld. Sie haben halt nur eine etwas andere Vorstellung vom Reisen. Und die ist gar nicht so verkehrt: Sie bleiben immer möglichst lange an einem Ort, um die Sitten und Bräuche der Einheimischen kennen zu lernen. Insgesamt wollen sie ein Jahr in Südamerika bleiben und hoffen, irgendwann bis nach Bolivien zu kommen.

Unsere Ankunft hat Marion und Ralf bei einer wichtigen Entscheidungsfindung unterbrochen. Und die wird nun fortgesetzt. Anscheinend kam ihnen die Einsicht, doch auf den einen oder anderen Gegenstand verzichten zu können. So sind sie also gerade dabei, ihre Ausrüstung zu sortieren. Alle Dinge, die nicht unbedingt für das Reisen mit dem Motorrad notwendig sind, sollen bei einer alten Dame in Comodoro Rivadavia untergestellt werden. Diese hatten sie erst vor kurzem kennengelernt. Natürlich geben auch wir unseren Senf dazu und haben bei der Sortiererei alle eine Menge Spaß.

Ralf kennt sich aus. Er weiß in der Stadt schon bestens Bescheid und nennt uns einige Anlaufadressen für die am nächsten Morgen geplante Motorradpflege. Und die Tipps erweisen sich als äußerst nützlich. Ruck zuck sind wir mit dem Technik-Check fertig. Nur das Einstellen der Ventile muss warten. Denn bei dem Staub, den der Wind durch die Stadt treibt, ist das Offenlegen eines Motors eher schädlich als nützlich.

Es bleibt mir daher genügend Zeit, mein Kettenproblem in den Griff zu bekommen. Denn mittlerweile hat auch das zweite Kettenlaufrad irgendwo zwischen Punta Tombo und Cabo dos Bahias seine Tätigkeit eingestellt und sich in Wohlgefallen aufgelöst. Die Folge: Die Kette malträtiert wieder die ungeschützte Halterung. Jetzt ist guter Rat teuer. Ich probiere es mit einem Stück Hochdruckschlauch, den ich über die Halterung des entschwundenen Kettenrades schiebe. Ganz geheuer ist mir diese Konstruktion jedoch nicht. Mangels einer besseren Lösung kann ich nur hoffen, dass das Ding stabiler ist als es aussieht.

Comodoro Rivadavia ist für uns nicht nur ein Technik-Stopp, sondern ein wichtiger zentraler Punkt unserer Reise. Von hier aus geht es in einer großen Etappe nach Westen in Richtung Anden. Über die Ruta 40, die sich mehr als 5.000 Kilometer lang von Norden nach Süden durch das Land zieht, wollen wir anschließend weiter in Richtung Feuerland fahren.

Diese Strecke wird auf jeden Fall viel interessanter zu fahren sein als die Alternativroute auf der Ruta 3, die sich an der Ostküste entlang durch plattes Land nach Süden zieht. Auf dieser Strecke wollen jedoch Marion und Ralf in den nächsten Tagen nach Ushuaia aufbrechen. Einen genauen Zeitplan haben sie nicht. Wenn es ihnen in Comodoro Rivadavia zu langweilig wird, wollen sie los.

Am Abend vor unserer Abreise diskutieren wir noch lange über Sinn oder Unsinn diverser Ausrüstungsgegenstände. Wie ein Zauberer zieht Ralf ein Kaninchen nach dem anderen aus dem Zylinder, bzw. eine Überraschung nach der anderen aus den vielen Taschen, Koffern, Kanistern und Säcken. Wir lachen uns dabei halb tot. Die beiden sind wirklich auf jede Situation vorbereitet, die man sich unterwegs vorstellen kann. Geht irgendein Teil kaputt, ist das kein Problem. Denn das passende Ersatzteil findet sich garantiert. Übergepäck? Na klar. Aber das entlockt den beiden nur ein müdes Lächeln.

Der Abschied von der Industriestadt Comodoro Rivadavia fällt mir nicht schwer. Wir sind hier nur zwischengelandet, um unsere Vorräte für die nächsten 2.500 Kilometer aufzufüllen. Denn bis Punta Arenas wird es keinen vergleichbaren Ort zum Einkaufen geben. Die Gesellschaft von Marion und Ralf werde ich allerdings vermissen. Ihre lockere Art und ihre humorvolle Betrachtung auch von unerfreulichen Situationen werden mir fehlen.

Außerdem brachten sie Abwechslung in unseren Reise-Alltag und sorgten für neuen Gesprächsstoff. Denn man darf eines nicht vergessen: Birgit, Jo und ich sind nun schon seit eineinhalb Monaten ununterbrochen zusammen. Da gehen einem langsam die Themen aus. Die Unterhaltungen am Abend sind so manches Mal ziemlich einsilbig, und die Kommunikation innerhalb unseres Trios dreht sich nahezu ausschließlich um kleine Anekdoten und Missgeschicke des Tages. Nicht gerade sehr prickelnd.

Das Wichtigste aber: Das Verhältnis zwischen uns dreien ist nach wie vor immer noch ungemein freundschaftlich und herzlich. Und die Tiefpunkte - oder sagen wir besser: die schlechte Laune - macht jeder mit sich selbst aus.

Diese Rücksichtnahme des Einzelnen auf seine Begleiter ist wohl die Grundvoraussetzung für das Funktionieren einer jeden Reise im Team. Bei uns kommt hinzu, dass wir schon vor Beginn der Reise sehr vertraut miteinander waren. Dadurch vermag nun jeder von uns den aktuellen Gemütszustand des anderen einigermaßen sicher einzuschätzen. Oft genügt eine Geste, und die anderen beiden wissen, woran sie sind.

Dennoch sind wir froh, dass mit Marion und Ralf eine neue Dynamik in unser Trio gekommen ist. So fällt uns der Abschied auch entsprechend schwer. Wir trösten uns damit, dass wir die beiden in der Weite Patagoniens mit ziemlicher Sicherheit wiedersehen werden. Denn so viele Möglichkeiten aneinander vorbeizufahren, gibt es am Südzipfel der Welt nicht.

Der ständige Gegenwind macht uns fast wahnsinnig. Er verfolgt uns. Als ob es der südamerikanische Gott der Winde auf uns abgesehen hätte. Nachdem wir den Rio Colorado überquert hatten, blies der Wind die ganze Zeit beharrlich aus Süden. Und jetzt, wo wir den Kurswechsel nach Westen vollzogen haben, haut es uns die heftigen Böen aus den Anden ins Gesicht. Uns bleiben also genau zwei Möglichkeiten: Entweder arrangieren wir uns mit dem ewigen Sturm, oder wir verlassen Patagonien. Die Entscheidung fällt uns leicht und heißt: go west!

Die Ruta 20 ist in einem sehr guten Zustand, und wir fahren auf ordentlichem Asphalt durch die riesigen Ölfelder Patagoniens. Rechts und links der Straße stehen Hunderte von Pumpen, die das kostbare Öl aus der Erde fördern. Ob sie dabei annähernd so viel Energie verbrauchen wie wir im Augenblick, ist fraglich. Denn ständig müssen wir uns gegen diesen verdammten Wind stemmen. Es ist fast unglaublich: Obwohl ich den Gasgriff bis zum Anschlag offen habe, kommt die Ténéré nicht über 80 Stundenkilometer hinaus.

Das Ganze geht gehörig an die Substanz. Schon nach 60 Kilometern ist die erste Pause fällig. Die Tankstelle, hinter der wir Schutz vor den Orkanböen suchen, ist die größte und modernste, die ich bisher in Argentinien gesehen habe. Doch wozu? Sie ist völlig nutzlos, da auf der Ruta 20 kaum Verkehr herrscht. Wahrscheinlich ging es der Ölgesellschaft nur darum, Präsenz zu zeigen. Denn wer besitzt nicht gerne eine Tankstelle inmitten von Ölfeldern?

Bis zum versteinerten Wald, dem Bosque petrificado, sind es noch 100 Kilometer. 100 Kilometer, die wir uns durch den Wind beißen müssen. Der Tankwart lacht über unsere Mienen und meint, das alles sei ja nur ein laues Lüftchen. Die berüchtigten patagonischen Winde würden in diesem Jahr bei weitem nicht so heftig wehen wie sonst. Wir könnten uns dafür bei El Niño bedanken. Laues Lüftchen? Der Kerl hat Humor. Ich will mir lieber nicht vorstellen, was wäre, wenn El Niño in diesem Jahr nicht das Wetter beeinflusst hätte.

100 Kilometer weiter wartet José auf uns. Der nette ältere Herr wacht über den versteinerten Wald. Er ist eine Art Tausendsassa. Ganz allein personifiziert er nämlich ein Unternehmen, das den Betrieb rund um den Bosque petrificado aufrecht erhält. José ist Ranger, Gastwirt, Fahrer und Tourguide in einer Person. Die ganze Saison über bleibt er an der Station und sieht seine Frau dementsprechend selten. »Das ist jedoch nicht so tragisch«, scherzt José, »denn ich kenne sie ja schon lange genug.« Außerdem liebt er seinen zu Stein gewordenen Wald abgöttisch und könnte sich ein Leben ohne ihn nicht vorstellen.

Als hätten hier vor langer Zeit Riesen Mikado gespielt - so verstreut liegen die zu Stein gewordenen Bäume auf einer gewaltigen Fläche.

Vulkanische Asche bedeckte vor Millionen von Jahren das baumreiche Patagonien mit einer bis zu 20 Meter dicken Schicht und erstickte darunter alles Leben. Der Regen und die Asche setzten den Versteinerungsprozess in Gang. Im Laufe der Jahrtausende legte der Wind die versteinerten Bäume dann wieder frei. Bei diesem in der Geologie einmaligen Vorgang erhielt sich sogar die Struktur des Holzes.

Ein phantastisches Farbenspiel tut sich vor uns auf. Die Abendsonne lässt die erstarrten Bäume leuchten, und gemeinsam mit der Ockerfarbe der umliegenden Hügel entsteht eine wahre Sinfonie der Farben. Erst im Dunkeln stolpern wir zurück zu unseren Zelten, die wir direkt neben Josés Haus aufgebaut haben.

Ein kalter Wind pfeift ums Haus, draußen ist es ekelhaft kalt. Wir aber sitzen gemütlich bei José in einem winzigen Raum, seiner Gaststube. Die bietet gerade genug Platz für uns vier Personen. Was der Stimmung keinen Abbruch tut. Bis um zwei Uhr morgens sitzen wir zusammen. Denn erst dann sind wir mit dem leckeren Abendessen fertig, das José extra für uns zubereitet hat.

Für mich und Jo bedeutet das nur drei Stunden Schlaf. Noch vor Sonnenaufgang wollen wir wieder bei den versteinerten Bäumen sein. Hätten wir uns das nur besser überlegt. Denn es kostet viel innere Überwindung, sich in dieser lausigen Kälte aus dem Schlafsack zu winden. Die Temperatur liegt um den Gefrierpunkt, und es weht ein eisiger Wind.

Ich stolpere hinaus aus dem Zelt in die sternenklare Nacht. Zwei Kilometer müssen wir bis zu den ersten Baumstämmen laufen. José erlaubt nämlich keine Fahrzeuge in seinem Wald. Mit der Morgendämmerung erreichen wir gerade noch rechtzeitig unser Ziel.

Als sich die Sonne ein wenig später über den Horizont schiebt und die Landschaft in das warme Licht des neuen Tages taucht, beginnen die versteinerten Bäume in allen Rot-, Gelb- und Ockertönen zu leuchten. Was für ein Schauspiel. Dafür hat sich der Verzicht auf den warmen Schlafsack wirklich gelohnt. Wir schießen jede Menge tolle Fotos.

Es ist schon fast Mittag, als wir bei José zum Frühstück einlaufen. Er überredet uns, für ein paar Pesos zu einer Führung mit seinem Bus aufzubrechen. Der alte Mercedes stammt noch aus den 50er Jahren, und José braucht viel Geduld, Erfahrung, Gefühl und einige bitterböse Flüche, bis der passende Gang zur jeweiligen fahrerischen Situation gefunden ist.

Nach unserer Rückkehr wird es gleich wieder Zeit, mit der Fototasche zum Sonnenuntergang auszurücken. Jo und ich sind völlig vernarrt in den versteinerten Wald.

Während die letzten verträumten Lichtstrahlen auf die Bäume fallen, hetzt plötzlich ein Mann herbei und schießt laut fluchend einige Fotos. Ein Irrer? Im Prinzip ist er viel zu spät dran, um dieses Naturschauspiel noch sinnvoll auf einen Film bannen zu können. Er weiß das wohl auch, was für ihn einer mittleren Katastrophe gleichkommt. Wir wechseln ein paar Sätze, und er entpuppt sich als Fotograf. Der gute Mann ist dabei, die Sehenswürdigkeiten Patagoniens für ein Buch abzulichten. Sein Terminplan sei sehr eng, sagt er uns, und einen zweiten Abend gebe es für ihn am Bosque petrificado nicht. So bleibe ihm nur noch der kommende Sonnenaufgang, um ein paar stimmungsvolle Bilder zu erhalten.

Für uns wird auch dieser Abend wieder viel zu lang, denn José hat ein zweites Abendessen vorbereitet. Wie schon gestern liege ich erst gegen zwei Uhr in meinem Schlafsack. Und wie schon gestern ist um fünf Uhr die Nacht vorbei, damit ich das erste Tageslicht auf den versteinerten Bäumen nicht verpasse.

Jo ist schon längst unterwegs, und in der Dunkelheit schießt auch plötzlich der Fotograf an mir vorbei. Er findet nur wenige Worte für mich. Mein Versuch, an unser nächtliches Gespräch von gestern anzuknüpfen, wird von ihm völlig ignoriert. Vielleicht ist es auch irgendwie dumm von mir, in aller Herrgottsfrühe andere Menschen in ein Gespräch verwickeln zu wollen. Na gut, dann eben nicht.

Etwas weiter entfernt sehe ich Jos Taschenlampe aufblitzen und halte darauf zu. Gemeinsam und schussbereit erwarten wir in bitterer Kälte das erste Tageslicht. Die Qual des frühen Aufstehens wird mit einer Pracht an Farben belohnt, die noch intensiver ist, als die von gestern Morgen. Wir drei durchstreifen ein imaginär abgestecktes Areal auf der Suche nach dem besten Standpunkt, der ultimativen Perspektive, nach dem besten Motiv.

Unser gestresster Kollege verabschiedet sich bald wieder von uns - er hat den versteinerten Wald »abgeschossen«. Sein nächstes Motiv sei das Fitz Roy Massiv, ruft er uns beim Weggehen noch zu. Dann ist er verschwunden. Auch wir machen uns auf den Rückweg. Besser werden die Motive nun nicht mehr, das erste Licht des Tages ist einfach nicht zu toppen.

Unser nächstes Ziel ist ebenfalls das Fitz Roy Massiv. Doch so schnell wie der Kollege können wir nicht verschwinden. Es dauert eben seine Zeit, bis der ganze Haushalt auf zwei Rädern untergebracht ist. Überhaupt ist der Aufbruch, das Abreisen für uns zu einer Art Zeremonie geworden, die nach einem ganz bestimmten Schema abläuft. Ein bis zwei Stunden, je nach Lust und Laune, dauert dieses Ritual. Sicher, es könnte auch schneller gehen - aber wozu?

José wirkt ein wenig traurig, als wir uns von ihm verabschieden. Ich habe das Gefühl, dass er die Einsamkeit hier draußen doch nicht so richtig mag. Er ist vermutlich ein eher geselliger Mensch. Doch hier draußen ist für Geselligkeit viel zu viel Platz - sie verliert sich einfach in der Weite.

Für uns geht es weiter nach Westen, immer in Richtung Anden. Nachdem wir den Ölfeldern den Rücken gekehrt haben, verschlechtert sich der Zustand der Ruta 20 drastisch - mehr als einmal tauche ich mit der Ténéré in den Untergrund des Straßenbelages ab.

In dem Ort Rio Mayo wenden wir uns wieder nach Süden und stoßen auf die Ruta 40 - die legendäre »Ruta Quarenta«, die sich über mehr als 5.000 Kilometer vom Norden Argentiniens zur Südspitze Patagoniens zieht. Die Ruta 40 wird uns von hier aus nach Feuerland bringen. Und zwar fast ausschließlich auf Schotter. Diesmal zur Abwechslung mit Seitenwind. Was diese Kombination bedeutet, erfahren wir deutlicher als uns lieb ist.

Auf den folgenden 130 Kilometern bis Perito Moreno drückt mich der Wind immer wieder mit eiserner Faust in den losen Schotter am Rand der Fahrbahn. Eine Böe, ein Schlenker, und los geht der Tanz. In Bruchteilen von Sekunden sind die Füße auf dem Boden und versuchen zu retten, was zu retten ist. Die Ténéré eiert wie betrunken durch den losen Untergrund. Zwischen diesem tiefen Schotter und dem anschließenden Graben gibt es einen ganz schmalen Grat. Dort muss ich hin, um die Fuhre zu stabilisieren. Mein Blutdruck ist längst im roten

Bereich. Immer noch versuchen meine Füße, die Sache in den Griff zu bekommen. Ich stelle mich auf die Fußrasten, um das Motorrad auszubalancieren. Mist, klappt nicht. Also doch lieber hinsetzen, damit die Füße die Arbeit von Stützrädern übernehmen können. Dann ist es geschafft. Die Ténéré hat sich gefangen. Jetzt ganz behutsam durch den Tiefschotter zurück zur Piste. Na also. Geht doch.

Dieser akrobatische Akt dauert nur Sekunden, doch für mich ist es die Ewigkeit. Links der Graben, die große Hölle, und rechts der Schotter, die kleine Hölle. Dieses Grauen durchlebe ich gut zwei Dutzend Mal auf dem Weg nach Perito Moreno.

Von dem kleinen Ort sind es nur 70 Kilometer bis Chile. Perito Moreno ist deshalb Grenzstation - hier wird alles kontrolliert, was in Richtung Westen fährt. Wir wollen aber nach Süden. Also keine Kontrolle. Oder doch? Bereits am Ortsausgang werden wir überprüft. Die erste Kontrolle seit Wochen. Das argentinische Militär möchte eben gerne wissen, wer sich an der Grenze so herumtreibt.

Die beiden Soldaten ziehen das volle Programm durch. Name, Wohnort, Geburtsdatum, Geburtsort, Passnummer, Beruf, Fahrzeugtyp, Fahrgestellnummer, Kennzeichen, woher, wohin und was wir dort wollen - das ganze Spiel mal drei. Wir müssen viel Geduld aufbringen, denn alles wird akribisch notiert. Derartige personelle Erhebungen dauern bis zu zwanzig Minuten. Je nach Lust und Laune der Soldaten.

Doch irgendwann hat auch die pingeligste Kontrolle ein Ende, und wir können die Fahrt zu den Cuevas de las Manos - den Höhlen der Hände - fortsetzen. Auf dem Weg dorthin bringt sich El Niño wieder in Erinnerung. Zwar nicht direkt, aber er läßt uns wissen, dass er noch da ist. Die letzten Regenfälle haben Teile der Straße weggespült oder starke Ausschwemmungen hinterlassen. Eine dieser Vertiefungen erkenne ich zu spät und rausche mit der Ténéré hinein, dass es nur so kracht. Die sofortige Suche nach fahrwerkstechnischen Schäden ist zum Glück ohne Befund.

Die Begegnung mit diesem Loch bleibt zum Glück der einzige Zwischenfall auf dem Weg zu den Cuevas de las Manos. Das liegt wohl zum größten Teil daran, dass ich dem Verlauf der Piste nun größte Aufmerksamkeit schenke.

Im Reiseführer habe ich über die Cuevas de las Manos gelesen, dass diese Höhlen auch als die »Sixtinische Kapelle« Patagoniens bezeichnet werden. Und was ich dort zu sehen bekomme, ist in der Tat beeindruckend. Vor mehr als 9.000 Jahren malten Indianer ihre Hände auf die Felsen. Warum sie das taten, darüber zerbrechen sich die Wissenschaftler heute noch die Köpfe. Ein Phänomen ist es jedenfalls, dass die Farben, mit denen die Wände bemalt wurden, heute immer noch kräftig leuchten. Warum die Menschen vornehmlich ihre linken Hände zeichneten (von den insgesamt 829 Handabdrücken zeigen lediglich 39 die rechte Hand), wird wohl auf ewig ein Mysterium der Geschichte bleiben. Ist es nicht faszinierend, dass es Geheimnisse auf dieser Welt gibt, die die Menschheit niemals mehr lüften wird?

Vor einigen Jahren hat man die Felszeichnungen eingezäunt. Wohl mehr zu ihrem eigenen Schutz. Denn einige Zeitgenossen konnten sich nicht beherrschen und mussten neben den prähistorischen Handabdrücken unbedingt ihre eigenen Flossen verewigen. Die beiden Epochen passten natürlich überhaupt nicht zusammen, was den künstlerischen Minimalisten der Neuzeit aber nicht auffiel. Sie sprühten, malten und zeichneten fröhlich weiter. So las man Meisterwerke wie z. B. »Ich war auch hier« - gleich noch mit Datum versehen - auf den Felsen. Nun sind die Wandmalereien der Indianer nur noch durch dicke Gitterstäbe zu bewundern.

Der Ranger läßt uns die Zelte direkt vor seiner Hütte aufbauen. So verdient er sich ein paar Pesos zu seinem wahrscheinlich nicht üppigen Lohn dazu. Dieser Platz ist nicht ohne: Wir thronen für eine Nacht rund 70 Meter über dem Rio Pintura, der sich bei den Cuevas de las Manos durch eine wild zerklüftete Schlucht windet.

Als wir am darauf folgenden Tag aus dem Windschatten der Schlucht herausfahren, empfängt uns wieder der allgegenwärtige Wind. Diesmal aber energischer denn je. Die heftig bewegten Luftmassen zerren in einer derartigen Gewalt am Lenker, dass wir nach 50 Kilometern in Bajo Caracoles eine Pause einlegen müssen. Der Wind treibt dicke Staubfahnen durch den Ort.

An der Tankstelle schickt der Tankwart seinen Jungen nach draußen, um die Motorräder zu betanken. Der Grund ist schnell zu sehen: Die Säule ist kaputt, und die Pumpe muss mit einer Kurbel von Hand bedient werden. Der kleine Kerl legt sich mächtig ins Zeug. Der Alte tritt nur kurz vor die Tür, um das Geld zu kontrollieren. Dann verschwindet er sofort wieder im Haus.

Nach dem obligatorischen Kaffee stemmen wir uns wieder gegen den Wind. Kurz hinter dem Ort treffen wir auf zwei japanische Fahrradfahrer, die sich auf der Ruta 40 abmühen. Im Augenblick fegen zum Teil Orkanböen über die Ebene, doch den Söhnen Nippons scheint das überhaupt nichts auszumachen. »No problem, no problem«, erwidern sie, als wir sie sorgenvoll auf den fürchterlichen Wind ansprechen. Einfach unglaublich. Diese Burschen sind wirkliche Helden, wahre Abenteurer. Denn sie wollen wie auch wir nach Ushuaia und hoffen, in drei Wochen dort zu sein. Dieses Vorhaben benötigt eine Menge Optimismus, den die beiden auch tatsächlich unentwegt versprühen.

Nach einer Runde Small-Talk lassen wir sie mit dem Wind alleine. Doch diese japanischen Radler beschäftigen meine Gedanken noch eine ganze Weile. Es gehört schon eine ganz gehörige Portion Selbstvertrauen dazu, sich mit einem Fahrrad durch die patagonische Einöde zu wagen. Ich habe ja schon Probleme, mit dem Motorrad tagelang nur auf den Horizont zuzufahren, ohne diesen freilich je zu erreichen. Auf dem Fahrrad muss sich dieses mulmige Gefühl zwangsläufig vervielfachen.

Und dann der Wind. Er fällt mir gehörig auf die Nerven, und

ich schreie laute Flüche hinaus, die aber in dem ganzen Getöse wenige Meter vor meinem Helm ungehört verstummen. Dabei bin ich noch gut dran. Wird der Wind zu heftig, brauche ich nur einen Gang runterzuschalten, und das Motorrad zieht wieder an. Doch die Fahrradjungs sind allein auf ihr Wadenschmalz angewiesen - und das Tag für Tag. Aus dieser windigen Hölle können sie sich nur mit Muskelkraft befreien.

Eines der wenigen Häuser, die man auf der gesamten Ruta 40 sieht, reißt mich aus meinen Gedanken. »Hotel« hat jemand mit roter Farbe auf die weiße Wand gepinselt. »Las Horquetas« steht auf einem alten Schild daneben. Natürlich fährt der Ruta-40-Reisende an einer solchen gastronomischen Verlockung nicht einfach vorbei. Eine gute Gelegenheit, einen heißen Tee zu trinken und sich von dem Wind zu erholen.

Das Hotel ist schlicht und einfach. Ein alter Kanonenofen, der nicht brennt, ein Tisch, drei Stühle und der Tresen. An der Wand hängt ein Kalender vom letzten Jahr und daneben ein Pumafell, der Stolz des Wirtes.

Er und seine Frau freuen sich über jeden Gast, denn normalerweise bekommen sie nicht allzu oft neue Gesichter zu sehen. In der Hochsaison kommen eine Handvoll Touristen vorbei, sonst ist es eher ruhig hier draußen. Ein kleiner Junge verbirgt sich scheu hinter dem Rockzipfel seiner Mutter und riskiert nur ganz vorsichtig einen Blick auf die drei Fremden.

Aus einem Tee werden zwei und später drei. Der Wirt erzählt vom einsamen Leben hier draußen, von der Jagd und von der Freude über jede Abwechslung, die sich bietet. Fernseher und Radio gibt es im Haus nicht - wozu auch? Hier am Rande der Zivilisation interessiert es kaum, was in der Welt sonst noch passiert. »Egal was die in Buenos Aires machen. An meinem Leben ändert sich dadurch nichts«, lautet die Philosophie der Menschen, die hier leben. Bevor wir jedoch weiterfahren, muss ein Foto gemacht werden. Denn Gäste, die mit Motorrädern vorbeikommen, gibt es selten - und das muss für die Nachwelt festgehalten werden.

Die Ruta 40 hat an diesem Tag einige Überraschungen der unangenehmen Art zu bieten. Die Piste ist schlechter geworden. Ich habe auf einigen zerfurchten Abschnitten Probleme, die Ténéré auf Kurs zu halten. Den beiden anderen geht es ebenso. Nach 300 Kilometern habe ich die Schnauze voll. Weiterzufahren würde eine nicht mehr endende Quälerei bedeuten. Mein Gesäß protestiert außerdem schon seit längerem gegen die fortwährenden Schläge von unten. Auf einer Estanzia können wir für fünf Pesos unsere Zelte aufstellen.

Gerade als wir fertig sind, rückt der Patron damit heraus, dass es heute kein warmes Wasser zum Duschen gebe. Na prima. Dann fügt er hinzu, dass das kalte Wasser heute leider nicht in fließender Form zur Verfügung stehe. Die Zisterne sei dort drüben. Dabei zeigt er auf eine Kuhwiese. Wir schauen ihn ungläubig an. Aber die Zelte stehen nun schon einmal. Für Tee und zum Zähneputzen wird es wohl reichen.

Am anderen Morgen geht es wieder auf die Piste der Einsamkeit. Wir sind allein auf der Ruta 40, nur der Wind leistet uns Gesellschaft. Auf den 100 Kilometern bis Tres Lagos begegnet uns kein einziges Fahrzeug. Ab hier ist es nun nicht mehr weit bis zu unserem nächsten Ziel, dem Fitz Roy Massiv.

Dass wir nicht die Einzigen sind, die dorthin wollen, zeigt ein Blick auf die Straße: Die Piste hat sich in eine Hügellandschaft verwandelt. Wellblech, Wellblech und noch einmal Wellblech. Diese Querrillen stammen von großen Fahrzeugen wie zum Beispiel Bussen. Eine passende Geschwindigkeit auf diesem Untergrund zu finden, ist äußerst schwierig. Ich probiere es mit 90 Stundenkilometern, um die Fahrt erträglich zu machen. So werden die Wellen zwar schön glattgebügelt, doch für die vollbeladene Maschine ist diese Geschwindigkeit einfach zu schnell. Also Gas weg. Der Tacho zeigt 70 Stundenkilometer an. Jetzt bin ich zu langsam und fühle mich, als würde ich auf einem großen Rüttelblech sitzen. Irgendwo in der Mitte finde ich schließlich die passende Geschwindigkeit, bei der sowohl die

Ténéré als auch mein Kreuz heil bleiben.

Urplötzlich stoppt Jo. Am Horizont tut sich etwas. In etwa 120 Kilometer Entfernung erheben sich der Monte Fitz Roy und der Cerro Torre aus der flachen patagonischen Ebene - ein Wahnsinnsbild. Keine Wolke verhüllt die Berge. Ein seltener Anblick. Denn im Durchschnitt zeigt sich der Cerro Torre nur an fünf Tagen im Jahr, die restliche Zeit verbirgt er sich hinter einer weißen Wolkenwand.

Heute habe ich zum ersten Mal in dieser Weite ein Ziel vor Augen. Die mächtigen Granitgiganten wachsen und wachsen in den Himmel, je näher ich ihnen komme. An diesen Fangzähnen bleibt alles hängen, was vom Pazifik herangepeitscht wird. Sämtliche Wolken verheddern sich in diesem bis zu 3.400 Meter hohen Massiv. Nur der Wind kommt durch. Und der weht unablässig von den Bergen herab.

Auch die 90 Kilometer lange Stichstraße, die zu dem kleinen Ort El Chaitén am Fuße des Fitz Roy führt, ist in miserablem Zustand. Doch das Geschaukle relativiert sich angesichts der grandiosen Kulisse, auf die wir zusteuern. Die Augen sind beschäftigt und damit auch der Verstand. So nehmen wir die Wellen und Schlaglöcher nicht mehr so intensiv wahr.

Die Annäherung an den Fitz Roy und den Cerro Torre dauert mehr als zwei Stunden. Wir legen immer wieder Pausen ein, um diese dramatische Veränderung der Landschaft genießen zu können. Die Piste führt entlang des Nordufers des Lago Viedma. Irgendwann erreichen wir den kleinen Ort. Vor der Touristeninformation gibt es eine Wiese mit einem großartigen Ausblick auf Fitz Roy und Cerro Torre. Da sitzen wir nun und schauen auf ein Panorama von unbeschreiblicher Schönheit.

Diese Landschaft kann sich aber auch von einer ganz anderen Seite zeigen. Wetterumschwünge im Minutentakt sind hier an der Tagesordnung, dramatische klimatische Veränderungen die Regel. Die Stürme, die häufig oben auf dem patagonischen Eisfeld toben, ersticken jegliche Mobilität. Bergsteiger, die sich dann dort oben befinden, können weder vor noch zurück. Noch nie ist es beispielsweise jemandem gelungen, das größte zusammenhängende Gletschergebiet außerhalb der Polarzonen - das Hielo Continental - der Länge nach zu durchqueren. Dieses 600 Kilometer lange Teilstück der Anden ist bis heute eine wissenschaftliche Grauzone, da die ewigen Stürme Forschungen in dieser Region kaum zulassen. Einige Teile des Hielo Continental sind noch nicht einmal kartografiert.

In dem Ruf der Unbezwingbarkeit stand lange Zeit auch der Cerro Torre. Seine Felswände ragen bis zu 1.200 Meter senkrecht in den Himmel. Auf der Spitze liegt ständig ein 50 Meter dicker Eispanzer. Erst im Jahr 1959 wurde dieser Berg bezwungen. Der Italiener Cesare Maestri und der Österreicher Toni Egger waren die Ersten auf dem Gipfel. Zumindest scheint es so. Es gibt Kritiker, die etwas skeptisch sind. Denn Egger stürzte beim Abstieg in die Tiefe und mit ihm die Kamera mit dem Gipfelfoto. Außerdem gelang es bisher keinem Menschen, auf der Route, die Maestri für den Aufstieg angegeben hat, die Spitze des Cerro Torre zu erreichen.

Maestri gelang schließlich doch noch die offizielle Erstbesteigung. Einige Jahre später erklomm er im zweiten Anlauf den Gipfel. Dieses Mal mit einem unwiderlegbaren Fotobeweis. Er ging jedoch eine andere Route und nahm einen Kompressor mit auf den Berg, um die Nägel ins Gestein zu treiben. Alle Teilnehmer der Expedition kamen heil ins Basislager zurück. Nur der Kompressor blieb oben und soll - wenn man den Gerüchten glaubt - immer noch in der Felswand hängen.

Die Bergwelt des Fitz Roy Massivs mit den neun Hauptgipfeln zieht uns länger in ihren Bann als wir geplant haben. Wir lassen uns durch die kommenden Tage treiben, führen kleinere Reparaturen und Wartungsarbeiten an den Motorrädern durch oder gehen ins Dorf, um in einem der Cafés leckeren Schokoladenkuchen zu essen - oder um dort zu duschen. Denn kein Zeltplatz in Chaitén verfügt über sanitäre Einrichtungen. Die Cafébesitzer haben diese Marktlücke erkannt und bieten einen Duschservice an. Eine sehr praktische Sache: Ist die Dusche besetzt, läßt sich die Wartezeit bei Tee und Kuchen prima überbrücken.

Natürlich darf eine Wanderung in so einer phantastischen Umgebung nicht fehlen. Euphorisch mache ich mich auf die Socken. Doch der anfängliche Enthusiasmus weicht schnell allgemeiner Erschöpfung. Die zwei Monate auf dem Motorrad haben kräftig an meiner Kondition genagt. Mein Ziel, die Laguna Torre am Fuß des Cerro Torre, ist nur durch einen 10 Kilometer langen Gewaltmarsch zu erreichen. Doch die Vorstellung, einmal von unten die steile Felswand hinaufzuschauen, treibt mich an. Endlich angekommen, missgönnt mir der Cerro Torre jedoch diesen Anblick. Dichte Wolken wabbern um den Berg - alles umsonst! Die Enttäuschung schlägt sich auf meine Beinarbeit nieder. Der Rückweg ist mühsam, und die Fotoausrüstung bohrt sich in meine Schultern. Die letzten Kilometer sind eine einzige Qual. Birgit und Jo geht es nicht besser. Müde trotten sie hinter mir her. Stumm und in sich gekehrt erträgt jeder sein Leid für sich.

Den nächsten Tag widmen wir der Erholung und der Regeneration. Der 20-Kilometer-Trip hat einen bleibenden bzw. bleiernen Eindruck in meinen Beinen hinterlassen. Erst jetzt fällt mir auf, wie sehr ich es genieße, endlich Ruhe zu finden. Auszuspannen und Zeit für mich zu haben. Habe ich etwas falsch gemacht?

Unsere Reise war bisher zum größten Teil von rastloser Unruhe geprägt. Es galt, jeden Punkt, den wir auf der Landkarte markiert hatten, innerhalb eines bestimmten Zeitrahmens zu erreichen. Jetzt genießen wir die erste längere Pause, leben einfach nur so in den Tag hinein, ohne das nächste Ziel schon wieder vor Augen zu haben. Es sind herrliche Tage, die wir in El Chaitén verbringen. Irgendwie habe ich das Gefühl, dass wir uns für alles etwas mehr Zeit lassen sollten.

Am vierten Tag reißen mich früh morgens Motorengeräusche aus dem Schlaf. Dann steht ein Pärchen mit zwei völlig abgerissenen Motorrädern vor unseren Zelten. Sie stellen sich als Astrid und Daniel vor und fahren seit mehr als einem Jahr die Panamericana entlang. Trotz eines unbegrenzten Zeitrahmens haben sie es ziemlich eilig. Sie wollten eigentlich nur mal eben schnell in El Chaitén reinschauen und dann Richtung Süden weiterfahren. Aus diesem »schnell reinschauen« werden schließlich zwei Tage, in denen viel erzählt und geklönt wird.

Die Panamericana - das ist auch noch so ein Traum. Einmal den ganzen amerikanischen Kontinent von Norden nach Süden zu durchqueren. Vielleicht bei der nächsten Auszeit, denn der Mensch braucht schließlich Ziele.

Dass ein Rodeo in El Chaitén stattfindet, ist ein weiterer Grund, länger in dem Ort zu bleiben. Die Gauchos, so sagt man, können eher reiten als laufen. Ein halbes Leben verbringen sie auf dem Rücken eines Pferdes. Meist sind sie allein unterwegs, denn Kühe oder Schafe zu treiben, ist hier in Patagonien ein einsamer Job. So bildet ein Rodeo für die Gauchos die einzige Gelegenheit, um Freunde zu treffen, die man sonst kaum sieht. Reich werden sie mit ihrer Arbeit nicht. 200 Pesos im Monat - mehr zahlt der Patron, für den sie arbeiten, nicht. Deshalb nützen sie das Rodeo, um sich mit dem Preisgeld etwas dazuzuverdienen.

Dem Gaucho haftet in Südamerika nach wie vor etwas Mystisches an. Aus dem einst herumstreunenden Viehdieb - das Wort Gaucho wurde aus dem Indianerwort »guacho« abgeleitet, was soviel wie »streunendes Kalb« bedeutet - ist heute ein Held geworden, der Abenteuer und Freiheit verkörpert. Frei sind die Gauchos in der Tat, denn draußen in der Weite Patagoniens oder der Pampa redet ihnen niemand in ihre Arbeit hinein.

Die Regeln des argentinischen Rodeos unterscheiden sich nur unwesentlich vom nordamerikanischen Vorbild. Gewonnen hat der, der am längsten auf dem bockigen Pferd sitzen bleibt. Dem Gewinner der heutigen Veranstaltung winken 500 Pesos - ein zweieinhalbfacher Monatslohn. Nur ein wilder Puma, den ein Gaucho von Zeit zu Zeit schießt, bringt den gleichen hohen

Betrag. Das Geld für das erlegte Tier zahlen dann die Estancieros, die Grundbesitzer, die in dem Puma eine Gefahr für ihre Herden sehen.

Den ganzen Tag lang wird geritten, getanzt und viel gelacht. Wenn die Gauchos einmal der Einsamkeit für einen Moment entfliehen können, dann genießen sie es in vollen Zügen.

Nun wird es allmählich Zeit aufzubrechen. Denn eine ganze Woche ist seit unserer Ankunft am Fitz Roy vergangen. Hatte ich damals vom Motorradfahren die Nase gestrichen voll, so treibt mich jetzt ein unwiderstehliches Verlangen wieder in den Sattel. Birgit und Jo geht es nicht anders.

Doch mit der Abfahrt dauert das eine Weile. Sieben Tage an einem Ort - das bedeutet Chaos in jedem Koffer und in jeder Tasche. Kein Gegenstand ist mehr dort, wo er eigentlich hingehört. Astrid und Daniel sind da wesentlich routinierter. Sie haben sich längst schon auf den Weg zum Gletscher Perito Moreno gemacht, der für patagonische Verhältnisse direkt um die Ecke liegt.

Und auch wir haben es irgendwann geschafft, unsere Siebensachen zu packen. Bis kurz vor El Calafate poltern wir über eine dieser unsäglichen Schotterpisten. Die Busse, die die Touristen gleich dutzendweise nach El Chaitén bringen, machen das Wellblech jeden Tag tiefer. Lautstark fluche in meinen Helm hinein, die heftige Rüttelei geht mir ziemlich auf die Nerven. Ich versuche vergeblich, eine halbwegs angenehme Geschwindigkeit zu finden.

Die letzten Kilometer bis El Calafate gehen über Asphalt. Gott sei Dank! Nach mehr als 1.000 Kilometer Piste sehe ich wieder weiße Linien in der Mitte der Straße - ein Anblick, den ich noch nie vorher in meinem Leben so genossen habe.

El Calafate ist das touristische Zentrum im Süden Patagoniens. Durch den Ort muss jeder, der zum Gletscher Perito Moreno möchte. Und auch für die Touristen, die zum Fitz Roy Massiv aufbrechen wollen, ist El Calafate erst einmal Anlaufstation.

Die Menschen im Ort haben sich auf die Besucherströme bestens eingestellt. Es gibt Hotels, Restaurants und Burger-Buden sowie für patagonische Verhältnisse eine fast unübersichtliche Anzahl an Tourenanbietern.

Auch eine Tourist-Info existiert, die uns allerdings nur äußerlich beeindruckt. Informationen über die Gletscher in dieser Gegend gibt es nicht. Dafür kennt sich die Dame am Schalter bestens mit allen Busverbindungen aus. Dass es nur zwei am Tag gibt, tut ihrer Geschäftigkeit keinen Abbruch. Zumindest versorgt sie uns bestens mit Prospektmaterial über die einzelnen Unterkünfte im Ort.

Bevor wir zum Gletscher fahren, müssen noch einige Sachen erledigt werden. Das Einkaufen für die kommenden Tage ist schnell erledigt. Nun noch ein kurzes Lebenszeichen via Telefon nach Hause.

Anne ist seit meinem letzten Anruf deutlich nervöser geworden. Kein Wunder - in 14 Tagen macht sie sich auf nach Ushuaia. Sie ist enorm im Stress, denn die Liste mit den Mitbringseln, die ich ihr durch den Hörer diktiere, wird immer länger. Für ihre eigenen Sachen ist in ihrer Reisetasche kaum noch Platz. Hinzu kommen immer wieder meine Ermahnungen, mit möglichst leichtem Gepäck zu reisen, da die Federung der Ténéré die Grenze ihrer Möglichkeiten schon jetzt erreicht hat. Anne ist natürlich nicht gerade begeistert über die Restriktionen, die ich ihr auferlege. Doch sie müssen einfach sein, wenn wir beide gemeinsam auf einem Motorrad von Ushuaia Richtung Norden fahren wollen.

Birgit und Jo warten auf mich. Jetzt, wo alle Angelegenheiten erledigt sind, wollen wir so schnell wie möglich zum Perito Moreno aufbrechen. El Calafate zählt ohnehin nicht zu den Orten, die zum längeren Verweilen einladen. Die beiden frotzeln ein wenig, weil mein Motorrad nach all den Einkäufen wie ein Gemüsestand auf dem Wochenmarkt aussieht.

Langsam senkt sich im Westen die Sonne, und wir müssen uns ranhalten, wollen wir noch bei Tageslicht am Gletscher sein. Die 80 Kilometer bis zum Perito Moreno geht es über Schotter. Es wird allmählich Nacht, und Jo forciert das Tempo. Die Scheinwerfer leuchten die Piste nur spärlich aus. Die ausgefahrene Spur im Dunkeln zu finden, ist nicht ganz einfach. Ein ums andere Mal gerate ich mit dem Motorrad in den losen Schotter, was mächtig Unruhe ins Fahrwerk bringt. Die Adrenalinschübe, die mich bei diesen Aktionen treffen, erhöhen meine Konzentrationsfähigkeit schlagartig.

Es ist bereits stockfinster, als wir unsere Zelte aufbauen. Astrid und Daniel sind schon da. Der Zeltplatz liegt noch einige Kilometer von der Abbruchkante des Gletschers entfernt, doch in der Nacht hören wir immer wieder das laute Dröhnen der herabstürzenden Eisbrocken.

Um acht Uhr stehe ich am nächsten Morgen vor der gigantischen Eiswand des Perito Moreno. Jo sitzt schon etwas länger dort - noch vor Sonnenaufgang habe ich ihn abfahren hören. Außer uns ist keine Menschenseele zu sehen. Ich sitze eine Zeitlang einfach nur so da und bewundere die weiße Pracht, die sich vor mir auftürmt.

Bis zu 60 Meter hoch ist die Abbruchkante des Perito Moreno. Dieser Gletscher ist einer der wenigen auf der Welt, die noch auf dem Vormarsch sind. Die Eismassen des Hielo Continental üben Druck aus und schieben das Eis immer weiter nach vorn. In guten Jahren um bis zu 40 Zentimeter pro Tag. Angesichts einer solchen, für Gletscher lichtgeschwindigkeitsartigen Fortbewegung müsste es am Perito Moreno eigentlich nur so krachen, wenn die Eisbrocken reihenweise in den Lago Argentino stürzen.

Doch nichts dergleichen geschieht. Stunde um Stunde sitzen Jo und ich vor der weißen gefrorenen Wand und starren sie an. Unsere Kameras sind auf jenen Punkt ausgerichtet, wo wir den nächsten Wackelkandidaten vermuten. Doch häufig liegen wir falsch, und wenn man den Donner des herabstürzenden Eises hört, ist es bereits zu spät. Einige kleinere Brocken, die in die

Tiefe stürzen, entgehen den Objektiven nicht. Doch die richtig großen Abbrüche erwischen wir nicht.

Den ganzen Tag verbringen wir an der Eiskante und kehren mit einem aus fotografischer Sicht unbefriedigenden Ergebnis zu unseren Zelten zurück. Der nächste Tag sieht ähnlich aus.

Astrid und Daniel haben sich mittlerweile von uns verabschiedet. Es scheint, dass eine unsichtbare Macht sie nach Feuerland zieht. Wahrscheinlich wollen sie ihre große Reise, die nunmehr länger als ein Jahr dauert, endlich beenden.

Tag drei vor dem Gletscher. Wieder beginnt das große Starren. Unsere Enttäuschung ist groß, denn eine riesige Eiswand, auf die wir gestern spekulierten, hat sich in der Nacht verabschiedet. Ihre Überreste treiben jetzt auf dem See.

Wir kommen ins Gespräch mit dem Tourguide einer Reitergruppe, die neben uns die Zelte aufgebaut hat. Er interessiert sich brennend für die Motorräder und hat eine Menge technischer Fragen. Auch wir können ihm einige Informationen entlocken. Er kennt zum Beispiel einen Weg zum Upsala Gletscher, der wesentlich aktiver sein soll als der Perito Moreno und offiziell nur mit dem Schiff erreichbar ist. Doch den Booten versperren im Augenblick Eisberge die Einfahrt in den Seitenarm des Lago Argentino, in den der Upsala Gletscher kalbt. Von einer Estancia aus könne man jedoch, so der Tourguide, über einen Pfad den Upsala erreichen. Die Ranger in El Calafate könnten uns bestimmt mehr darüber sagen.

Das hört sich vielversprechend an. Und schon am nächsten Morgen stehen wir im Büro der Parkverwaltung des Nationalparks Los Glaciares. Die Ranger geben sich ahnungslos, doch sie wundern sich über unsere profunden Ortskenntnisse. Birgit muss schon sehr hartnäckig bohren, um überhaupt an einige Informationen über diese Estancia und den Weg zum Upsala Gletscher zu kommen. Ich habe den Eindruck, als will uns der Guarda Parque gar nicht helfen. Er flüchtet sich in Ausreden und windet sich um konkrete Aussagen herum. Birgit wird jetzt ärgerlich. Für den jungen Mann in seiner schicken Uniform eine sichtlich unangenehme Situation. Doch am Ende der Diskussion sind wir nicht viel schlauer als vorher. Vielleicht liegt es daran, dass niemand Geld verdient, wenn wir im Alleingang zum Upsala gehen. Und mit dem »Verdienstausfall« ist auch jede Hilfsbereitschaft erloschen.

So legen wir die Tour zu diesem Gletscher im wahrsten Sinne des Wortes erst einmal auf Eis. Wenn wir auf dem Weg nach Norden wieder in El Calafate vorbeikommen, starten wir vielleicht einen neuen Versuch. Jetzt jedenfalls geht es weiter Richtung Süden - ans Ende der Welt.

Kapitel 6

Feuerland - das Ende der Welt

»Feuerland: Inseln an der Südspitze Südamerikas, vom Festland durch die Magellanstraße getrennt, Fläche ca. 73.750 Quadratkilometer, gehört je zur Hälfte zu Argentinien und Chile.«

Die Ruta 40 hat uns wieder. In gewohnter Formation: Jo fährt voraus, dahinter Birgit, und ich mache das Schlusslicht. Stur Richtung Süden, dem »Ende der Welt« entgegen. Seit Beginn der Reise hat sich an der Reihenfolge während der Fahrt nichts geändert. Warum? Das kann keiner von uns so genau beantworten. Es hat sich einfach so ergeben, und niemand hat irgendwelche Anstalten gemacht, diese Aufstellung zu verändern. Auf den Pisten fahren wir stets weit auseinander. Manchmal kann ich am Horizont gerade noch die Staubfahne erkennen, die Jo hinterlässt. Birgit fährt irgendwo dazwischen, und ich halte mich weit hinter ihr, um nicht ständig in dem feinen Staub, der sich in jeder noch so kleinen Pore festsetzt, fahren zu müssen.

Plötzlich sehe ich, wie Birgits BMW ins Schlingern kommt. Wackelnd wird das Motorrad immer langsamer. Mitten in der Einöde hat sich die Luft aus dem Hinterradreifen schlagartig verdünnisiert und Birgit einen Platten beschert. Den ersten auf dieser Reise. Ein dicker Nagel steckt im Gummi.

Birgit lässt sich von dem Ding jedoch nicht beirren. Zügig ist das Rad ausgebaut, der Reifen von der Felge gezogen und der Schlauch geflickt. Es sieht so aus, als gehöre die Beseitigung von pneumatischen Schäden zu ihrem Hobby. Hilfe braucht Birgit keine - nur beim Aufpumpen des Schlauches gehe ich ihr zur Hand.

Nach eineinhalb Stunden sitzen wir wieder auf den Motorrädern und fahren weiter Richtung Chile. Der Wind bläst uns unablässig ins Gesicht. Alles wie gehabt. Während kleinerer Pausen legen wir uns meist in den Straßengraben, um den »Besen Gottes« über uns hinwegfegen zu lassen. Sonst würde uns dieses ständige Blasen und Zerren noch wahnsinnig machen.

Nervosität kommt auf. Der Grenzübergang nach Chile steht kurz bevor. Da bin ich mal gespannt. Weder in Brasilien noch in Uruguay hat es bis jetzt Probleme gegeben. Doch hier unten am Ende der Welt ist die Lage eine andere. Ob sich die Zöllner in dieser Einöde mit den Grenzformalitäten für ausländische Fahrzeuge auskennen? Na ja, wir werden sehen.

Der erste Eindruck an der argentinischen Grenzstation bestätigt gleich meine Befürchtungen. Der Soldat in seinem Tarnanzug blättert wild in einem dicken Aktenordner, wird aber offensichtlich nicht fündig. Anschließend durchwühlt er seinen Schreibtisch, was auch nicht von Erfolg gekrönt ist. Schließlich wird die ganze Angelegenheit an einen Kollegen übergeben. Aber auch der hat so seine Schwierigkeiten mit uns.

Wir Personen sind anscheinend nicht das Problem. Nur mit den Motorrädern weiß keiner etwas anzufangen. Unsere Ausreise entwickelt sich zu einer höchst offiziellen Sache. Der Kommandant der Grenzstation nimmt sich des Falles persönlich an. Er greift nach einer altbewährten Maßnahme und telefoniert mit seinem Vorgesetzten. Denn die da oben, die müssen es ja schließlich wissen.

Und tatsächlich: Erstaunlich schnell ist man sich am Telefon einig. »El Commandante« zückt drei Formulare, die wir ausfüllen müssen, knallt anschließend ein Dutzend Stempel auf die Papiere und sagt: »Fertig!« Einer der Zöllner wirft draußen noch einen Blick in jeden Koffer, dann öffnet sich für uns der Schlagbaum. Der Posten salutiert zum Abschied, und schon sind wir im Niemandsland zwischen Argentinien und Chile.

Kondore kreisen über unseren Köpfen. Zum ersten Mal sehen wir diese riesigen Vögel am Himmel. Die Flügel, die eine Spannweite von bis zu drei Metern erreichen können, müssen etwa 13 Kilogramm Körpergewicht in der Luft halten. Trotz ihrer Größe drehen diese Geier über uns elegant ihre Runden. Vermutlich liegt irgendwo in der Nähe ein Stück Aas.

Die Kondore, die seit Urzeiten die Anden durchfliegen, haben heutzutage einen schweren Stand. Für sie ist kein Platz in den Bergen. Lange Zeit glaubten die Menschen, die bis zu 1,30 Meter großen Geier würden Kälber und Lämmer auf den Weiden jagen. Dieses Vorurteil hält sich bis heute. Dass der Kondor sich ausschließlich von Aas ernährt, wollen die Bauern und Viehzüchter nicht so recht glauben. Die Vögel werden deshalb immer noch verfolgt und dienen den Gauchos als lebende Zielscheiben am Himmel.

Wir halten an, um die Vögel besser beobachten zu können, obwohl das im Niemandsland zwischen den Grenzen verboten ist. Als wären sie federleicht, drehen sie ohne einen Flügelschlag Runde um Runde über unseren Köpfen. Geschickt nutzen sie die Thermik, um sich wieder in die Höhe zu schrauben. So lange wir jedoch in der Nähe bleiben, werden sie nicht landen. Der Kondor hat gelernt, den Menschen zu fürchten.

Auf der chilenischen Seite werden wir schon erwartet. Hier geht es in Sachen Zoll wesentlich lockerer zu. Bei der Erledigung der Formalitäten wird eine Menge gescherzt und gelacht. Die Beamten stellen viele Fragen. Doch nicht aus beruflichen Gründen, sondern aus reiner Neugier und Interesse an unserer Reise.

Wir sind froh, dass sie unsere »Schmuggelware« nicht entdecken. Denn zum Schutz ihrer Landwirtschaft vor Krankheiten untersagen es die Chilenen, jegliche Lebensmittel ins Land einzuführen. Das ist zwar verständlich, hätte jedoch für uns einen Umweg von 200 Kilometer bedeutet. Denn erst in Puerto Natales gibt es wieder einen Supermarkt. Deshalb haben wir bereits in Argentinien eingekauft und die Lebensmittel sorgfältig zwischen Kleidungsstücken versteckt.

Die wenigen Häuser hier an der Grenzstation nennen sich

Cerro Castillo. Und wenn ich mich hier so umschaue, frage ich mich, aus welchem Grund sie hier stehen. Denn kein Mensch ist weit und breit zu sehen. Ein Café, ein gut sortierter Souvenirladen, einige verfallene Viehgatter und ein paar ziemlich angenagte Behausungen - das ist Cerro Castillo. Der Souvenierladen und das Café sind jüngeren Baudatums und wirken neu und aufgeräumt. Für uns ist Cerro Castillo jedoch nicht nur irgendein Grenzposten, sondern das Tor zum Torres del Paine Nationalpark, in dem eine der grandiosesten Landschaften Südamerikas zu finden ist.

Die Sonne ist längst hinter den Bergen verschwunden, als wir uns in Richtung Torres del Paine aufmachen. Von Chile aus gibt es keinen direkten Weg in diese Region. Das Inlandeis macht eine Straßenverbindung in Richtung Süden unmöglich. Die einzige Piste endet irgendwann im Meer. Der Weg in den Nationalpark führt deshalb entweder über Argentinien oder über das Wasser.

Wir kommen nur langsam voran, was diesmal jedoch nicht am Wind oder an den schlechten Pisten liegt, sondern an der grandiosen Kulisse, auf die wir zusteuern. Wie eine uneinnehmbare Festung erheben sich die bis zu 3.000 Meter hohen Granitzinnen aus der patagonischen Ebene. Es weht ein eisiger Wind von diesen Bergen herab. Das Motorradfahren wird ziemlich ungemütlich, als sich die Sonne für diesen Tag zurückzieht. Wir bauen die Zelte an einem See mit direktem Blick auf die bizarren Felsformationen auf.

Unsere Wasservorräte sind erschöpft. Dummerweise können wir sie nicht auffüllen, da das Wasser aus dem hellblau schimmernden See nicht genießbar ist. Einige Kilometer von hier entfernt haben wir jedoch eine Straßenbaukolonne passiert - vielleicht können wir ja dort einige Liter Wasser bekommen. Birgit und ich fahren zurück. Eine Handvoll Arbeiter lebt in Containern direkt neben der Straße. Sie begrüßen uns freundlich. Der Koch, der wichtigste Mann im Camp, wie er uns selbst versichert, hat gerade Tee gemacht, zu dem er uns prompt einlädt.

Viele der Männer, die hier am südlichsten Zipfel der Zivilisation arbeiten, haben ihre Familien über mehrere Monate nicht mehr gesehen. Den ganzen Sommer sind sie damit beschäftigt, die Zufahrtsstraßen für den Nationalpark zu verbessern. In ein bis zwei Jahren, so erzählen sie nicht ohne Stolz, wird es eine wunderbar asphaltierte Straße zu den Torres geben, damit die Besucher nicht mehr durch den Staub fahren und sich durchrütteln lassen müssen. Dass uns die glattgewalzten, staubigen Pisten lieber sind als blitzblanke Asphaltstreifen, können sie nicht verstehen. Drei Tassen Tee später verlassen wir die freundlichen Bauarbeiter und fahren zurück zu unseren Zelten, natürlich nicht ohne unsere leeren Wassersäcke aufgefüllt zu haben.

Es ist stockfinster, als wir unseren Lagerplatz erreichen. Wir frieren. Denn nachdem sich die Sonne verabschiedet hat, ist es auf einmal bitterkalt geworden. Der eisige Wind hilft eifrig, um ja keine Gemütlichkeit aufkommen zu lassen. Wir sind hungrig wie die Wölfe, denn wir haben den ganzen Tag kaum etwas gegessen. Ich habe das Gefühl, als wäre mein Magen dabei, sich selbst zu verdauen. Die paar Kekse im Laufe des Tages waren ein nicht gerade üppiges Mahl.

Doch nun besteht Anlass zur Freude. Es gibt Spaghetti. Diese Teigstangen sind zu unserem Hauptnahrungsmittel geworden. Ihre lange Haltbarkeit, die einfache und schnelle Zubereitung und das kleine Packmaß sind Vorzüge, die auf einer Reise mit dem Motorrad elementare Bedeutung erlangen. Dass es die Spaghetti heute auch noch mit »Bog« gibt, macht unser Abendessen zu einem Festmahl. In El Calafate hatten wir nämlich gefrorenes Mett bekommen, das unsere Nudeln jetzt mit einer schönen Bologneser-Soße bereichert. Dazu gibt es - wie meistens - Rotwein. Gato Negro aus der Tetrapack-Tüte. Dieser chilenische Tropfen ist nicht nur sehr lecker und süffig. Es gibt ihn auch in fast jedem Lebensmittelladen zu kaufen. Und sobald wir in unseren Koffern und Packtaschen ein wenig Platz übrig hatten, wurde der mit Gato Negro aufgefüllt.

Das Kochen war am Anfang der Reise oft Anlass zur Diskussion. Jeder von uns hatte so seine Vorlieben und brachte eigene Rezepte mit, die er gerne im Topf verwirklicht sehen wollte. Mittlerweile ist es uns jedoch gelungen, die ganzen individuellen Kreationen zu einem einzigen für alle akzeptablen kulinarischen Hochgenuss zusammenzufassen.

Richtig genießen lässt sich unser Festessen heute aber nicht. Die Spaghetti verwandeln sich bei den eisigen Temperaturen innerhalb weniger Minuten zu einem kalten Teigklops. Wer sie im warmen Zustand verspeisen möchte, muss beim Essen schon ein ordentliches Tempo vorlegen. Genießer kommen in Patagonien wohl selten zu einer warmen Mahlzeit.

Nach dem Essen trauen wir unseren Augen nicht: Obwohl wir uns mitten im Hochsommer befinden, hat sich eine dünne Eisschicht auf unseren Zelten gebildet. In den subantarktischen Gebieten, die nicht mehr weit von uns entfernt sind, scheint der Winter immer präsent zu sein.

Der nächste Morgen beginnt mit einer Sensation: Es ist windstill - oder sagen wir besser: fast windstill. Nur eine leichte Brise streicht über das Land. Patagonien zeigt sich von einer ganz ungewohnten Seite. Kein Staub, der durch die Luft wirbelt und sich in Mund, Augen und Nase festsetzt. Keine Böen, die an allem zerren und jeden Gegenstand mit sich reißen, der nicht am Boden befestigt ist. Und es ist ruhig, fast still. Der patagonische Wind lässt uns für einen Moment verschnaufen.

Es ist ein seltsames Gefühl, so ohne Wind. Seitdem wir von Buenos Aires aus in Richtung Süden fahren, war er irgendwie immer da. Zu Beginn unserer Reise haben wir ihn gehasst, ärgerten uns über die eigene Machtlosigkeit, gegen den unablässig blasenden Wind nichts ausrichten zu können. Doch allmählich gewöhnen wir uns daran. Der Wind ist einfach da und weht mal mehr und mal weniger heftig über das Land.

Doch jetzt, an diesem Morgen, wo sich kaum ein Lüftchen regt, fehlt er mir fast. Patagonien ist eben nicht Patagonien ohne den stürmischen Wind. Beim Abbau des Zeltes ertappe ich mich dabei, wie ich trotz der Flaute alle Gegenstände sorgsam fixiere, damit sie nicht davongeweht werden. Das »Anschnallen«, wie wir es nennen, ist zur Routine geworden.

Es sind nur noch wenige Kilometer bis zum Eingang des Torres del Paine Nationalparks. Diese Berglandschaft am Ende der Welt wird als schönster Nationalpark Südamerikas bezeichnet. Es gibt wohl kaum einen Reisenden, der sich diese grandiosen Granitfelsen und Gletscher entgehen lässt. Das wissen auch die Chilenen. Und so müssen die »extranjeros«, die Ausländer, 16 US-Dollar Eintritt zahlen. Für Einheimische kostet das Ticket nur die Hälfte. Doch auf Chilenen trifft man im Park selten. Denn auch 8 US-Dollar sind für einen chilenischen Arbeiter viel Geld.

Mit dem Eintritt ist die Rechnung jedoch noch nicht ganz bezahlt. Für die Zeltplätze müssen ebenfalls ein paar Scheine locker gemacht werden - und diese Campingplätze gehören zu den teuersten im ganzen Land. Zwar wird Torres del Paine vom Staat verwaltet, doch die erforderliche touristische Infrastruktur ist in der Hand von Privatfirmen. Die Unternehmer wissen um die Attraktivität und die Anziehungskraft, die der Nationalpark auf ausländische Besucher ausübt, und gestalten dementsprechend ihre Preise.

Wir verbringen herrlich ruhige Tage im Torres del Paine. Es kommt während dieser Zeit sehr selten vor, dass wir unsere Motorräder bewegen. Dass wir im Nationalpark sowohl Marion und Ralf als auch Astrid und Daniel wiedertreffen, macht den Aufenthalt umso angenehmer. Jeder von uns erzählt von den kleinen Abenteuern und Anekdoten, die er während der Reise erlebt hat.

Jo, Birgit und ich haben diesen beiden Pärchen inzwischen Spitznamen gegeben. So nennen wir Astrid und Daniel einfach nur die »Pan Ams«, weil sie auf dem Weg hierher von Alaska aus der Panamericana gefolgt sind. Marion und Ralf haben von uns den Namen »agua caliente« erhalten. Aus dem Spanischen übersetzt bedeutet das so viel wie »heißes Wasser«.

Diese Bezeichnung haben sie deshalb von uns bekommen, weil sie - nur um eine heiße Dusche genießen zu können - einen Umweg von fast 120 Kilometern gemacht haben. Wir lachten Tränen, als Ralf uns diese Geschichte beim ersten Zusammentreffen erzählte. Ich habe noch heute seine Worte im Ohr, mit denen er diese Geschichte abschloss: »Man muss Prioritäten setzen ...«

Es ist eine wirklich traumhafte Zeit im Torres del Paine. Wir wandern durch die Gegend oder genießen von unserem Zeltplatz aus einfach nur die Aussicht. Von hier können wir quer über den Lago Pehoe zu den Cuernos del Paine - den Hörnern - schauen, den zwei gigantischen Granitblöcken am anderen Ende des Sees, die sich bis zu 2.500 Meter in den Himmel recken.

Allerdings ist unsere Freizeit an diesem schönen Platz zeitlich begrenzt. In wenigen Tagen wird nämlich Anne in Ushuaia landen. Wenn sie in der südlichsten Stadt der Welt ankommt, sollte ich möglichst am Flughafen stehen.

Zwischenzeitlich haben uns auch Marion und Ralf sowie Astrid und Daniel verlassen. Trotzdem fällt es mir so schwer wie noch nie, mein Zelt abzubauen. So wunderschön ist dieser Ort. Mir bleibt nur der Trost, dass wir in spätestens zwei Wochen auf unserem Weg Richtung Norden wieder hier Halt machen werden.

Unser Weg führt uns zurück nach Cerro Castillo und von hier aus Richtung Puerto Natales, einer kleinen am Canal Seoret gelegenen Hafenstadt. Dieser Kanal gehört zum Mar Interior, dem Binnenmeer, das über ein Gewirr von Seitenarmen mit dem Pazifik verbunden ist. Diese Region, deren Herz Puerto Natales ist, wird Ultima Esperanza, letzte Hoffnung, genannt. Wer durch diese vom Wind gepeinigte Gegend fährt, wird schnell verstehen, warum die Pioniere dem Land diesen Namen gaben. Es war wohl die Hoffnung, in dieser Einöde doch noch irgendetwas zu finden, was von Nutzen sein konnte.

Puerto Natales ist für uns wie wohl für die meisten anderen Reisenden nur Durchgangsstation. Der Ort dient als Ausgangspunkt für Touren in den Torres del Paine. Wer ohne eigenes Fahrzeug in den Nationalpark hinein möchte, muss sich in dieser Stadt um ein geeignetes Transportmittel kümmern.

In Puerto Natales nutze ich eine der zahlreichen Telefonzellen und rufe zu Hause an. Meine Mutter hat Geburtstag, und ich möchte gerne ein paar Worte mit ihr wechseln. Den Geburtstagswünschen folgt ein längeres Gespräch mit Anne. Ich brauche meine ganze Überzeugungskraft. Denn unsere Liste mit Dingen, die wir hier unten schmerzlich vermissen, wird immer länger. Annes Nervosität ist am Telefon deutlich zu spüren. Sie hat hochgradiges Reisefieber, und über die Distanz von rund 18.000 Kilometer gelingt es mir kaum, sie zu beruhigen. Aber eigentlich freuen wir uns beide riesig, uns nach mehr als zwei Monaten Trennung wiederzusehen. Tja, die Auszeit. So gut sie mir auf der einen Seite tut, so schmerzlich ist dabei der menschliche Aspekt.

Vor uns liegen 250 Kilometer bis Punta Arenas. Eine kleine Asphaltstraße führt fast schnurgerade in Richtung Süden. Auch unser ständiger Begleiter hat sich wieder eingefunden: Ein eisiger Wind, diesmal aus der Antarktis kommend, bläst uns geradewegs ins Gesicht. Dann und wann wird er so stürmisch, dass ich vom fünften in den dritten Gang runterschalten muss, damit der Motor nicht abstirbt.

Das Teerband, auf dem wir fahren, ist so schmal, dass ein Auto gerade noch Platz darauf hat. Bei Gegenverkehr müssen wir in den Schotter ausweichen, denn hier unten gilt gnadenlos das Recht des Stärkeren. Und die meisten Fahrer, die uns entgegenkommen, machen davon Gebrauch. Auch das Überholen der langsamen Lkw ist kein Zuckerschlecken. Jedesmal müssen wir dabei raus in den Schotter, was bei diesen Windverhältnissen mächtig Unruhe ins Fahrwerk bringt.

Die Fahrt kostet viel Kraft. Man kann sagen, dass dieser Abschnitt einer der härtesten der bisherigen Tour ist. Doch nun haben wir Punta Arenas erreicht. Stolz nennt sie sich »südlichste Kontinentalstadt der Welt«. Ein Superlativ findet sich immer, wenn man nur lange genug sucht.

Doch wir haben ein ganz anderes Problem. Den Zeltplatz, den es laut Reiseführer in Punta Arenas geben soll und dessen Existenz die junge Dame in der Touristeninformation beschwört, können wir nicht finden. So intensiv wir auch den Stadtrand nach Hinweisen auf einen Campingplatz absuchen - diese Einrichtung bleibt uns verborgen.

Für die Sehenswürdigkeiten Punta Arenas haben wir an diesem Spätnachmittag naturgemäß keine Augen. Mir fällt nur auf, dass die Stadt aufgeräumter und ordentlicher wirkt als andere Städte Patagoniens. Obwohl die goldenen Jahre dieses Ortes an der Magellan-Straße längst vorbei sind.

Das sogenannte Gold dieser Region war einst weiß und fraß Gras: Schafe waren der Garant für Wohlstand und Reichtum. Einige Estancien erreichten gigantische Ausmaße - bis zu 90.000 Hektar Land gehörten damals zu einer Farm. Aber diese Zeiten sind längst vorbei, denn der Wollpreis auf dem Weltmarkt ist im Keller. Die erwirtschafteten Gewinne der Schafzüchter liegen heute nicht selten nur knapp über dem Existenzminimum.

Wir suchen immer noch nach dem Zeltplatz. Mittlerweile sind wir schon zum dritten Mal in der Touristeninformation, und immer wieder hat die nette junge Dame eine neue Idee, wo sich das Campingareal befinden könnte. An ihrem Willen, uns behilflich zu sein, gibt es wirklich keinen Zweifel. Irgendwann finden wir dann tatsächlich diesen Campingplatz. Der ist aber geschlossen. Und so wie es aussieht, wohl schon seit längerem.

In der Touristeninformation gibt man sich überrascht, als wir dort unsere Entdeckung bekanntgeben. Doch dann rückt man mit einer Alternative heraus. Es gebe da nämlich noch einen kleinen Nationalpark weiter draußen außerhalb der Stadt. Allerdings dürfe man dort vermutlich nicht zelten. Für uns wäre es jedoch die einzige Möglichkeit, wenn wir unbedingt campen wollten.

Mit diesen wagen Angaben und einer dürftigen Wegbeschreibung im Kopf machen wir uns auf den Weg. Es wird langsam Zeit, eine Bleibe für die Nacht zu finden. Mir wäre jetzt auch eine Pension, eine Hospedaje recht. Birgit denkt ähnlich. Nur Jo, der Hotel-Gegner, bleibt hart. Wir einigen uns auf einen Kompromiss. Sollte es im Nationalpark keine Möglichkeit geben, unser Zelt aufzubauen, würden wir uns für diese Nacht eine überdachte Unterkunft gönnen.

So gerade eben erwischen wir noch den Guarda Parque. Er drückt uns einen Schlüssel für das Tor in die Hand, ermahnt uns, ihn morgen früh wieder abzuliefern und verabschiedet sich mit dem Hinweis, dass noch zwei andere Biker im Park zelten würden. Wir vermuten die Pan Ams, Astrid und Daniel, und liegen damit nicht falsch. Die beiden hatten einen Tag vor uns den Torres del Paine verlassen.

Ihr Feuer prasselt bereits, und heißes Wasser für Tee steht griffbereit daneben. Die Wiedersehensfreude ist groß, und wir sitzen lange zusammen. Mit der Dunkelheit kommt jedoch die Kälte, und eine dünne Eisschicht legt sich über unsere Zelte. Es ist kalt an diesem Abend, lausig kalt.

Da wir von den Strapazen des Tages ziemlich ausgelaugt sind, gehen wir bald schlafen. Die Nacht wird ohnehin kurz werden, denn die Fähre nach Feuerland legt am morgigen Tag früh ab. Wollen wir mitfahren, müssen wir zeitig aufstehen.

Doch wir verschlafen und verpassen die Fähre. Wir hatten nämlich absichtlich keinen Wecker nach Südamerika mitgenommen. So müssen wir den Tag zwangsweise in Punta Arenas verbringen, was auf der anderen Seite gar nicht so schlecht ist. Denn mein Motorrad braucht dringend eine Inspektion. Da hierzu ein Tag aber viel zu knapp ist, muss die Schrauberei an der Ténéré noch bis Ushuaia warten. Ich kontrolliere lediglich die Schrauben, von denen sich bei der Rüttelei auf den Pisten viele gelockert haben.

Abends rufe ich noch einmal bei Anne an. Dieses Gespräch

ist unserer letztes bis zum Wiedersehen in Ushuaia. Auch ich bin jetzt etwas nervös. Klappt alles wie geplant? Was ist, wenn der Flieger aus Deutschland Verspätung hat und Anne die Anschlussflüge nicht bekommt? Auch liegen die Flughäfen für nationale und internationale Flüge in Buenos Aires 30 Kilometer auseinander. Was ist, wenn Anne nicht in den richtigen Shuttle-Bus einsteigt? Kosmische Unbekannte, deren Einflussgröße niemand kennt.

Annes Nerven liegen ziemlich blank. Ihre Aufregung über die bevorstehende Reise ist enorm. Ich versuche, sie am Telefon so gut es geht zu beruhigen. Jedoch nur mit geringem Erfolg. Dieses letzte Telefonat macht mich doch etwas stutzig. So nervös habe ich meine Frau noch nie erlebt. Aber ich kenne Anne - irgendwie wird sie sich durchbeißen. Und in drei Tagen, da bin ich mir sicher, kann ich sie hier am Ende der Welt in meine Arme schließen.

Für uns geht es weiter nach Feuerland. Schon bei diesem Namen allein geht ein Schauer durch meinen Körper. Feuerland - das klingt nach Sturm, tobendem Meer, Finsternis und Kälte. So hat es zumindest Fernando de Magellanes beschrieben, als er im Jahr 1520 die 600 Kilometer lange Durchfahrt zwischen der Insel und dem Festland entdeckte. Da Fernando de Magellanes am Ufer zahlreiche Feuer sah, die von den Bewohnern der Insel, den Indianern, entzündet wurden, nannte er die Insel Feuerland.

Die ersten grimmigen Eindrücke des Entdeckers vor fast 500 Jahren bleiben uns - glücklicherweise - verschlossen. Die Magellan-Straße zwischen Patagonien und der Isla Grande de Tierra del Fuego ist spiegelglatt. Heute morgen sind wir zeitig genug aufgestanden, um die Fähre ja nicht nochmals zu verpassen. Und nun stehen wir abfahrtbereit am Hafen. Die Sonne scheint, und für hiesige Verhältnisse weht nur eine leichte Brise.

Am Kai in Punta Arenas ist der Teufel los. Es ist kurz vor Weihnachten, und Massen von Menschen fahren in die Ferien.

Ankunft in Buenos Aires

Der Autor auf den ersten Kilometern seiner Auszeit

Auf der Lehmpiste von Iguazú nach Brasilien

Auch der Bauer Villie zelebriert das Trinken von Mate-Tee

Patagonien zwischen El Calafate und dem Fitz Ro

Ein argentinischer Gauch

Guanako im Nationalpark Torres del Paine

Zeltplatz am Lago Pehoe

Wo alle Straßen ender

Traveller-Weihnachtsfest auf Feuerlan

shuaia, das Ende der Welt

ie berüchtigte Brücke über den Rio Serrano

Auf der Piste in Richtung Fitz Roy Massiv

Der Grey Gletscher im Torres del Paine

Wir sind also mitten in die Hochsaison geraten. Und wieder müssen wir uns in Erinnerung rufen: Hier unten auf der Südhalbkugel ist jetzt Hochsommer.

Am Kai steht Max, ein kleiner Italiener mit einer zitronengelben BMW GS 1100. Man kann sich des Eindrucks nicht erwehren, dass dieses Motorrad mindestens zwei Nummern zu groß für ihn ist. Gerade mal die Zehenspitzen erreichen den Boden, wenn er auf der Maschine sitzt. So kann er nur tippeln bei dem Versuch, die BMW so nah wie möglich an die Bordwand zu rangieren, damit sie richtig vertäut werden kann. Aber bitte - jeder so, wie er meint. Max hat alle Attribute eines Italieners. Er ist galant und charmant. Und diese Eigenschaften setzt er beim Flirten mit den weiblichen Passagieren gnadenlos ein.

Fast drei Stunden dauert die Überfahrt vom Festlandhafen Punta Arenas nach Porvenir auf Feuerland. Delfine sehen in der Fähre einen großen Spielkameraden und schwimmen in der Bugwelle, als wollten sie den alten Kahn zu einem Wettrennen animieren.

Porvenir heißt übersetzt »Zukunft« und ist das, was die Europäer ein verschlafenes Nest nennen würden. Doch für diese Region an der Südspitze Südamerikas ist der Ort mit seinen 5.000 Einwohnern eine Metropole. Früher war in Porvenir sogar richtig viel los. Doch die Goldsucher haben mittlerweile die Gegend verlassen, und auch die meisten der Schafzüchter haben aufgegeben. So fristet der Ort ein unauffälliges Dasein und hofft auf die Touristen, die von Punta Arenas kommen, um dann weiter nach Ushuaia zu fahren.

Porvenir war einmal die südlichste Stadt Chiles. Heute hat Puerto Williams auf der Insel Navarino diesen Titel inne. Der Ort liegt sogar noch weiter südlich als Ushuaia und damit auch näher an der Antarktis. Allerdings spielt Puerto Williams in touristischer Hinsicht keine große Rolle. Denn der auf der anderen Seite des Beagel-Kanals gelegene Ort ist nur schwer zu erreichen. Drei Tage Überfahrt - das erfordert eine Seetüchtigkeit, die über das normale Maß hinausgeht. Der Grund für die

Existenz von Puerto Williams liegt eindeutig im militärischen Bereich. Es wird vermutet, dass im ewigen Kampf zwischen Chile und Argentinien die Chilenen einfach noch einen draufsetzen wollten, um für sich den Anspruch des südlichsten Ortes der Welt zu erheben.

Ankunft in Porvenir. Nach einer kurzen Pause, in der wir unsere Mägen mit Empanadas auffüllen, geht es weiter. Und oh Wunder: Zum ersten Mal haben wir hundertprozentigen Rückenwind. Was für eine Freude. Der Gasgriff ist kaum geöffnet, und ich rausche mit 80 Stundenkilometern über die Piste.

Max hat sich uns angeschlossen. Nun sind wir zusammen mit Astrid und Daniel schon sechs Feuerländer, deren Motorräder auf dem Schotter ganz schön viel Staub aufwirbeln. Wie es bei uns schon Tradition geworden ist, haben wir auch unserem neuen Mann einen Spitznamen verpasst. Da Max nach unserem Geschmack ein völlig untypischer italienischer Name ist, haben wir den Neuen kurzerhand in Luigi umbenannt - natürlich mit seinem Einverständnis.

Der starke Rückenwind weht uns zügig zur chilenisch-argentinische Grenze auf Feuerland. Aufgrund des starken Durchgangsverkehrs sind die Zöllner versiert in der Abfertigung ausländischer Fahrzeuge und Touristen. Nur der argentinische Beamte stöhnt unter der Last der Arbeit, sind doch sechs Motorräder auf einmal abzufertigen. Doch weder bei der Ausreise noch bei der Einreise dauert die Amtshandlung länger als zehn Minuten pro Maschine - ein neuer südamerikanischer Rekord.

Unmittelbar nach dem Grenzübergang beginnt der Asphalt, und wir können richtig Gas geben. Doch leider haben wir nun auch die Richtung gewechselt. Ab hier geht es nicht mehr nach Osten, sondern nach Süden. Das heißt, dass der Wind, der uns seit Porvenir kräftig angeschoben hat, nunmehr von der Seite bläst. Was uns auch auf geraden Strecken eine ziemliche Schräglage beschert.

Wir übernachten auf einem kleinen Zeltplatz etwa 180 Kilometer vor Ushuaia. Alle sind ganz schön nervös. Man kommt ja nicht alle Tage ans Ende der Welt. Wochen- oder monatelang hat man dieses Ziel vor Augen, und nun ist es plötzlich so weit. Die Nervosität ist auch Astrid und Daniel anzumerken. Seit mehr als einem Jahr sind sie unterwegs. Und nun haben sie ihr Ziel, das Ende der Panamericana, vor Augen.

Auch ich freue mich riesig auf die Stadt, ist sie doch eines der wichtigsten Ziele der gesamten Reise. Ein Ziel, von dem ich schon seit langer Zeit träume. Im Sattel meiner Ténéré konnte ich bereits vor einigen Jahren dem Nordkap, dem nördlichsten Punkt der Welt, der sich mit einem Fahrzeug erreichen lässt, einen Besuch abstatten. Und nun stehe ich kurz davor, den südlichsten Punkt der Welt zu erreichen.

Die letzten 100 Kilometer bis zur Stadt geht es noch einmal über Schotter. Dann ist es geschafft - ich stehe zusammen mit Birgit und Jo vor dem Ortsschild in Ushuaia. 31 Breitengrade habe ich auf dem Weg von den Iguazú-Wasserfällen bis nach Ushuaia überquert und dabei mehr als 10.000 Kilometer zurückgelegt. Was für ein Gefühl. Einfach Wahnsinn.

Doch die Realität holt mich schnell wieder ein. Wir wühlen uns durch die Stadt. Seit Comodoro Rivadavia haben wir keinen so hektischen Ort mehr erlebt. Ushuaia hat eigentlich nichts Schönes zu bieten. Vielmehr scheint diese Stadt einzig davon zu leben, der südlichste Punkt der Zivilisation und Stützpunkt für Reisen in die Antarktis zu sein. Im Hafen der Stadt sehen wir gleich mehrere Kreuzfahrtschiffe liegen, die Passagen ins ewige Eis anbieten.

Etwas verschreckt treten wir die Flucht in den Nationalpark Tierra del Fuego an, der 12 Kilometer südlich der Stadt liegt. In der Ruhe des Rio Pipo fühle ich mich sofort wesentlich wohler.

Nach dem Aufbau der Zelte ist es dann soweit. Wir machen uns auf, ans tatsächliche Ende der Welt zu fahren. Wir sind gespannt. Was erwartet uns dort? Doch das Ende erweist sich in Wirklichkeit als ein eher nüchterner Ort. Nichts ist von den Tausenden von Abenteuern zu spüren, die all die Panamericana-Fahrer auf ihrem langen Weg von Alaska bis hierher erlebten. Nur ein schlichtes Schild, auf dem wir »Fin del Mundo« (Ende der Welt), »Buenos Aires - 3.063 km« und »Alaska - 17.848 km« lesen, weist darauf hin, wo man sich befindet.

So sieht es also aus, das Ende der Welt. Ein wenig enttäuschend. Auf den nicht enden wollenden Kilometern bis hierher habe ich mir in Gedanken einen spektakulären Ort vorgestellt. Doch nichts ist davon zu sehen. Auch der Wald aus Nummernschildern und Namenstafeln, der einst das südliche Ende der Panamericana zierte, ist verschwunden. Wie wir später erfahren, geschah das aus optischen Gründen. Die Kennzeichen passten nach Auffassung der Ranger nicht so recht ins Landschaftsbild eines Nationalparks und wurden entfernt. Schade. Ein wenig Abenteurer-Romantik hätte diesem Flecken Erde sicher nicht geschadet.

Viel Zeit, meinen Gedanken nachzuhängen, habe ich jedoch nicht. Es gibt eine Menge zu tun. Denn morgen kommt Anne an, und in zwei Tagen ist schließlich Weihnachten! Jedes Jahr um die Weihnachtszeit, so habe ich gelesen, soll am Ufer des Rio Pipo ein großes Traveller-Treffen stattfinden. Davon ist allerdings im Augenblick noch nicht viel zu spüren. Die »Pan Ams« und wir sind die einzigen Motorradfahrer, die hier zelten. Daneben haben sich noch eine Handvoll Abenteurer mit Geländewagen am Rio Pipo eingefunden.

Wir alle sind eine kleine Schar von Unentwegten, die dem Wetter trotzen. Denn die Witterung ist alles andere als angenehm - das Thermometer schafft es tagsüber nicht einmal, auf plus 5 Grad Celsius zu klettern. Am Ende der Welt ist es äußerst ungemütlich und saukalt. Dabei herrscht Hochsommer. Das Klima schlägt hier einen regelrechten Salto. Vergleicht man den Breitengrad von Ushuaia mit dem der nördlichen Halbkugel, so läge in diesen Breiten die Stadt Köln. Und dort kann man sich kaum eine Sommertemperatur am Gefrierpunkt vorstellen.

In der Nacht hat es geschneit. Auf den Bergen rund um den Rio Pipo liegt eine dünne Schneeschicht. Immer noch fallen vereinzelt ein paar Flocken, die weiße Pracht bleibt jedoch auf unserem Zeltplatz leider nicht liegen.

Heute trifft Anne am Flughafen von Ushuaia ein. Wenn alles geklappt hat. Meine Gedanken kreisen nur noch um die Frage, ob die Reise auch tatsächlich so verlaufen ist, wie wir sie im Reisebüro gebucht hatten. Einige Urlauber aus Deutschland, mit denen wir gestern am Fährhafen von Ushuaia ins Gespräch kamen, berichteten wenig Ermutigendes: 14 Stunden Verspätung hatte ihr Flieger von Europa nach Buenos Aires. Der Anschlussflug nach Ushuaia war selbstverständlich weg, und es hatte viel Aufregung gegeben, um noch ein paar Plätze im nächsten Flugzeug zu bekommen.

Ich merke, wie meine Nervosität von Stunde zu Stunde größer wird. Ist es einfach nur die Freude, Anne nach mehr als zwei Monaten endlich wiederzusehen? Oder ist es die Sorge, dass sie vielleicht wirklich den Anschlussflug verpasst hat? Mein Gott, ich habe ganz schön Panik. Wie muss es dann erst Anne gehen?

Gott sei Dank finde ich Ablenkung durch ein paar technische Probleme. Ich muss vor meiner Fahrt zum Flughafen nämlich noch eine Werkstatt finden. Meine Kette muss gewechselt und die Halterung für den Kettenschutz wieder angeschweißt werden.

Außerdem bedarf der Seitenständer der Ténéré dringend einer Nachbearbeitung, denn ich habe die ewige Suche nach Löchern im Boden satt. Ich benötige sie, um mein Motorrad sicher abzustellen. Klingt kompliziert, lässt sich aber ganz einfach erklären: Ist die Ténéré nicht beladen, gibt es keine Schwierigkeiten, sie abzustellen. Doch ist das ganze Gepäck aufgezurrt, drückt das Gewicht das Heck der Maschine so weit nach unten, dass der Seitenständer für einen sicheren Stand zu lang ist. Das Motorrad steht dann fast senkrecht, und der kleinste Windhauch reicht aus, um es umzuwerfen.

Dieses Problem soll nun gelöst werden. Die Kette ist schnell gewechselt, und dem Seitenständer rückt der Mechaniker mit einer Presse zu Leibe. Er biegt das gerade Stahlrohr einfach krumm, so dass der Ständer erheblich verkürzt wird. Meiner Bitte, einen Flachstahl anzuschweißen, um die Knickstelle abzustützen, kommt er nicht nach. Sechs Tonnen seien nötig gewesen, um den Seitenständer zu verbiegen - da bedürfe es keiner weiteren Abstützung. So der Kommentar des Mechanikers. Na gut, er ist der Fachmann. Ich will seinen Erfahrungen glauben, obwohl mich dunkle Erinnerungen an mein Maschinenbaustudium eines Besseren belehren.

Im Moment ist mir das aber völlig egal. Es wird nämlich Zeit, zum Flughafen zu fahren, denn in knapp einer Stunde wird der Flieger landen, in dem hoffentlich auch Anne sitzt.

Am Flugplatz tanzt der Bär. Argentinen hat Hochsaison. Es ist Weihnachten und Hauptferienzeit - das ganze Land scheint auf dem Weg nach Ushuaia zu sein. Ich zerplatze fast vor Anspannung, und erst, als ich Anne in der Schalterhalle erblicke, kommt mein Puls wieder auf Normalniveau. Es dauert noch eine Weile, bis sie ihr Gepäck hat, dann kann ich sie in die Arme schließen. Endlich!

Die Wiedersehensfreude mit Birgit und Jo ist groß, als wir unseren Zeltplatz am Rio Pipo erreichen. Anne hat viel zu erzählen. Die Aufregungen der Reise sind ihr deutlich anzumerken. Um ein Haar hätten sich meine schlimmsten Befürchtungen bewahrheitet, denn Annes Flieger aus Europa hatte tatsächlich Verspätung. So hätte sie fast noch ihren Anschlussflug nach Ushuaia verpasst. Und dann hatte man ihr am internationalen Flughafen in Buenos Aires noch Schwierigkeiten bei der Buchung des Shuttle-Busses gemacht, der sie zum nationalen Flughafen bringen sollte.

Nicht zuletzt sorgten die vielen Ersatzteile in Annes Gepäck für Aufregung am Zoll. Zum Beispiel die Anlasserkupplung, die ich bei ihr per Fax von Azul aus bestellt hatte. Die Leute vom Sicherheitsdienst konnten dieses Ersatzteil nicht eindeutig als solches identifizieren, und man musste erst einen Sprengstoffexperten herbeischaffen. Der bescheinigte dann nach eingehender Untersuchung, dass die Anlasserkupplung kein Sicherheitsrisiko für das Flugzeug darstellen würde.

Doch das alles ist jetzt egal - die Anspannung weicht langsam, und Anne und ich sind froh, uns endlich wieder in den Armen halten zu können. Es gibt natürlich jede Menge zu erzählen. Denn in den letzten zwei Monaten ist zu Hause viel passiert. Freunde, Verwandte, Familie, Kollegen - zu jedem lassen sich ein paar Sätze sagen.

Lange hält es Anne allerdings heute Abend am Lagerfeuer nicht aus. Ihr fallen ständig die Augen zu. Nach 36 Stunden Reisedauer ist sie ziemlich platt. Außerdem ist morgen der 24. Dezember - Heilig Abend. Und dieses Ereignis wollen wir ausgeruht und ausgeschlafen gebührend feiern.

Heute ist der große Tag. Ich fliege nach Südamerika. Was bin ich froh, Andreas endlich wieder zu sehen. Zum Schluss habe ich die Stunden gezählt.

Der Flug von Frankfurt nach Madrid ist kurz. Dann der Weiterflug nach Buenos Aires. Fürchterlich lang, und im Flugzeug ist es drückend heiß. Liegt vielleicht auch daran, dass ich Motorradklamotten trage. Kaum Schlaf, alles ist so eng. Wenigstens kann ich die Stiefel ausziehen.

Am Zoll in Buenos Aires lerne ich Roland kennen. Er hilft mir, den richtigen Bus zum nationalen Flughafen und das Ticket zum Weiterflug zu bekommen. Ohne ihn wäre ich aufgeschmissen. Die Busfahrt ist schön. Sie gleicht einer Stadtrundfahrt. Ich bekomme viel zu sehen. Aber es könnte für den Weiterflug knapp werden.

Der Flieger nach Ushuaia hat 1 Stunde Verspätung. Die ganze Hetze umsonst. Macht nichts. Landung um 18.30 Uhr. Am Ankunftsschalter sehe ich Andreas stehen. Ich weine vor Freude.

Die Fahrt zum Campingplatz ist kurz. Es regnet. Ein Wetter wie in Deutschland. Kurzes Auspacken, erzählen, erzählen. Um 22.00 Uhr falle ich todmüde in den Schlafsack.

Das Frühstück dauert heute Morgen sehr lange. Zwar sind die Temperaturen alles andere als gemütlich, doch genieße ich es richtig, mit Anne endlich wieder zusammen Kaffee trinken zu können. Da merkt man erst, was einem die ganze Zeit so alles abgegangen ist.

Wir quatschen über alle möglichen Dinge, die in Deutschland während der letzten beiden Monate passiert sind. Anne erzählt, dass mich zu Hause viele unserer Freunde und Bekannten beneiden. Ach guck an. In der Vorbereitungsphase zu meiner Reise hatten mich die meisten für bekloppt erklärt. Und jetzt sind sie also neidisch. Ein halbes Jahr aussteigen und nichts tun, wie schön das doch wäre.

Wenn die wüssten. Denn die Vorstellung dieser Leute geht an der Realität ganz schön vorbei. In ihren Köpfen schwebt das Bild, dass eine solche Reise vergleichbar ist mit einem Mallorca-Aufenthalt. Man legt sich morgens an den Strand, döst dort den ganzen Tag herum und macht abends ordentlich einen drauf.

Doch damit hat eine sechsmonatige Motorradtour durch Südamerika wenig zu tun. Man muss sich genauso mit alltäglichen Problemen herumschlagen wie zu Hause. Nur sind die oft ganz anderer Natur.

Was in Deutschland selbstverständlich ist, kann auf den Pisten Argentiniens zum großen Problem werden. Zum Beispiel die Wasserversorgung. Ab und zu hatten wir wirkliche Engpässe. Daheim dreht man mal kurz den Hahn auf. In der Weite Patagoniens geht das nicht. Dort gibt es oft tagelang kein Frischwasser. Noch extremer ist es in der Atacama-Wüste im Norden Chiles. Wir werden sie in den nächsten Wochen durchqueren. Dieser Landstrich gilt als eine der trockensten Gegenden der Welt. Wasser? Fehlanzeige.

Das ganz große Plus einer Halbjahres-Auszeit in Südamerika ist natürlich die grenzenlose Freiheit. Persönlich und geografisch. Man ist in der Tat völlig frei in seinen Entscheidungen. Ob man nun morgens sein Motorrad packt und weiterfährt oder einfach noch einen Tag bleibt, ist völlig egal. Entschieden wird nach Lust und Laune. Es gibt keine äußeren Zwänge wie Bürozeiten, Mittagspausen oder Anwesenheitspflichten.

Aber auch ein Leben unterwegs ist nicht vollkommen frei von Routine. So verlangen die Motorräder stets ein wachsames Auge, ständige Kontroll- und Wartungsarbeiten, und fast jeden Abend gibt es irgendetwas an ihnen zu basteln.

Auch die Campingausrüstung wird allmählich mürbe. Viele Ausrüstungsgegenstände haben nach ein bis zwei Monaten täglicher Benutzung ihr Haltbarkeitsdatum erreicht. Improvisation ist deshalb unser täglicher Begleiter. Umso gespannter sind wir deshalb auf Annes Wundertüte, aus der sie nacheinander die von uns bestellten und lang ersehnten Dinge herauszieht. Für Birgit und Jo: Mum-Deo, Tampons, Mousse au Chocolat (3 Packungen), Ritter-Sport Nougat (4 Tafeln), Kräuter. Für mich: ein neuer Kocher, 3 Knöpfe, Ersatzgenerator, Pumpenleder (3 Stück), Dschungel-Deo, Teller, Kettenrollen, Rei in der Tube (2 Tuben), Fahrradtacho, Filme.

Der Kaffee ist inzwischen kalt, und es wird Zeit, in die Stadt zu fahren. Weihnachten ist schließlich ein besonderes Fest, und da soll es auch etwas ganz Feines zum Abendessen geben. Wir sind uns schnell darüber einig, dass Spaghetti - in welcher Form auch immer - heute Abend nicht in den Kochtopf kommen wird. Jetzt, wo Anne mir einen neuen Kocher mitgebracht hat, sind wir sogar in der Lage, ein mehrgängiges Menü zuzubereiten. Mit zwei Kochern und fünf Töpfen kann man schon etwas ganz Nettess zaubern. Schnell stellen wir die Speisefolge zusammen: Als Vorspeise gemischter Salat, dann Eintopf mit Hackfleisch, Knoblauch, Zwiebeln, Paprika, Möhren, Süßkartoffeln und Kürbis. Zum Schluss Mousse au Chocolat - aus Deutschland eingeflogen. Also auf zum großen Einkauf.

In ganz Argentinien ist das Einkaufen kein Problem. Es gibt

viele große Supermärkte nach amerikanischem Vorbild mit einem gigantischen Sortiment. Schlechter sieht es hingegen in Chiles Süden aus. Aber auch dort sind Gemüse und Obst überall reichlich zu bekommen. In ganz Südamerika ist Rindfleisch sehr gut und sehr günstig. Schwein gibt es hingegen fast nirgends. Außer Pfeffer, Oregano und süßem Paprika sehen wir selten andere Gewürze. Dill ist zum Beispiel völlig unbekannt. Argentinischer Kaffee schmeckt phantastisch, während man in Chile meist nur Nescafé mit Trockenmilch serviert bekommt.

In der Stadt läuft uns »Luigi«, der kleine Italiener mit dem großen Motorrad, über den Weg. Er hat sich in einem der Hostels einquartiert, um - wie er sagt - »näher am Geschehen zu sein«. Luigi hat schon mehrere Biker in der Stadt getroffen und erfahren, dass morgen Abend am Zeltplatz des Rugby-Clubs eine Traveller-Fete steigen soll. Na, wir werden uns überraschen lassen, ob es doch noch ein Biker-Treffen in der südlichsten Stadt der Welt gibt.

In Ushuaia ist mehr denn je der Teufel los. Die Geschäfte sind rappelvoll. Auch am Ende der Welt unterscheiden sich die Weihnachtsnöte und -gebräuche nur wenig von denen in Mitteleuropa. Ratlose Menschen, die noch verzweifelt nach dem letzten Geschenk suchen, hetzen durch die Straßen. Derselbe Wahnsinn wie in Deutschland.

Wir erledigen unsere Einkäufe und machen uns wieder auf in Richtung Zeltplatz. Es ist mittlerweile später Nachmittag, und es wird Zeit, mit den Vorbereitungen für das Essen zu beginnen.

Mir wird bewusst, wie sehr ich die Abgeschiedenheit am Rio Pipo schätze. Im hektischen Ushuaia habe ich deutlich gemerkt, wie schwer es mir mittlerweile fällt, unter Menschen zu sein. So sehr habe ich mich daran gewöhnt, nur ganz wenige Leute um mich herum und jede Menge Platz für mich selbst zu haben. Volle Straßen, Menschenmassen, geschlossene Räume - das alles kann ich nur schwer ertragen. Meine Augen kennen nichts anderes als den freien Horizont. Ist der versperrt, wird mir unwohl.

Zum ersten Mal spüre ich ganz deutlich, dass die Reise mich verändert hat. Vielleicht habe ich diese Wandlung auch erst jetzt richtig wahrgenommen, weil Ushuaia der geografische Wendepunkt der Tour ist. Von hier aus geht es wieder zurück. Rein theoretisch bin ich, wenn ich die Stadt verlasse, wieder auf dem Weg nach Hause. An diesen Gedanken kann ich mich nur sehr schwer gewöhnen. Andererseits ist jetzt, wo Anne da ist, ein Stück Vertrautheit zurückgekehrt, das ich tief in meinem Herzen die ganze Zeit vermisst habe. Es tut so gut, den Menschen, den man liebt, wieder um sich zu haben. Die nächsten Wochen werden zeigen, in welche Richtung sich meine Gefühle weiterentwickeln werden. Ob ich am Ende dieser Reise gerne wieder zurückfliege oder ob das große Heulen kommt.

Doch zunächst gilt es, weit profanere Dinge zu regeln. Zum Beispiel das Problem, dass ich nicht die geringste Ahnung habe, wie die gesamte Ausrüstung plus zwei Personen auf der Ténéré Platz finden sollen. Während ich das Gemüse für unser Weihnachts-Menü schnipple, stelle ich mir die Ténéré als Möbelwagen vor. Zwar gilt der Deal mit Jo und Birgit immer noch, dass sie einen Teil meines Gepäcks auf ihren Maschinen transportieren. Dennoch ist mir nicht wohl in meiner Haut.

Schließlich ist das Essen fertig, und meine Gedanken konzentrieren sich wieder auf Weihnachten. Jetzt können wir zum gemütlichen Teil des Abends übergehen. Wobei der Begriff gemütlich relativ ist. Die Temperaturen sind wieder empfindlich in den Keller gefallen, und wir zünden ein möglichst großes Lagerfeuer an.

Nach dem Festessen ist Bescherung. Große Überraschung: Anne hat für jeden kleine Geschenke mitgebracht. Jeder bekommt unter anderem ein T-Shirt, auf dem die Reiseroute aufgedruckt ist.

Spät am Abend kommt noch einer der Auto-Traveller zu uns herüber. Er hat sich eine Nikolausmütze besorgt, spaziert über den Zeltplatz und verteilt als Weihnachtsmann Bonbons. Er setzt sich zu uns ans Feuer und steuert zur Weihnachtsplauderei einige ganz interessante Stories bei. Die Jungs in ihren Allradfahrzeugen haben ja oft mit ganz anderen Problemen zu kämpfen als wir Motorradfahrer.

Die Temperatur ist es, die dieses Gespräch unterbricht. Obwohl laut Kalender Hochsommer sein muss, verschwindet die Quecksilbersäule regelmäßig im Minusbereich. Es friert. Auf den Zelten liegt schon eine hauchdünne Eisschicht. Also nichts wie ab in die mollig warmen Schlafsäcke.

Der nächste Tag besteht im Prinzip aus der Suche nach Feuerholz und aus dem Kochen von Tee. Wir lassen die Weihnachtsfeiertage relaxt angehen. Die Camper auf dem Platz am Rio Pipo besuchen sich gegenseitig, und man trinkt die eine oder andere Tasse zusammen.

Gegen Abend wollen wir nachsehen, was denn nun aus dem berühmten Motorrad-Treffen geworden ist. Angeblich soll es jede Weihnachten in Ushuaia stattfinden. Und Kollege Luigi hatte ja bereits etwas in der Richtung angekündigt. Wir sind überrascht, wie viele Motorradfahrer tatsächlich gekommen sind: Mit uns haben sich 15 Motorrad-Fernreisende auf dem Campingplatz des Rugby-Clubs versammelt. Nicht schlecht.

Sogar Greg Frazier, Motorradjournalist aus den USA, ist extra für dieses Treffen nach Ushuaia gefahren. Ich hatte Greg im Frühjahr auf einem Motorradtreffen in Deutschland kennengelernt. Dort hatten wir uns mehr zum Spaß zu Weihnachten in Ushuaia verabredet. Nie hätte ich geglaubt, dass Greg tatsächlich hier eintreffen würde. Zwei Monate brauchte er für die Anfahrt aus den Wäldern Montanas nach Ushuaia.

Die Stimmung ist großartig, und die Unterhaltungen ziehen sich in die Länge. Erst gegen Mitternacht poltern wir mit unseren Motorrädern über die schlaglochgespickte Piste durch den Nationalpark zurück zu unseren Zelten. Ich mache mir ein wenig Sorgen, denn die Ténéré muss bereits auf diesem relativ kurzen Teilstück viel einstecken. Jeden Schlag spüren Anne und ich im Kreuz. Und bis jetzt sitzen ja nur wir beide auf der

Maschine. Wie soll das erst werden, wenn ab morgen noch an die 60 Kilogramm Gepäck dazukommen? Diese Last wird das Handling und die Fahreigenschaften der Ténéré sicherlich nicht verbessern. Man wird sehen.

Morgens ist Toilette in freier Natur angesagt. Ich wasche mich im eiskalten Wasser des Rio Pipo. Es gibt keine sanitären Anlagen, aber das stört mich nicht. Ich bin glücklich.

Wir fahren in die Stadt und setzen uns gemütlich in ein Café. Danach suchen wir einen Optiker, der Andreas' gebrochene Brille löten kann. Anschließend einkaufen und Rückfahrt. Es fängt wieder an zu regnen. Wir sammeln Feuerholz. Dann wird geduscht: Wasser warm machen, mit kaltem Wasser mischen, alles in den Duschsack leeren, diesen an einem Baum aufhängen und duschen. Zuerst ist mir mächtig kalt, doch schnell wird es herrlich warm.

Weihnachts-Essen. Schmeckt lecker. Hinterher Gruppenfoto mit den anderen Travellern auf dem Platz. Es ist windig und regnet immer noch. Nachts schneit es. Aber Andreas fungiert als Wärmflasche perfekt.

Tags darauf hat es aufgehört zu regnen. Eine Haarwäsche für mich, eine Dusche für Andreas. Erzählen, aufräumen, gammeln. Es gibt Spaghetti zu essen. Die anderen verdrehen die Augen, mir schmecken sie prima. Bis 23.00 Uhr sitzen wir am Lagerfeuer. Es hat noch 7 Grad Celcius. Was freue ich mich auf meinen Schlafsack.

Kapitel 7

Risiko auf der Brücke

»Risiko: Ein Wagnis oder eine Gefahr.
Ein Unternehmen, bei dem Verlust droht.«

Abreise. Zumindest ist sie für heute geplant. Jo legt schon morgens eine betriebsame Hektik an den Tag. Kein Zweifel - er will raus aus Ushuaia. Doch so einfach ist die Sache nicht. Gegen Mittag kommen nämlich noch einmal alle Ushuaia-Motorradfahrer zu unserem Campingplatz am Rio Pipo. Tee wird aufgesetzt, und für uns ist schnell klar, dass sich die Abfahrt Richtung Norden um einen Tag verschieben wird.

So haben Anne und ich Gelegenheit, unsere Sachen penibel einzupacken und nach einem ausgeklügelten System auf die drei Motorräder zu verteilen.

Der Tag ist nochmals von Ruhe und Gemütlichkeit geprägt. Ich genieße diese Stunden und vergesse die Sorgen, die ich mir um Anne und um die hoffnungslos überladene Ténéré mache. Ich bin mir alles andere als sicher, ob sich diese ganze Fuhre auf den patagonischen Pisten überhaupt fahren lässt. Ich lasse mir jedoch nichts anmerken und verbreite Optimismus.

Es gibt einige ungläubige Gesichter, als wir uns am nächsten Morgen von den anderen Motorradfahrern in Ushuaia verabschieden. Unsere drei Maschinen sind turmhoch bepackt. Der Begriff »Worldwide Movers«, ein Werbeslogan einer Spedition, macht die Runde. Selbst Astrid und Daniel können sich einen Kommentar zu unseren Zweirad-Lkws nicht verkneifen. Greg, der amerikanische Motorradjournalist, fragt nach, ob wir in Deutschland gerade umziehen würden und bei dieser Gelegenheit einen Abstecher nach Südamerika gemacht hätten. Ha, ha.

Wir nehmen diese Spötteleien gelassen hin - nur keine Schwäche zeigen.

Fast zwei Stunden dauert die Abschiedszeremonie, die uns noch einmal durch die ganze Stadt führt. Es gibt einige feuchte Augen. Schade, die meisten Traveller werden wir auf dieser Reise wohl nicht mehr treffen.

On the road again. In Gedanken überschlage ich, dass ich von nun an rund eine halbe Tonne Gewicht auf zwei Rädern durch Südamerika bewegen muss. Auf den ersten Kilometern Asphalt teste ich die Manövrierfähigkeit der Yamaha. Geht eigentlich ganz gut. In groben Zügen lässt sich die gewünschte Richtung ungefähr ansteuern. Rasche Ausweichmanöver vor plötzlich auftretenden Schlaglöchern kann ich jedoch vergessen.

Jo und Birgit haben je eine Gepäckrolle von uns übernommen. Jo kommt gut mit dem Übergepäck zurecht, Birgit steht der Sache noch etwas skeptisch gegenüber. Hoffentlich geht alles gut.

Einige Kilometer hinter der Stadtgrenze bekommen die Reifen Kontakt mit Schotter. Jetzt wird es ernst. Konnte ich bisher das Tempo von Birgit und Jo locker mitgehen, muss ich auf dem losen Untergrund die Geschwindigkeit nun doch stark zurücknehmen. Mehr als 50 Kilometer pro Stunde sind nicht drin. Mein Blick klebt an der Pistenoberfläche, damit mir ja keine Unebenheit entgeht. Dennoch kann ich nicht allen Schlaglöchern ausweichen. Immer wieder rüttelt ein heftiger Stoß Menschen und Maschine kräftig durch. Irgendwann sehen wir dann wieder weiße Linien in der Mitte der Straße. Der Asphalt hat uns wieder, und dort lässt sich die Maschine relativ sicher steuern.

Der schwierigste Teil kommt jedoch noch: Morgen steht uns die über 180 Kilometer lange Schotterstrecke von San Sebastian nach Porvenir bevor. Von dort aus geht gegen 14 Uhr die Fähre nach Punta Arenas. Das ist verdammt knapp. Mit dem überladenen Motorrad wird das eine Fahrt gegen die Uhr.

Heute ist Abreisetag. Nach dem Frühstück geht es ans Packen. Aber hallo! Auf dem Motorrad wird es ganz schön eng. Nochmal tanken in Ushuaia, dann ab auf die Piste. Es regnet schon wieder. Aber ich darf nicht ungerecht sein: Wir hatten immerhin schon einen ganzen Vormittag Sonne!

Schnell ist mir ziemlich kalt. Obwohl ich dick eingemummt bin. Ich sitze sehr ungemütlich. Die Ténéré schlägt die ganze Zeit durch, und mir tun jetzt schon die Knie weh.

Dementsprechend früh sind wir am nächsten Morgen aus den Federn. Mit der Routine, die ich mir in den letzten Wochen beim Packen angeeignet habe, ist es zunächst einmal vorbei. Denn jetzt, wo Anne mitfährt, müssen verschiedene Dinge am Motorrad neu platziert werden. So dauert es eine ganze Weile, bis wir auf der Straße sind.

Bis zur Grenze nach Chile ist der Weg noch asphaltiert. Dort warten die Zöllner mit einer kleinen Überraschung auf: Die Chilenen verlangen von jedem 10 Dollar. Wir möchten wissen, warum sie plötzlich »Eintrittsgeld« für ihr Land fordern. Der Grund ist so idiotisch wie einfach: Wer an einem Sonntag in Chile ein- oder ausreist, muss einen Feiertagszuschlag bezahlen. Die chilenische Art der Gehaltsaufbesserung. Die Zöllner lassen sich auf keine Diskussion ein - schließlich ist es ihr Geld. Sie bestehen darauf, dass jeder von uns seinen Obolus entrichtet, bevor wir die Grenze passieren dürfen.

Die Zeit drängt. Nun beginnt der heikelste Teil dieser Tagesetappe. Noch knapp drei Stunden bleiben mir, um die 180 Kilometer nach Porvenir zu bewältigen. Mit feuchten Händen treibe ich die schwere Ténéré über die Piste. Erst 60 km/h, dann 70 km/h, und schließlich traue ich mich an die 80er-Marke heran.

Dieser Wagemut rächt sich schnell. Das plötzlich auftauchende Schlagloch kommt viel zu schnell näher, und meine hastigen Versuche, die Geschwindigkeit zu verringern, zeigen kaum Wirkung. Das Motorrad hat im Augenblick den Bremsweg eines Supertankers.

Also Augen zu und durch. Es gibt einen gewaltigen Schlag, der die Maschine mächtig durcheinanderschüttelt. Anne setzt sofort einen zweiten hinterher und gibt mir deutlich zu verstehen, vorsichtiger zu fahren. Sie bekommt auf dem Soziusplatz sämtliche Bodenunebenheiten viel intensiver und direkter mit als ich. Zudem sitzt sie eingezwängt zwischen mir und dem Gepäck und ist zur Bewegungsunfähigkeit verdammt. Also gut. Für die nächsten Kilometer probiere ich es wieder mit 60 km/h.

Jo und Birgit sind längst nicht mehr zu sehen. Meine Augen wandern ständig zwischen Piste, Kilometerzähler und Uhr hin und her. Wollen wir die Fähre nach Punta Arenas erreichen, muss ich Gas geben. Irgendwann bin ich wieder auf 80 Sachen. Hoffentlich sieht Anne das nicht. Ich konzentriere mich und versuche, den Löchern rechtzeitig auszuweichen, was mir etwa jedes zweite Mal gelingt. Kein schlechter Schnitt, aber für Anne ist es die Hölle.

Sie hat inzwischen wohl resigniert, denn es hagelt von hinten keine Boxhiebe mehr. Stumm erträgt sie diese Tortur. Wegen des Zeitdrucks machen wir kaum Pausen. Dann und wann warten Birgit und Jo auf uns, um nach dem Rechten zu sehen. Doch schon nach wenigen Kilometern sind sie wieder außer Sichtweite. Nur ihre Staubfahnen, die sich im Wind rasch verflüchtigen, bekomme ich ab und an zu Gesicht.

Am Hafen die große Ernüchterung: Alle Bemühungen waren unnötig. Wir erreichen Porvenir zwar vor 14 Uhr, doch der junge Mann am Ticketschalter eröffnet uns, dass die Fähre nach Punta Arenas erst um 17 Uhr ablegt. Die ganze Hektik hat sich nicht gelohnt. Ich bin ziemlich knatschig und untersuche die XT nach Blessuren. Glücklicherweise hat die Maschine keinen Schaden erlitten.

Aber auch die Abfahrtszeit von 17 Uhr entpuppt sich nur als ein vager Hinweis der Reederei. Das Schiff könnte um diese Zeit nach Punta Arenas ablegen - mehr heißt das nicht. Und in der Tat dauert es noch eine weitere Stunde, bis sich die Fähre endlich anschickt, die Magellanstraße zu überqueren.

Die Überfahrt vollzieht sich bei heftigem Seegang und verlangt von den Passagieren eine ordentliche Portion Seetüchtigkeit. So eine Seefahrt ist nicht immer lustig. Gegen 20 Uhr kommen wir in Punta Arenas an. Es ist zwar schon spät, doch in Punta Arenas wollen wir nicht bleiben. Deshalb starten wir gleich durch. Ziel ist die Pinguin-Kolonie an einem Fjord mit dem Namen Seño Otway.

Der Wind hat aufgefrischt. Nach einigen Kilometern zweigt ein Weg zur Kolonie nach Westen ab. Jetzt bläst uns die frische Brise direkt ins Gesicht. Die Piste wird zunehmend schlechter und meine Probleme, das Motorrad auf Kurs zu halten, werden immer größer.

Der Weg zieht sich endlos in die Länge. Ein Ende ist nicht in Sicht. Aber keiner von uns denkt daran, jetzt anzuhalten, die Zelte aufzubauen und morgen Früh weiterzufahren. Jeder spürt den Drang, das gesteckte Ziel doch noch vor Einbruch der Dunkelheit zu erreichen. Eine Art Ehrgeiz befällt uns. Wie immer in solchen Situationen. Eigentlich hasse ich solche Aktionen. Wir gehen dabei Risiken ein, nur um irgendeinen vorher fixierten Punkt zu erreichen. Objektiv gesehen Blödsinn. Aber hier siegt einfach mal wieder der Bauch über den Verstand.

Der Weg wird immer schlechter. Es ist schon reichlich spät, und keiner von uns hat die geringste Ahnung, wie weit es noch zu unserem Ziel ist. Ich verspüre ein schreckliches Bedürfnis nach Ruhe. Einfach vom Moped steigen, das Zelt aufbauen und mit einer Tasse Tee den Tag beschließen.

Als die Sonne schon lange hinter dem Horizont verschwunden ist, erreichen wir endlich die kleine Hütte, in der der Park-Ranger lebt. Wir staunen nicht schlecht, als uns ein herbeieilender junger Mann in astreinem Deutsch begrüßt. Er ist Praktikant und hilft den Rangern bei wissenschaftlichen Untersuchungen. Dieses Projekt wird von Deutschland aus unterstützt, und so sitzt dieser deutsche Student nun mitten in der südamerikanischen Einöde.

Die Freude des jungen Mannes ist groß, endlich mal wieder in seiner Muttersprache reden zu können. Wir glauben das gerne. Die Kolonie am Seño Otway ist ein unglaublich einsamer Ort, und nur wenige Besucher verirren sich hierher. Die meisten Reisenden zieht es nach Punta Tombo zur argentinischen Küste.

Da das Übernachtungsproblem aber noch nicht endgültig gelöst ist, bleibt uns nur wenig Zeit für ein Gespräch. Zelten ist innerhalb der Kolonie strengstens verboten, und so müssen wir einen Platz außerhalb suchen. Im Stockfinsteren ziehe ich die Zeltleinen fest. Der Wind ist noch stärker geworden und zerrt kräftig an der Stoffbehausung. Morgen werden wir den Pinguinen einen Besuch abstatten. Anne freut sich besonders darauf, denn wir haben ihr viel von unseren Erlebnissen mit diesen Tieren in Punta Tombo und Cabo dos Bahias erzählt.

Der nächste Vormittag gehört deshalb einzig und allein den Pinguinen. Stundenlang laufen wir durch die Kolonie. Es ist klar zu erkennen, dass die Tiere hier bei weitem nicht so an den Menschen gewöhnt sind. Wo wir auch auftauchen, machen sie stets einen großen Bogen um uns herum. Manchmal nehmen sie dabei ziemliche Strapazen auf sich.

Um 6.15 Uhr stehen wir auf. Heute ist viel Motorradfahren angesagt. Wir müssen die Fähre in Porvenir erreichen und wissen nicht genau, wann sie fährt. 14.00 oder 17.00 Uhr? Die Fahrt dorthin ist eine einzige Tortur. Staubig, buckelig und unendlich lang. Jetzt schmerzt mein Hintern mehr als meine Knie.

Die Überfahrt zum Festland ist eine stürmische Sache. Mir wird kotzübel. Unter Deck kann ich nicht bleiben. Von den 2 1/2 Stunden Fahrt verbringe ich 2 Stunden frierend an Deck. Aber so geht es wenigstens.

Die Piste zu den Pinguinen scheint nicht mehr aufzuhören. Seitenwind und Schlaglöcher erschweren Andreas die Fahrt erheblich. Völlig verstaubt kommen wir an. Von der langen Fahrt geschafft, hat keiner mehr Lust zu kochen. Tee, ein paar Kekse, dann fallen wir todmüde in die Schlafsäcke.

Nach einer fürchterlich kalten Nacht schauen wir uns die Pinguine an. Süße Tierchen, könnte man fast mitnehmen.

Es ist ungemütlich am Seño Otway, stürmisch und kalt, und wir machen uns deshalb bald auf den Weg nach Puerto Natales. Der gefürchtete Wind kommt dieses Mal aus Südwesten, und wir haben ihn während der gesamten Fahrt im Rücken. Was für eine Wohltat. Ich kann es kaum glauben. Auch die Schotterpiste hatte ich schlimmer in Erinnerung. Es ist schon ein Unterschied, ob man sich ausgeruht oder gestresst auf eine solche Etappe begibt. Die Fahrt auf der schmalen Fahrbahn macht sogar richtig Spaß. Ich fahre im fünften Gang und habe den Gasgriff nur minimal geöffnet. Trotzdem schießt die Ténéré mit fast 90 Stundenkilometer Puerto Natales entgegen.

In der Stadt bleiben wir nur so lange, bis unsere Vorräte aufgefüllt sind, dann zieht es uns weiter zum Torres del Paine Nationalpark. Diesen wunderschönen Park wollen wir Anne natürlich nicht vorenthalten. Außerdem können wir uns keinen schöneren Platz vorstellen, um Silvester zu feiern.

Tags darauf fahren wir zur Cueva del Milodón. Vor 100 Jahren fand man in dieser Höhle mitten im Silla del Diabolo-Gebirge (zu deutsch: Teufelssitz) die Überreste eines vier Meter großen Riesenfaultiers. Das Einzigartige an diesem Fund ist, dass das Riesenfaultier schon seit Millionen von Jahren ausgestorben ist. Kann der Originalfund in einem Londoner Museum bestaunt werden, muss sich der Besucher vor Ort leider mit einer Nachbildung begnügen.

Der Guarda Parque, ein netter älterer Herr, freut sich über unseren Besuch. Er interessiert sich für die Motorräder und ist unermüdlich dabei, uns in das Zeitalter der Dinosaurier einzuweihen. Er beklagt sich über das relativ geringe Interesse der Besucher an diesem Ort. Die meisten Reisenden zieht es direkt in den Torres del Paine. Vermutlich liegt die Höhle einfach zu weit von der Hauptroute entfernt. Dabei könne man, behauptet der Guarda, direkt von hier aus ohne Umweg über Argentinien zum Torres del Paine fahren. Wir horchen auf. Das klingt interessant. Der Weg, so der Ranger weiter, sei kein Problem. Die Brücke über den Rio Serrano sei sogar für Autos ohne Probleme zu befahren.

Gerade von dieser Brücke haben wir aber in den letzten Wochen ganz andere Geschichten gehört. Sie sei nur noch eine Ruine und absolut baufällig. Eine Überquerung sei völlig unmöglich. So hieß es. Auch Astrid und Daniel hatten versucht, die Brücke zu passieren. Sie waren der Meinung, dass dies ein aussichtsloses Unternehmen sei.

Birgit hakt beim Ranger noch einmal nach. Doch der versichert uns standhaft, dass es keine Schwierigkeiten geben würde, da ja auch Autos drüberfahren würden. Für unsere Motorräder sei das dann doch wohl kein Problem. Wir sind unsicher. Vielleicht hatten sich Astrid und Daniel vertan und eine ganz andere Brücke gemeint? Das Thema lässt uns jedenfalls nicht mehr los und beschäftigt uns den ganzen Abend.

Wir haben in Südamerika gelernt, mit den Aussagen der Menschen vorsichtig umzugehen. Um nicht unhöflich zu erscheinen, erzählen einem viele Einheimische das Blaue vom Himmel. Obwohl sie keine Ahnung haben. Sie meinen das natürlich nicht böse, sondern wollen einfach nur helfen. Aber irgendwie erscheint uns der Guarda Parque glaubwürdig. Die Natur hier draußen ist sein zu Hause, und wir denken nicht, dass uns der Mann irgendwelche Geschichten erzählt.

Um ganz sicher zu gehen, nehmen wir ihn am nächsten Morgen noch einmal ins Gebet. Er hat inzwischen Besuch bekommen. Zu zweit sitzen sie in dem kleinen Büro, das vollgestopft ist mit Relikten aus der Umgebung: Steine, Äste, Gräser, Pflanzen, präparierte Tiere. Es herrscht ein gemütliches Chaos. Die beiden Männer trinken Mate-Tee. Da fällt es uns wieder ein: Der Mate-Tee und das ganze Tamtam darum! Dieses Zeremoniell haben wir komischerweise schon eine Ewigkeit nicht mehr beobachtet. Doch die beiden klären uns auf: Hier unten im

Süden sei Mate nicht so verbreitet wie im Norden Chiles und Argentiniens, wo es zum Leben gehört wie das Atmen.

Unser Ranger gießt für alle nochmals eine Runde Mate auf, bevor er versichert, dass die Brücke über den Rio Serrano wirklich intakt sei. Auch der andere Ranger stimmt ihm zu. Ehrlich, die Fahrt zum Torres del Paine sei ein Kinderspiel, die Straße in gutem Zustand und die Brücke intakt. Na gut, eure Worte in Gottes Ohr.

Bevor wir Abschied nehmen, erinnert er uns daran, dass wir uns im Nationalpark bei seinem Kollegen melden sollen, um den Eintritt zu zahlen. Denn an der Brücke gebe es keine Station. Wir nicken brav und versprechen es ihm.

In Puerto Natales verarzte ich erst mal die Blasen, die ich mir in den Motorradstiefeln bei der Wanderung durch den Pinguin-Park geholt habe. Zum Teil extrem große Dinger.

Nach einigen leckeren Empanadas geht es weiter zum Zeltplatz an der Cueva del Milodón. Der Ranger dort ist sehr freundlich und gibt uns einen Tipp, wie wir schneller zum Nationalpark kommen. Zelt aufbauen, Feuer machen, Suppe kochen. Nach vier Tagen gibt es wieder eine Haarwäsche. Meine Blasen sind schlimmer geworden. Das rohe Fleisch ist zu sehen.

So richtig wohl ist mir nicht, als wir uns zu früher Uhrzeit auf den Weg machen. Doch die ersten Kilometer sprechen für den Guarda Parque. Meine Zuversicht wächst, je länger wir fahren. Erspart uns diese Abkürzung doch einen Umweg von fast 300 Kilometern. Wir halten an und beratschlagen uns. Weiterfahren oder nicht? Die Piste sieht gut aus, und wir scheinen nicht die einzigen zu sein, die diese Strecke nutzen. Die Reifenspuren, die uns begleiten, sind frisch, und der Weg ist in einem erstaunlich guten Zustand. Also weiter.

Gut gelaunt und in der Gewissheit, die richtige Entscheidung getroffen zu haben, fahren wir dem Nationalpark entgegen. Die 90 Kilometer lange Piste zum Ziel dürfte keine Probleme bereiten, und die Brücken-Abkürzung wird uns einen Extratag im Paine verschaffen. In nicht einmal zwei Stunden werde ich mit Anne vor dem Zelt sitzen und über den Lago Pehoe hinweg zu den Quernos schauen.

Aber die Dinge laufen selten so glatt, wie sie auf den ersten Blick erscheinen. Ein abgeschlossenes Viehgatter versperrt uns den Weg. Keine Chance, den Zaun zu umgehen, der sich auf der einen Seite bis zum Horizont erstreckt und auf der anderen Seite an der Estancia endet, die 300 Meter abseits der Piste liegt.

Jetzt wieder zurückfahren? Das will keiner von uns. Birgit fährt also kurz entschlossen mit ihrer BMW zu den Häusern, um dort nach dem Schlüssel zu fragen. Schon nach wenigen Minuten kommt sie zurück und hält das Objekt der Begierde in der Hand. Das Zurückbringen dauert etwas länger, da Birgits Motorrad nun auf der anderen Seite des abgeschlossenen Tores steht und der Weg von ihr zu Fuß zurückgelegt werden muss.

Ab jetzt ändern sich die Streckenbedingungen zu unseren Ungunsten. Die Piste wird zunehmend schlechter. Tiefe Schlaglöcher und steile Anstiege machen der Ténéré zu schaffen. Mehrere Male muss Anne absteigen und einzelne Passagen zu Fuß gehen.

Unterwegs stoßen wir auf ein Pärchen aus Holland. Marianne und Jan sind mit Fahrrädern in Patagonien unterwegs. Für sie war das verschlossene Viehgatter kein großes Hindernis - sie haben ihre Fahrräder einfach darüber gehoben. Sie freuen sich riesig, auf dieser einsamen Piste lebendigen Menschen zu begegnen. Allerdings können auch sie keine Angaben über den Zustand der Brücke machen. Jan hofft aber, dass wenigstens Fahrräder den Fluss passieren können. Denn irgendwie müssen sie rüber, da sie für einen Rückweg zu wenig Proviant haben. Sie sind erleichtert zu hören, dass die Brücke im guten Zustand sein soll.

Wir unterhalten uns noch ein wenig und verabschieden uns dann mit der Gewissheit auf ein baldiges Wiedersehen - entweder im Torres del Paine oder auf unserem Weg zurück. Doch im

Grunde sind wir alle sehr zuversichtlich, dass es einen Weg über den Fluss gibt. Keiner von uns glaubt, dass der alte Ranger Unsinn erzählt hat. Morgen werden wir Marianne und Jan sicherlich im Nationalpark wiedersehen, da die beiden nicht glauben, es heute noch mit ihren Fahrrädern bis zum Park zu schaffen.

Die Piste wird nun immer schlechter, und Anne muss immer häufiger zu Fuß gehen. Einige Passagen sind wahre Kletterpartien. Wir beide kommen nur noch langsam voran. Birgit und Jo haben als Alleinfahrer natürlich weniger Probleme.

Je näher wir der Brücke kommen, desto größer wird meine Nervosität. Ich habe absolut keinen Bock, diese ganze vedammte Strecke wieder zurückzufahren und danach noch den Umweg über Chile Chicco zu machen. Das würde nämlich bedeuten, dass wir erst morgen Abend im Nationalpark ankommen würden. Außerdem - wenn ich daran denke, dass ich die ganzen Steilstücke dieser Etappe nun wieder hinabfahren muss ... Nein danke.

Endlich - nach fast 70 Kilometern und 4 Stunden Fahrzeit - haben Anne und ich die ominöse Brücke erreicht. Birgit läuft uns schon ganz aufgeregt entgegen. »Au weia«, sind die einzigen Worte, die sie über die Lippen bringt.

Ich lasse das Motorrad noch einige Meter bis zur Brücke rollen. Dann verstehe ich, was Birgit mit »Au weia« meint. Der Zustand der Brücke ist ein Hammer. Der alte Ranger muss in frühester Jugend zum letzten Mal hier gewesen sein. Autos können auf gar keinen Fall in letzter Zeit über dieses verfallene Bauwerk gefahren sein. Die Holzkonstruktion steht wohl nur noch aus purer Gewohnheit im Wasser. Vielleicht hat sie auch einfach nur vergessen, umzufallen. Aus statischer Sicht dürfte sie eigentlich schon lange nicht mehr stehen.

Morgens weckt mich die Sonne - so eine Überraschung. Schnelles Frühstück, beim Ranger Wasser holen, danach geht es los. Wegen der Brücke haben wir gemischte Gefühle.

Landschaftlich ist es hier einfach genial. Auf einem Hochplateau genießen wir die Aussicht.

Schließlich stehen wir vor der Brücke. Besser gesagt: Vor dem Hauch einer Brücke. Ob das gut geht?

Unmöglich, wir müssen umkehren, ist mein erster Gedanke. Dann inspizieren wir das Wrack. Die Grundpfeiler stehen zwar noch im Wasser, doch das war es auch schon. Zwischen den einzelnen Pfeilern ist nichts - gar nichts. Der Blick geht direkt nach unten ins Nass. Nur am rechten Rand liegen bis zum anderen Ufer zwei bis drei Bohlen nebeneinander. Für uns bleiben jetzt zwei Möglichkeiten: Entweder wir schieben unsere Motorräder über diesen 50 bis 60 Zentimeter schmalen Holzsteg, oder wir müssen umkehren, was einen Umweg von nun fast 400 Kilometern bedeutet.

Mehrere Male gehen wir über die Brücke. Mit Jo diskutiere ich die Festigkeit der einzelnen Bretter. Wie war das damals noch in den Statik-Vorlesungen? Zu lange her.

Einige der Bohlen machen nicht mehr den stabilsten Eindruck, und es ist fraglich, ob sie dem Gewicht eines Motorrades standhalten können. Auch der Spielraum zum Manövrieren ist begrenzt. Rutscht uns die Maschine weg, stürzt sie todsicher in den Fluss. Der ist an dieser Stelle zwei bis drei Meter tief und hat eine starke Strömung. Und liegt das Motorrad erst einmal im Bach, ist unsere Südamerika-Reise auf einen Schlag zu Ende. Denn alleine können wir keine unserer drei Maschinen aus dem Wasser ziehen.

Wir wissen nicht, was wir machen sollen. Der Gedanke, drei Motorräder über den schmalen Holzsteg zu balancieren, gefällt keinem von uns. Ebenso wenig die Vorstellung, den ganzen Weg wieder zurückzufahren. Nach einigem Hin und Her entscheidet dann der Bauch: Wir entschließen uns für die abenteuerliche Variante.

Nochmals inspizieren wir die Brücke, legen fest, über welche Bohlen wir die Motorräder schieben. Dabei gibt es nicht viele

Auswahlmöglichkeiten. Zuerst schleppen wir das ganze Gepäck ans andere Ufer. Taschen und Tankrucksäcke. Nur die Koffer lassen wir an den Motorrädern. Ich hege die leise Hoffnung, dass, falls eine Bohle unter dem Gewicht der Maschine brechen sollte, diese mit den Koffern an einem anderen Balken hängen bleiben würde. Doch dieser Gedanke dient eher der Beruhigung der Nerven als der Lösung unseres Transportproblems.

Dann ist es so weit. Zuerst bringen wir die drei Motorräder über den ersten, noch einigermaßen intakten Teil der Brücke auf eine kleine Insel mitten im Fluss. Diese ersten 30 Meter verlaufen unproblematisch, und wir schöpfen für die kommenden 70 Meter neuen Mut.

Jetzt beginnt der eigentliche Balance-Akt. Meine Ténéré macht den Anfang. Wir schieben sie äußerst behutsam auf die wackligen Bohlen. Jo steht vorn und achtet darauf, dass das Vorderrad die richtige Bohle im richtigen Moment trifft. Er dirigiert mich, während ich die Maschine lenke. Birgit steht am Heck und schiebt vorsichtig von hinten. Anne hat den leichtesten Job: Sie hält dieses Abenteuer mit meiner Kamera für die Nachwelt fest.

Vor allem für mich ist das Ganze eine heikle Angelegenheit. Ich muss nicht nur das Motorrad, sondern auch mich selbst im Gleichgewicht halten. Mit einem Fuß balanciere ich auf den Brettern, über die wir auch die Ténéré schieben. Mit dem anderen Fuß stehe ich auf den dicken Bohlen am äußersten Rand der Brücke. Dazwischen grinst mich der Abgrund an. Die dicken Randbohlen sind zudem einen halben Meter höher, so dass ich die XT nur humpelnd voranbringen kann.

Zentimeterweise geht es vorwärts. Der Schweiß fließt in Strömen. Das Motorrad ist zu meiner Seite geneigt, damit es bei einem eventuellen Gleichgewichtsverlust auf meine Seite fällt. Alle paar Meter brauche ich eine Pause. Es ist viel Muskelarbeit erforderlich, um den Einzylinder abzustützen und dabei selbst nicht das Gleichgewicht zu verlieren. So benötigen wir fast eine dreiviertel Stunde, dann endlich steht die Ténéré unversehrt und trocken am anderen Ufer. Ich bin erleichtert. Jo und Birgit hingegen sind nach wie vor ziemlich nervös, da ihre Maschinen noch auf der anderen Seite des Flusses warten.

Jetzt, wo wir gesehen haben, dass die Brücke über den Rio Serrano hält, kommt richtig Schwung in die Geschichte. Jos Honda ist als zweite Maschine an der Reihe. Wir haben die Rollen getauscht - er lenkt selbst, ich dirigiere ihn über die Bohlen, Anne schiebt von hinten. Dieses Mal geht es schneller. Wir kennen nun den Weg und wissen, welche Bretter zu nehmen sind.

Zum guten Schluss steht nur noch Birgits BMW auf der Insel. Das schwerste Motorrad haben wir uns für den Schluss aufgehoben. Könnte ja sein, dass der eine oder andere Balken doch etwas morsch ist. Birgit traut der Sache auch nicht so richtig und ist schon etwas blass im Gesicht. Aber die Balken halten, und schließlich steht auch die Gummikuh trocken am anderen Ufer.

Fast drei Stunden haben wir für die Aktion gebraucht und sind alle ziemlich erledigt. Körperlich und nervlich. Dabei waren nur knapp 100 Meter zurückzulegen. Nach dieser Aufregung gönnen wir uns erst einmal ein lange Pause. Die letzten 20 Kilometer bis zum Zeltplatz am Lago Pehoe sind dann das reinste Kinderspiel.

Am nächsten Morgen trudeln Marianne und Jan, die beiden Radfahrer aus Holland, auf dem Campingplatz ein. Jan hatte wenig Probleme, die Fahrräder über die Brücke zu bringen. 15 Minuten dauerte die Überquerung. Als er von unserer Aktion erfährt, fehlen ihm die Worte. Er will alles im Detail wissen. Denn irgendwie kann er es immer noch nicht glauben, dass wir es tatsächlich fertiggebracht haben, die drei dicken Motorräder über die schmalen Bohlen zu balancieren.

Zuerst bringen wir das Gepäck ans andere Ufer. Dann folgen die Motorräder. Zu dritt zerren wir sie über die Brücke. Einer zieht, einer lenkt, einer schiebt und einer fotografiert. Erst die Ténéré, dann die Dominator, zum Schluss die schwere Gum-

mikuh. Mein Adrenalinspiegel sinkt, als es endlich geschafft ist. Die anschließende Zigarettenpause haben wir uns verdient.

Wir sind happy. Auch weil wir auf diese Weise den Eintritt in den Park von 16 Dollars pro Person gespart haben. Wir sind ja quasi durch den Hintereingang gekommen.

Der Zeltplatz ist der Wahnsinn. Die drei haben nicht zuviel versprochen. Blick auf den See und die Gipfel. Und das alles bei strahlendem Sonnenschein. Endlich kann ich wieder eine heiße Dusche nehmen und die Wäsche waschen. Was für ein Tag!

Kapitel 8

Wind und Wellblech

»Wind: Durch unterschiedliche Temperaturen und Luftdrücke verursachte Luftströmung. Weht meistens vom Kalten ins Warme.«

Den Jahreswechsel im Torres del Paine genieße ich in vollen Zügen. Keine Böller oder Raketen, die die Ruhe dieses wunderschönen Ortes stören. Bis spät in die Nacht sitzen wir zusammen und erzählen Geschichten und Anekdoten von vergangenen Touren. Jan ist ein richtiger Meister darin. Zusammen mit seiner Marianne hat er auf dem Fahrrad schon Afrika durchquert und dabei eine Menge erlebt.

Auch den Neujahrstag lassen wir gemütlich vorübergehen. Der Torres del Paine zählt eben zu den Orten, an denen man gerne länger verweilt.

Für mich sind diese Ruhetage wichtig geworden, sehr wichtig sogar. Jetzt, wo Anne da ist, möchte ich mit ihr möglichst viel Zeit verbringen. Sicher, auf dem Motorrad sind wir ständig nah beisammen. Doch die Sitzbank der Ténéré ist ein wohl eher ungeeigneter Ort für Stunden der Zweisamkeit.

Ich stelle fest, dass sich bei mir erste Verschleißerscheinungen einstellen. Äußerlich sind sie nicht sichtbar - sie spielen sich vielmehr im Kopf ab. Ich habe gemerkt, dass auch eine solche Traumreise nicht frei von Routine ist. Viele Tage laufen nach dem gleichen Schema ab: Morgens zusammenpacken, den Tag über fahren und abends irgendwo wieder das Zelt aufbauen. Selbstverständlich sehen wir dazwischen großartige Landschaften, doch im Laufe der Zeit kommt einem alles irgendwie bekannt vor. Man sieht sich regelrecht satt.

Immer wieder habe ich Phasen, in denen ich ein wenig durchhänge. Solche Tiefpunkte unterwegs dürfte aber jeder Langzeitreisende erleben. »Ausgebrannt« nennt man dieses Phänomen in der Managersprache. Ich hätte allerdings nicht gedacht, dass sich solche Symptome auch auf einer Motorradreise zeigen.

Es erfordert daher etwas Disziplin, sich nicht völlig gehen zu lassen. Glücklicherweise werden diese Phasen nie zum Dauerzustand. Vielleicht liegt es im Augenblick auch daran, dass wir die Ruta 40 wieder Richtung Norden fahren, denselben Weg, den wir auch gekommen sind. Und jetzt fehlt mir das Neue, die Herausfordergung.

Apropos Herausforderung: Mit der überladenen Maschine werden die kommenden Tage sicherlich kein reines Vergnügen. Die Schlaglochpiste und der Wind werden wohl einen Patagonien-Cocktail der allerfeinsten Sorte geben.

Heute steht Erholung auf dem Programm. Der Tag fängt gut an: Apfelpfannkuchen zum Frühstück. Schnell klettern die Temperaturen auf angenehme Werte. Ich lese viel und liege in der Sonne. Trotz Sonnencreme verbrenne ich mir die Ohren.

Andreas bastelt mal wieder an der Maschine. Er fummelt am Auspuff und am Gepäckträger herum. Dabei knickt der Seitenständer ein. Er flucht lauthals. Für uns heißt das jetzt, die Ténéré immer auf den Hauptständer zu ziehen - keine leichte Angelegenheit.

Ich nehme noch eine heiße Dusche - wer weiß, wann es die nächste geben wird. Zum Abendessen gibt es Spaghetti. Schon wieder. Morgen früh müssen wir unbedingt einkaufen. Die Vorräte sind fast alle.

Der zweite Tag im neuen Jahr. Es hilft alles nichts: Die ganzen Klamotten müssen wieder auf das Motorrad. Routine hat auch seine Vorteile. Denn mittlerweile sind Anne und ich ein eingespieltes Team beim Verstauen der Ausrüstung.

Das Wetter ist wesentlich schlechter geworden. Dunkle Wolken verhängen den Blick auf die Berge. Gerade noch rechtzeitig schaffen wir es, die Sachen trocken zu verstauen, bevor heftiger Regen einsetzt.

Schon nach wenigen Kilometern sind Birgit und Jo wieder meinen Blicken entrückt. Erst an der Grenze in Cerro Castillo sehen wir die beiden wieder.

Die Formalitäten an der chilenischen Grenze sind schnell erledigt. Doch auf der argentinischen Seite herrscht reger Reiseverkehr. Bevor wir an der Reihe sind, müssen noch fünf Autos abgefertigt werden. Es sind Chilenen, die zum Torres del Paine Nationalpark fahren möchten. Penibel werden daher Dokumente und Autos untersucht.

Wir haben des öfteren gehört, dass sich Argentinier und Chilenen nicht besonders mögen sollen. Das stimmt. Und wie. Denn nun werden wir Zeugen, wie sich diese gegenseitige Antipathie auswirkt. Die Zöllner sind sich ihrer Allmacht sehr bewusst und nutzen jede sich bietende Gelegenheit, diese zu demonstrieren. Die Zollabfertigung schleppt sich mühsam dahin. Es dauert fast eine Stunde, bis wir endlich an der Reihe sind. Und dann ist die ganze Angelegenheit eine Sache von Minuten.

Der Regen hat inzwischen aufgehört. Dafür hat uns wieder der patagonische Wind in seinen Klauen. Er scheint sich richtig über unsere Anwesenheit zu freuen, denn dieses Mal bläst er mit einer bisher unbekannten Stärke. Es wird eine haarige Angelegenheit, die Maschine auf der Piste zu halten. Immer wieder drücken mich die Böen in den losen Schotter, und jedes Mal dauert es eine ganze Weile, bis ich die Ténéré aus dem losen Untergrund herausmanövriert habe. Durch die erhöhte Zuladung hat sich auch der Schwerpunkt der Maschine beträchtlich verschoben. Und zwar nach hinten. Das Vorderrad wird nun manchmal unangenehm leicht, und die ganze Fuhre ist super empfindlich gegen Seitenwind geworden.

Im Vergleich zur Hinfahrt ist die Ruta 40 wegen der zurückliegenden Niederschläge nun in einem wesentlich schlechteren Zustand. Für 80 Kilometer brauche ich mehr als zwei Stunden.

Zwar wäre als Alternative für den Rückweg auch die Ruta 3 in Betracht gekommen. Jedoch führt diese relativ langweilig durch das platte Land die Ostküste hinauf nach Norden. Da ist uns die kurvenreichere Nummer 40, die im Landesinneren an den Anden entlang zirkelt, schon wesentlich lieber.

Die letzten 100 Kilometer dieser Straße fahren wir auf Asphalt - zum Glück. Doch auf diesem Stück fahren wir direkt gegen den Wind. Diese »Luftbremse« erlaubt eine maximale Geschwindigkeit von gerade einmal 60 Stundenkilometern, die ich auch noch im 3. Gang fahren muss, da der Motor im 4. Gang nicht mehr beschleunigt.

Endlich erreichen wir El Calafate. Heute noch zum Gletscher Perito Moreno zu kommen, können wir vergessen. Anne will dieses Naturspektakel unbedingt sehen, doch das muss bis morgen warten.

Als Calafate wird auch die Beere eines stacheligen Strauchs bezeichnet. Sie ähnelt der Blaubeere, schmeckt aber leicht säuerlich. Ein patagonisches Sprichwort sagt: »Quièn come la calafate, vuelve a la patagonia« - wer von der Calafate gegessen hat, kehrt nach Patagonien zurück. Wir haben übrigens viel davon probiert.

Im Garten einer Hosteria schlagen wir unsere Zelte auf. Es ist Ferienzeit in Argentinien und damit auch Hochsaison in El Calafate. Die Hosteria ist voll mit Gästen. Es sind ausschließlich junge Leute, die die Nacht zum Tag machen. Erst nach Mitternacht kehrt langsam Ruhe ein.

Wir frühstücken die restlichen Haferflocken und ein paar trockene Kekse. Mehr ist nicht da. Es beginnt zu regnen. Na prima. 380 Kilometer sollen es heute werden. Und das bei dem Wetter.

Gott sei Dank scheint bald wieder die Sonne. So lässt es sich aushalten. Nur die Piste wird immer schlimmer. Ich spüre jeden Stoß und jeden Schlag in meiner linken Schulter, die seit kurzem ziemlich schmerzt. Das vermiest mir doch ein wenig die Freude an dieser einmaligen Landschaft. Unterwegs sehen wir sogar Guanakos.

Bei Windstärke 5 bis 6 tanken wir an einer einsamen Tankstelle. Das einzige Gebäude weit und breit.

Die Piste wird noch schlechter, meine Schulter tut jetzt richtig weh. Dann endlich wieder Asphalt. Doch nun haben wir Gegenwind. Das geht an die Substanz.

In El Calafate bummeln wir abends durch die Stadt. Sehr gemütlich. In Ricks Café trinken wir Bier und café con leche. Um Mitternacht geht es in die Schlafsäcke.

Lange lässt man uns jedoch nicht schlafen, denn schon gegen 6 Uhr morgens macht sich eine Gruppe Jugendlicher unter lautem Gepolter und Geschrei reisefertig. Der Bus zum Fitz Roy Massiv fährt früh in El Calafate ab, und es scheint, als wolle die Hälfte der Gäste unserer Hosteria dort hin. Die Aufregung in dem kleinen Garten legt sich aber schlagartig nach der Abfahrt der Gruppe, und so können wir wenigstens in Ruhe frühstücken.

Heute morgen haben wir viel Zeit, die Sachen zusammenzupacken. Denn heute liegen nur etwa 80 Kilometer Strecke vor uns. Beseelt von der Hoffnung, dass sich der Perito Moreno diesmal etwas aktiver zeigen könnte, haben wir einige Tage Aufenthalt am Gletscher eingeplant.

Wir sitzen schon fast auf unseren Motorrädern, da rauschen zwei XT 600 heran. Die beiden Fahrer sind auch aus Deutschland, dementsprechend groß ist das Hallo. Doch für ein Schwätzchen haben die beiden kaum Zeit. Immerhin erfahren wir, dass es sich um Vater und Sohn handelt, die gemeinsam die Panamericana fahren - ihr lang gehegter Traum. Allerdings fahren sie diese Straße nicht in einem Stück, sondern in Etappen. Letztes Jahr opferten sie ihren gesamten Urlaub und fuhren von Alaska nach Los Angeles - in weniger als fünf Wochen. Nun sind sie beim zweiten Teil ihres Panamericana-Abenteuers angelangt.

Die Route, die sich die beiden gesteckt haben, ist wirklich

abenteuerlich. Lima - Ushuaia - Buenos Aires. Das ist ihr Programm, und sie wollen diese Strecke in fünf Wochen abspulen. Im Klartext heißt das, dass sie jeden Tag mindestens 250 Kilometer zurücklegen müssen, um den rund 9.000 Kilometer langen Weg im vorgegebenen Zeitrahmen zu schaffen.

Es ist ein Fahren gegen die Uhr. Auf der gut ausgebauten Panamericana im Norden Chiles haben sie ihr tägliches Kilometer-Pensum ganz gut geschafft. Doch auf der Schotterpiste, die hier Ruta 40 heißt, hetzen sie ihrem Zeitplan bereits hinterher. Den Luxus, an einem Ort einige Tage zu verbringen, können sie sich nicht leisten. Heute wollen sie noch nach Puerto Natales - da bleibt gerade Zeit, einen kurzen Blick auf den Perito Moreno Gletscher zu werfen.

Unsere Unterhaltung dauert nicht einmal eine Viertelstunde, und schon werden sie wieder von ihrem Zeitplan fortgetrieben. Auf meine Frage, ob sie auch in den Torres del Paine fahren, zucken sie nur mit den Schultern. »Was ist das?«, lautet die Gegenfrage vom Sohn. Als ich ihm erkläre, dass es sich um einen der schönsten Nationalparks handle, schüttelt er nur den Kopf. »Wir haben auf dieser Tour schon so viele Nationalparks gesehen, da müssen wir zu dem dort nicht mehr hin«, lautet die Antwort. Kopfschüttelnd lassen wir diese beiden Wahnsinnigen ziehen.

Auf der Fahrt zum Gletscher gehen mir Vater und Sohn nicht aus dem Kopf. Meine Güte. Was für ein Stress, um sich einen Traum zu erfüllen. Ich habe den Eindruck, dass es den beiden gar nicht um Land und Leute oder die vielen landschaftlichen Schönheiten Südamerikas geht. Für sie scheint nur wichtig zu sein, irgendwann einmal sagen zu können: »Wir sind sie gefahren - die Panamericana.« Das Ziel wird nur abgehakt, die Höhepunkte einer solchen Reise sind die täglichen Kilometerleistungen.

Wir haben noch nicht einmal die Hälfte des Weges zum Gletscher hinter uns gebracht, da kommen uns die Express-Abenteurer auch schon wieder entgegen. Rauschen an uns vorbei und lassen uns in ihrer Staubfahne stehen. Die Typen sind völlig verrückt.

Die Strecke zum Perito Moreno ist in einem wesentlich schlechteren Zustand. Vor drei Wochen war die Piste noch tadellos, doch nun sieht sie aus wie ein Waschbrett. Und so lässt sie sich auch fahren. Den Grund dafür sehen wir auf dem Campingplatz: Dicht gedrängt steht da Zelt an Zelt.

Wir müssen auf ein anderes Areal ausweichen, aber auch dort sieht die Lage nicht besser aus. Irgendwo quetschen wir uns noch dazwischen. Auch das Wetter ist schlechter geworden. Ein eisiger Wind weht über den Gletscher zu uns herab und bringt kalte Luft mit. Es ist Hochsommer, und trotzdem haben wir eine Temperatur knapp über dem Gefrierpunkt.

Auch dieses Mal zeigt sich der Perito Moreno leider sehr träge und unkooperativ und beschert uns keine spektakulären Abbrüche. Vereinzelt fallen hier und dort kleine Eisplatten ins Wasser, doch einen richtigen Knall gibt es nicht. Erst am Abend hören wir auf dem Zeltplatz das dumpfe Dröhnen herabstürzender Eismassen. Der Gletscher spielt mit uns Katz und Maus.

Eine unruhige Nacht liegt hinter mir. Birgits Salbe, mit der ich meine Schulter eingeschmiert habe, hat mächtig gebrannt. Nach einem gemütlichen Frühstück bummle ich mit Andreas durch die Stadt. Es gibt hier schönen Silberschmuck zu kaufen. Er ist mit Lapislazuli, dem Nationalstein Chiles, bestückt.

Nach einer Runde Trinkjoghurt und süßen Teilchen wird zusammengepackt. Das Ziel ist der Perito-Moreno-Nationalpark. 78 Kilometer Holperpiste. Die Schulter tut irre weh. Ich beiße die Zähne zusammen, möchte schließlich nicht als Weichei gelten.

Wir finden einen schönen Campingplatz mitten im Wald an einem Bach. Dann fahren wir zum Gletscher. Der Perito Moreno ist eine Wucht. 2 Stunden hocken wir dort und hoffen, einen Eisabbruch sehen zu dürfen. Aber nichts tut sich. Ich fahre mit Birgit zurück zum Zelt, während die Jungs noch bleiben. Hof-

fentlich schlafe ich heute Nacht besser.

Anne weckt mich in dieser Nacht. Sie hat starke Schmerzen in der linken Schulter. Wenn sie liegt, kann sie kaum atmen. Erst am frühen Morgen gewinnt die Müdigkeit Oberhand über die Schmerzen, so dass wir noch ein wenig Schlaf finden.

Anne kann den linken Arm kaum noch bewegen, und ich muss ihr helfen, in Pulli und Motorradjacke zu schlüpfen. Ich merke, wie sie die Zähne zusammenbeißt und sich aufrafft, um mit uns zum Gletscher fahren zu können. Aber auch heute verwehrt uns der Perito Moreno sein spektakuläres Schauspiel. Den ganzen Tag sitzen wir vor der großen Eiswand und hoffen darauf, dass einer dieser großen weißen Türme mit lautem Getöse ins Wasser stürzt - doch nichts passiert.

Am frühen Nachmittag fahre ich mit Anne wieder zum Zeltplatz zurück - sie hat immer noch starke Schmerzen. Wir überlegen, ob wir nach El Calafate zum Arzt fahren sollen. Aber sie möchte erst den morgigen Tag abwarten.

Ihr Zustand bessert sich jedoch nicht. Die ganze Nacht verbringt sie im Sitzen, um wenigstens etwas Ruhe zu finden. Ich reibe ihre Schulter mit Salbe ein. Die lindert den Schmerz ein wenig. Am nächsten Morgen geht es Anne etwas besser, doch im Laufe des Tages kommen die Schmerzen zurück. Gemeinsam mit Birgit und Jo entscheiden wir, morgen nach El Calafate zurückzufahren, damit Anne dort einen Arzt aufsuchen kann. In der Nacht kann Anne ihren Arm überhaupt nicht mehr bewegen. Sie sieht schlecht aus, und ich mache mir Sorgen.

Die Fahrt nach El Calafate wird für sie eine einzige Tortur. Jede Unebenheit fährt wie ein Messerstich in ihre Schulter. Ich versuche, die Ténéré so sanft wie möglich über die bucklige Piste zu manövrieren. Dann endlich haben wir das Krankenhaus erreicht. Eine halbe Stunde dauert die Untersuchung, bei der Birgit mit dabei ist, weil sie von uns am besten Spanisch spricht. Mit Englisch kommen wir hier leider nicht weiter.

Rheuma diagnostiziert der Arzt. Er verschreibt ein starkes Schmerzmittel mit dem Hinweis, dass man im Augenblick leider nicht mehr unternehmen könne. Das Mittel hilft zum Glück schnell. Doch dafür ist Anne nun mental ein wenig angeschlagen. Die Zusammensetzung der Pillen und die verordnete Dosis scheinen eine richtige Dröhnung zu sein. Doch das Gefühl, nicht richtig in dieser Welt zu weilen, ist Anne im Moment lieber, als die Schmerzen in der Schulter.

In El Calafate haben wir noch weitere wichtige Dinge zu erledigen. So ist mein Seitenständer, den ich in Ushuaia habe biegen lassen, im Torres del Paine eingeknickt. Meine Befürchtungen, dass das Rohr ohne Abstützung der Belastung auf Dauer nicht standhält, haben sich also bewahrheitet. Dieses Mal wird in einer Werkstatt ein dicker Flachstahl an den Seitenständer geschweißt, der der ganzen Sache die notwendige Stabilität verleiht. Es dauert bis zum späten Nachmittag, bis alle Angelegenheiten in El Calafate erledigt sind.

Wir entscheiden, in diesem Ort, der in der Hochsaison vor Touristen überzulaufen scheint, auf keinen Fall noch eine Nacht zu verbringen. Obwohl es schon spät ist, brechen wir auf. Birgit fühlt sich nicht ganz so wohl dabei, zeichnet sich doch an ihrem Hinterrad der zweite Plattfuß ab. Langsam aber stetig verliert der Reifen Luft. Im Moment reicht es aus, einmal am Tag den Reifen aufzupumpen. Doch es ist nur eine Frage der Zeit, bis Birgit den Schlauch wieder flicken muss.

Auch in dieser Nacht ist an Schlaf kaum zu denken. Ich bin ziemlich fertig. Tagsüber sitzen wir am Gletscher und warten auf Eisabbrüche. Ziemlich langweilig. Vor allem wenn man selbst nicht fotografiert.

Das Wetter ändert sich von Minute zu Minute. Mal knallt die Sonne brütend heiß vom Himmel, mal regnet es.

Andreas und ich fahren am frühen Nachmittag zurück. Wir überlegen, zum Arzt zu fahren. Doch ich möchte noch abwarten.

Gegen 18 Uhr kommt Birgit. Alleine. Sie ist sauer, weil Jo mal wieder nicht genug bekommen kann.

Eine weitere Nacht ohne Schlaf folgt. Morgens Toilette im Fluss. Das Wasser ist bitterkalt. Ich bekomme rote und taube Füße. Aber hinterher ist es ein herrliches Gefühl.

Heute wollen wir wegen meiner Schulter zum Arzt nach El Calafate. Die 78 Kilometer kommen mir trotz der Schmerzen diesmal kürzer vor. Der Arzt ist sehr nett. Er stellt eine Schwellung im Schulterbereich fest und tippt auf Rheuma. Ich bekomme Schmerztabletten, die ich alle 8 Stunden einwerfen muss. Sie benebeln ein wenig.

Nach 40 Kilometern liegt der Asphalt hinter uns. Bis zur Stadt Perito Moreno werden wir nun auf der staubigen Ruta 40 fahren. Was während der nächsten 600 Kilometer auf Anne, die Ténéré und mich warten wird, bekommen wir sehr schnell zu spüren. Auf Asphalt konnte ich mit Birgit und Jo noch mithalten. Doch nun auf der Piste ändert sich das wieder. Die Staubfahnen ihrer Motorräder verlieren sich schnell am Horizont. Ich schleiche mit 30, 40 Sachen über die Ruta 40. Wellblech, tiefe Schlaglöcher und große Steine sind die Hindernisse, denen ich ständig ausweichen muss.

Nach 50 Kilometern ist diese Strapaze erst einmal überstanden. Birgit und Jo haben einen prima Zeltplatz am Rio La Leona entdeckt. Ich bin heilfroh darüber, denn die letzten Kilometer haben ganz schön an meinen Nerven gezerrt.

Am nächsten Morgen sieht die Welt schon wieder ganz anders aus. Aufgrund des starken Schmerzmittels konnte Anne - und somit auch ich - die letzte Nacht durchschlafen, was auch dringend nötig war. Wir hatten viel Schlaf nachzuholen.

Als wir aus dem Zelt kriechen, sehen wir Birgit, die schon seit den frühen Morgenstunden damit beschäftigt sein muss, ihren Reifen zu flicken. Gerade würgt sie den Gummi von der Felge. Ein winziges Loch im Schlauch ist verantwortlich für den Druckverlust. Birgit ist mittlerweile, was die Reifenmontage angeht, sehr routiniert. In nicht einmal einer Stunde hat sie den Schlauch geflickt, den Reifen montiert und Luft hineingepumpt.

Am Rio La Leona finden wir mitten in der Einöde einen tollen Zeltplatz. Es ist herrlich warm. Mit Birgit pflücke ich rote Johannisbeeren zum Nachtisch. Gezuckert sind sie eine willkommene Abwechslung in unserem sonst etwas eintönigen Speiseplan.

Hier würde ich gerne die restliche Zeit verbringen. Ich fühle mich frei und ungezwungen. Die Einheimischen fragen uns immer wieder, weshalb wir ausgerechnet mit dem Motorrad reisen. Die Antwort ist einfach: Es ist das Gefühl der Freiheit, der Unabhängigkeit. Einfach genial.

Doch hier wird mir auch bewusst, dass heute die Hälfte meiner Zeit in Südamerika schon vorüber ist. Es ist zum Heulen.

Dank der Tabletten kann ich endlich wieder schlafen - und Andreas auch.

Ein festes Ziel haben wir uns für heute nicht gesteckt. Wir wollen fahren, soweit wir kommen. Soweit wir kommen. Mein Gott, wie ich das hasse! Es gibt nichts, worauf man zusteuert. Keine Entfernung, die sich abschätzen lässt. Und das alles noch mit einem überladenen Motorrad. Im Klartext heißt das, dass wir den ganzen Tag bis zur Dunkelheit auf den Horizont zusteuern werden. Oder einfach so lange fahren, bis uns die Lust ausgeht.

Eine stressige Etappe für Anne und mich. Die Verhältnisse auf der Ruta 40 verschlechtern sich weiterhin drastisch. Das Wellblech wird immer schlimmer. Um dem Gefühl zu entgehen, ständig auf einem Presslufthammer zu sitzen, sollten wir wenigstens 70 bis 80 Stundenkilometer schnell fahren. Doch das traue ich mich nicht. Hasenfuß-Hülsmann? Von wegen. Der Wind ist einfach unberechenbar. Immer wieder drücken mich Böen gefährlich nahe an den Pistenrand. Zweimal bleibt mir nur noch die Flucht ins Gelände. Anne zuckt jedes Mal hinter mir zusammen, wenn ich durch einen heftigen Schlenker versuche, die Maschine wieder auf die Piste zu drücken.

Die Menschen, die hier leben, haben uns immer wieder gesagt, durch El Niño sei der Wind in diesem Jahr gar nicht so schlimm. Ich will mir erst gar nicht vorstellen, wie es wäre, wenn das Wetterphänomen den Wind nicht zähmen würde.

Birgit und Jo sind uns schon weit voraus. Ich kann es ihnen nicht verdenken, denn nur eine höhere Geschwindigkeit macht diesen Wellblechbelag halbwegs erträglich. So fahren wir, oder besser gesagt: hoppeln wir mutterseelen allein durch die Weite Patagoniens. Ich hege die Hoffnung, dass die Ruta 40 nach dem Abzweig zum Fitz Roy Massiv wieder besser wird. Schon deshalb, weil ab dort in Richtung Tres Lagos keine Touristenbusse mehr fahren.

Irgendwann taucht am Horizont die unverkennbare Silhouette des Fitz Roy auf. Birgit und Jo warten am Lago Viedma auf uns. Es wird Zeit für eine kleine Pause. Wir sind ziemlich erledigt. Obwohl wir nur wenig mehr als 50 Kilometer gefahren sind, bin ich fix und fertig. Anne wusste auf den letzten Kilometern nicht mehr, wie sie sitzen sollte. Auch ihre Schulter macht sich wieder bemerkbar, da die Wirkung des Schmerzmittels nachgelassen hat.

Zum Fitz Roy fahren wir dieses Mal nicht. Es ist zwar schon über einen Monat her, dass wir auf unserer Reise nach Feuerland dort angehalten haben. Doch mir kommt es so vor, als wäre es erst vorgestern gewesen. An solchen Punkten wird einem erst richtig bewusst, wie schnell auf solchen Touren die Zeit dahinrast.

Lange denke ich jedoch darüber nicht nach. Die Ténéré verlangt meine ganze Aufmerksamkeit. Das ewige Durchschlagen der Federung zeigt Wirkung, und es sind einige Schrauben festzuziehen.

Anne und ich gönnen uns nur eine Pause von einer Viertelstunde, dann fahren wir weiter. Birgit und Jo können sich etwas mehr Zeit lassen, denn sie wissen, dass sie uns irgendwo auf der Ruta 40 einholen werden.

Es nervt mich ganz schön, dass ich mit der bepackten Ténéré nur so dahinkriechen kann. Auf einmal packt mich der Ehrgeiz.

Vor Tres Lagos sollen mich die anderen beiden nicht mehr einholen.

Meine Hoffnung, dass sich die Piste nach dem Abzweig zum Fitz Roy Massiv besser befahren lässt, erfüllt sich nur zum Teil. Zwar ist das Wellblech weniger geworden, doch dafür gibt es nun viel losen Untergrund, in dem sich das Vorderrad seinen Weg immer wieder selbst sucht. Als ich zum dritten Mal kurz hintereinander quer über die Piste schieße und so gerade eben größeren Schaden von uns und dem Motorrad abwenden kann, lasse ich es wieder ruhiger angehen. Nicht zuletzt auch wegen Annes massivem Protest. Sie droht, zu Fuß weiterzugehen, wenn ich nicht langsamer fahre. Die Art, wie sie es sagt, lässt keinen Zweifel daran, dass sie es auch tun wird.

Ich kann sie gut verstehen, denn wenn ich hinten sitzen müsste und keine Chance hätte, in das Geschehen einzugreifen, wäre mir wohl auch ziemlich mulmig zu Mute. So verabschiede ich mich notgedrungen von der selbst gestellten Herausforderung, Tres Lagos vor Birgit und Jo zu erreichen.

Kurz vor dem Ort werden wir dann auch tatsächlich von den beiden eingeholt. Wir legen einen kurzen Tankstopp ein. Gerade als wir wieder auf unsere Motorräder steigen wollen, rollt eine CBR 1000 vor die Zapfsäule. Uns fallen fast die Augen aus dem Kopf. Es ist schon ein mehr als ungewohnter Anblick, so ein Motorrad an so einem Ort zu sehen. Der Sporttourer ist bestimmt mehr etwas für das zügige Fahren auf gut ausgebauten Straßen. Auf einer Piste wie dieser hingegen erfordert es fast schon akrobatisches Fahrkönnen, um diesen »Joghurtbecher« unbeschadet über die Runden zu bringen. Bisher scheint das dem Fahrer gelungen zu sein, denn Spuren von einem Sturz sind an der verkleideten Maschine nicht zu entdecken.

Überschwenglich begrüßt der Brasilianer jeden von uns mit Handschlag. Vor drei Tagen, so bekommen wir von ihm zu hören, ist er von Sao Paulo in Brasilien aufgebrochen und nun auf dem Weg nach Ushuaia. In welchem Zustand die Straße weiter Richtung Süden sei, will er von uns wissen. Jo erklärt ihm, dass es auf dem Weg nach El Calafate viele Schlaglöcher und viel Wellblech gebe. Doch das scheint den Fahrer der CBR kaum zu entmutigen. Er macht sich nur Sorgen, dass er bei diesem Straßenzustand sein tägliches Pensum von 1.000 Kilometern nicht schaffen werde. Er habe schließlich nur eine Woche Urlaub und müsse nächsten Sonntag wieder zu Hause sein.

1.000 Kilometer am Tag? Wir glauben es kaum. Als er uns seine Route erklärt, staunen wir nicht schlecht - ein monströses Pensum, das er sich selbst auferlegt hat. Ich muss wieder an das Vater-Sohn-Gespann denken, das wir in El Calafate getroffen haben. Da dachte ich schon, die müssten mit ihrem Tagespensum von 250 Kilometern verrückt sein. Doch der junge Mann aus Brasilien setzt dem Ganzen noch eins auf. Er ist aber bester Laune und freut sich auf die nächsten Kilometer. So ist unser Gespräch nur von kurzer Dauer. Schon nach einigen Minuten lässt er uns in einer großen Staubwolke stehen.

Auch wir machen uns wieder auf die Socken. Von dem Pensum des brasilianischen Kilometer-Freaks kann ich nur träumen. Nein, träumen ist der falsche Ausdruck - 1.000 Kilometer pro Tag sind wohl eher ein Alptraum.

Birgit und Jo sind mittlerweile längst wieder hinter der nächsten Kurve verschwunden. Sie sind vorgefahren und wollen schon einmal einen windstillen Platz für die kommende Nacht suchen. Eine Suche, die gar nicht einfach sein wird, denn geschützte Plätze sind rar in der weiten Landschaft Patagoniens. Ich hoffe nur, dass sie möglichst schnell einen geeigneten Ort finden. Denn eigentlich habe ich keine Lust mehr zum Weiterfahren.

Die Monotonie macht mir schwer zu schaffen. Das Warten auf den nächsten markanten Punkt, der mir noch von der Hinfahrt im Gedächtnis geblieben ist, entwickelt sich immer mehr zur Qual. Ich habe die Abstände zwischen diesen Punkten viel kürzer in Erinnerung. In meinen Gedanken habe ich die Strecke in Teiletappen aufgeteilt, doch die Entfernungen in der Realität passen nicht zu denen, die in meinem Kopf gespeichert sind.

Es ist fast so, als fiebere ich geradewegs dem nächsten Punkt entgegen. Wenn ich ihn dann endlich erreicht habe, überkommt mich ein Gefühl der Euphorie. Das hält jedoch nicht lange an, denn sofort suchen sich meine Augen ein neues Ziel.

An diesem Nachmittag machen sich meine Gedanken selbständig, was natürlich zu Lasten der Konzentration geht. In dieser geistigen Abwesenheit rausche ich durch so manches Loch, und erst Annes Reaktionen holen mich dann wieder in die Realität zurück. Aber nur für kurze Zeit.

Birgit macht der Quälerei ein Ende. Winkend steht sie an der Piste. Die beiden haben einen halbwegs windgeschützten Platz gefunden, wo wir die kommende Nacht verbringen können.

Dieser Ort ist wahrhaftig ein kleines Paradies. Hier stand früher einmal eine Estancia, man kann es an den Resten der Fundamente erkennen. Ringsum sind Pappeln und meterhohe Büsche gepflanzt, die den Wind erheblich mindern. Sogar ein alter Garten voller Obstbäume und Johannisbeer-Sträucher ist noch da.

Es wird ein kurzer Abend. Fast 300 Kilometer haben wir heute zurückgelegt, und ich bin einfach nur fertig - wie ausgelaugt. Anne geht es auch nicht besser. Zum Glück wirken die Schmerztabletten, und wir finden den nötigen Schlaf.

Nach den ersten 100 Kilometern tut mir wieder mein Allerwertester weh. Die Schulterschmerzen sind dank der Tabletten zurückgegangen. Die Sonne scheint, die Luft ist mild. Dieses Land ist trostlos und faszinierend zugleich. Ich habe nicht geahnt, wie weit es sich in jede Richtung erstreckt. Meilenweit nichts, einfach nichts. Ab und zu zweigt ein Feldweg von der Piste ab. Das war's.

Von Nase und Ohren pellt die verbrannte Haut. Durch die trockene Luft wird sie rissig. Zu Hause wird sich meine Kosmetikerin freuen. Wenn es so warm bleibt, gehen mir die T-Shirts aus. Nachts heult der Wind um die Zelte. Sie wackeln, halten aber tapfer.

Am kommenden Morgen muss uns Jo wecken, sonst hätten wir glatt bis Mittag geschlafen. Birgit erzählt beim Frühstück, dass sie in der letzten Nacht kaum ein Auge zugemacht habe, da der Wind heftig und mit viel Lärm an den Zelten gezerrt hätte. Auch jetzt windet es stark - dementsprechend kurz fällt unser Frühstück aus. Es ist unglaublich mühsam, bei diesen Böen ein Zelt abzubauen und ein Motorrad zu bepacken.

Dann beginnt das ganze Spiel wieder von vorn. Kilometer fressen auf der Ruta 40. Heute jedoch gibt es eine besondere Abwechslung auf der Strecke. Denn wir passieren das Hotel Las Horquetas. Den Punkt, den ich während dieser Rückfahrt auf der Ruta 40 wohl am meisten herbeisehne. Las Horquetas bedeutet Wärme, Tee und vor allem keinen Wind.

Als wir den kargen Gastraum betreten und die Frau uns sofort wiedererkennt, ist sie außer sich vor Freude. Das Foto, das ihr Mann auf der Hinfahrt von uns gemacht hat, hängt hinter der Bar. Wir müssen ihr alles erzählen - vom Fitz Roy, vom Perito Moreno und von Ushuaia. Auch ihr kleiner Sohn, bei unserem ersten Besuch noch so scheu, hat dieses Mal keine Berührungsängste. Ihr Mann, so erzählt sie, sei zum Einkaufen nach San Julian gefahren. Eine Tour von ca. 300 Kilometern. Seit zwei Tagen sollte er schon zurück sein. Über die Verspätung zeigt sie sich jedoch wenig besorgt. Schließlich wisse sie, dass ihr Mann den Einkaufsbummel in der Stadt gerne etwas ausdehne. Um so mehr freut sie sich über unsere Gesellschaft, denn Gäste haben sich schon seit mehreren Tagen nicht mehr im Hotel eingefunden.

Doch allzu lange halten wir uns in Las Horquetas nicht auf. Das Ziel, das wir uns für heute gesteckt haben, ist der Ort Perito Moreno. Von dort aus geht es dann hinüber auf die andere Seite der Anden - nach Chile auf die Carretera Austral. Die Carretera ist das nächste Ziel, dem ich entgegenfiebere, obwohl ich es noch gar nicht kenne. An dieser Straße hängt aber meine Hoffnung, endlich einmal Ruhe vor dem ewigen patagonischen Wind zu finden.

Der Wind weht uns fast von der Piste. Am Hotel Las Horquetas halten wir an und trinken Tee. Hier haben die drei schon bei der Hinfahrt gestoppt. Das Gebäude sieht aus, als hätte es seit 50 Jahren keinen Anstrich mehr bekommen. Die Besitzerin freut sich sehr über unsere Ankunft. Eine Oase inmitten der weiten Landschaft.

Kapitel 9

Entlang der Carretera Austral

»Carretera Austral: Grenzstraße zwischen Chile und Argentinien. Offizielle Bezeichnung Carretera Austral Longitudinal Präsident Pinochet. Von Pinochet aus militärischen Gründen angelegt. Baubeginn Mitte der 70er Jahre, 1994 fertiggestellt.«

Was für ein Tag. Das Wetter könnte nicht besser sein. Was ich heute aber noch viel mehr zu würdigen weiß, ist die Tatsache, dass die Ruta 40 nun endgültig hinter uns liegt. Nicht, dass die Straßenverhältnisse auf dem Weg in Richtung Carretera Austral besser sind. Aber dieser verdammte Wind, der mir in Patagonien das Leben so schwer macht, hat deutlich an Kraft verloren.

Auch dieses Mal sind die Formalitäten an der Grenze wieder nur eine Sache von Minuten. Die Carabineros in Chile werden sogar richtig liebenswürdig, als sie unsere Motorräder entdecken. Eingehend studieren sie jedes kleinste Detail und wollen natürlich wieder alles Mögliche über die Technik der Motoren wissen. Ihr Interesse an den Maschinen ist rein privat. Es ist die pure Begeisterung der Männer darüber, dass Menschen auf diese Art ihr Heimatland bereisen.

Etwas von dem Glück, das sie uns bei der Weiterfahrt wünschen, muss ich schon kurze Zeit später in Anspruch nehmen. Die kleine Straße, die sich entlang des Lago General Carrera hinüber zur Carretera Austral windet, lässt mir nicht viel Spielraum bei den Versuchen, den unzähligen Schlaglöchern auszuweichen.

Die Unübersichtlichkeit der Fahrbahn, deren Verlauf stark an eine Achterbahn erinnert, sorgt für weitere Spannung. Hinzu kommt der immer wieder überraschend auftauchende Gegenverkehr.

Irgendwann ist es so weit: Nach einer scharfen, uneinsehbaren Linkskurve stehe ich plötzlich einem rußschnaubenden Ungetüm von Lkw Auge in Auge gegenüber. Beide haben wir kein allzu hohes Tempo drauf, so dass wir unsere Gefährte noch rechtzeitig zum Stehen bekommen. Das Ding ist eine echte Augenweide. So verrostet, dass manche Teile wie zum Beispiel die Stoßstange nur noch aus reiner Gewohnheit an diesem Fahrzeug hängen.

Es geht steil bergab. Ich habe nicht die geringste Chance, die Ténéré irgendwie an dem Lastwagen vorbeizujonglieren. Selbst ein Fußgänger hätte Schwierigkeiten, sich zwischen Felswand und Lkw entlangzuquetschen. An der anderen Seite vorbeizufahren kommt erst recht nicht in Frage, denn zwischen der Ladefläche des Lkw und dem Abgrund hinunter zum Lago General Carrera ist nicht einmal ein halber Meter Platz.

Den Fahrer bringt das Hindernis, das da in Form eines schwer beladenen Motorrades vor seiner Kühlerhaube auftaucht, nicht sonderlich aus der Ruhe. Sein Lächeln ist getragen von der Gewissheit, dass ich derjenige sein werde, der seinen fahrbaren Untersatz zur nächsten Ausweichbucht zurückfährt. Für ihn wäre ein Wendemanöver absolut nicht möglich und das Zurückfahren eine tagesfüllende Aufgabe.

Anne steigt ab. Gott sei Dank ist sie bei mir. Denn ohne sie könnte ich das Wendemanöver an dem steilen Berg nicht bewerkstelligen. Wir schieben, ziehen und zerren die Ténéré aus Leibeskräften wieder bergauf. Der Typ hinter dem Steuer findet unsere Bemühungen überaus unterhaltsam, denn sein freundliches Lächeln erlischt die ganze Zeit über nicht. Als ob es festgefroren sei.

Nach erfolgtem Wendemanöver fahre ich das Motorrad den Berg hinauf zu einer Stelle, die etwas breiter ist. Geräuschvoll legt der Fahrer des Lastwagens den ersten Gang ein. Die kleine Straße und größte Teile der dahinterliegenden Landschaft verschwinden in einem schwarzen Nebel aus Ruß. Langsam, sehr langsam setzt sich das mit Holz beladene Ungetüm in Bewegung. Die Geschicklichkeit, mit der der Fahrer zwischen der Felswand und dem Abgrund manövriert, macht den Lkw zu einer Präzisionsmaschine. Es sind manchmal nur Zentimeter, die als Spielraum zur Verfügung stehen. In Zeitlupe quält sich der Laster den Berg hinauf. Eine Schnecke könnte mühelos vorbeiziehen, wenn sie Platz zum Überholen hätte. Beim Vorbeifahren wirft uns der Mann hinter dem Lenkrad noch ein »muchisima gracias« zu und lässt uns in einer Wolke aus Ruß, Abgasen und Straßenstaub stehen.

Fast 20 Minuten hat uns diese Aktion gekostet. Birgit und Jo müssen schon kilometerweit voraus sein. Jetzt aber hurry up!

Die Zwangspause hat auch ihr Gutes. Denn jetzt erst registriere ich die Veränderungen der Landschaft. Vor lauter Fahren und Konzentrieren kam ich bisher nicht dazu, einen Blick auf die Umgebung zu werfen. Und die hat es in sich: Tiefblau funkelt der Lago General Carrera unter uns. Der See ist eingerahmt von zwei- und dreitausend Meter hohen Bergen. Was für ein Kontrast gegenüber der topfebenen patagonischen Steppe, die wir erst vor wenigen Stunden hinter uns gelassen haben. Vom Wind ganz zu schweigen - hier regt sich tatsächlich gerade mal ein leises Lüftchen.

Nur die Straßenverhältnisse haben sich nicht geändert. Kilometer um Kilometer mühe ich mich auf der Piste ab. Einige Anstiege sind so steil, dass sie mit unserer vollen Fuhre nur im ersten Gang zu schaffen sind. Über weite Passagen komme ich nur im Schritttempo voran.

Die Piste ist mal wieder unter aller Kanone. Dafür entschädigt die Landschaft. Grün, rot, gelb, blau - ein tolles Farbenspiel.

Ich fühle mich besser. Die Schulter ist einigermaßen in Ordnung. Jetzt muss ich mir nur noch etwas einfallen lassen, wie ich auf dem Motorrad besser sitzen kann.

An der Grenze geht es schnell. Die Zöllner sind sehr nett und versuchen sogar, ein paar Brocken deutsch zu sprechen. Wir haben alle viel zu lachen.

Einmal gehen wir mittags essen. Eine relativ teure Angelegenheit. Kein Menü, alles wird einzeln berechnet. Das Essen ist zwar lecker, auf die Dauer wäre es uns aber zu teuer. Wir bleiben lieber bei der Selbstversorgung.

Auf Schotter und Sand fahren, bzw. rutschen wir bergauf und bergab. Keine Leitplanken sichern die Abgründe. Die Fahrbahn ist oft sehr schmal. Aber Andreas lenkt das Motorrad sicher durch alle Hindernisse.

Ein Gefühl der Freiheit kommt in mir auf.

An einem kleinen Fluss übernachten wir. Das rote Zelt von Birgit und Jo leuchtet schon von weitem am Ufer.

Ein Blick auf den Tageskilometerzähler ernüchtert mich: Obwohl wir den ganzen Tag gefahren sind - sieht man vom Grenzübergang, dem Einkauf und den wenigen Pausen einmal ab - haben wir heute nur 125 Kilometer zurückgelegt. Ich frage mich, wie wir die ganze Strecke bis Puerto Montt schaffen wollen, wenn sich der Zustand der Piste nicht ändert.

Ich mache mir ernsthaft sorgen um das Pensum, das wir uns für die nächsten zwei Wochen gesteckt haben. Unser Vorhaben lautet: Die Carretera Austral bis zum südlichsten Punkt nach Puerto Yungay zu fahren und von dort aus 1.100 Kilometer weit Richtung Norden nach Puerto Montt zu rollen. Das kann nicht klappen. Doch meine Gedanken behalte ich zunächst für mich. Denn Anne würde sich sicherlich um ihren Abflugtermin sorgen und jeden Tag die Kilometer zählen. Und Birgit und Jo möchte ich nicht gerne die Illusion rauben, die Carretera komplett fahren zu können.

Aber auch Jo hat gerechnet. Denn beim Abendessen kommen wir just auf dieses Thema. Zu meiner Überraschung sehen die anderen drei alles wesentlich gelassener als ich. »Wir werden sehen, wie weit wir nach Süden kommen«, so Jo. »Wenn sich die Verhältnisse auf den Pisten aber nicht ändern, dann werden wir die Carretera in der noch verbleibenden Zeit nie und nimmer schaffen«, entgegne ich. Ich weiß ja, dass Jo feste Termine auf solchen Reisen hasst und bin gespannt auf seine Reaktion. Doch er bleibt gelassen. »Was geht, das geht«, erwidert er und ist davon überzeugt, dass die Carretera Austral in einem besseren Zustand sein wird als diese Piste, auf der wir gerade fahren.

Am nächsten Tag erreichen wir dann nach einigen weiteren ungemütlichen Kilometern die Carretera Austral, die offiziell »Carretera Austral Longitudinal Präsident Pinochet« heißt. Sie war eines der Lieblingsprojekte des Diktators und wurde eigentlich für militärische Zwecke angelegt. Dem Nachbarn Argentinien traute man noch nie über den Weg, und daran hat sich bis heute nichts geändert.

Das Besondere an dieser Straße ist, dass sie den natürlichen Gegebenheiten der Landschaft angepasst wurde. Sie windet sich an Flüssen und Seen entlang, durchquert Weidelandschaften und Urwälder und steigt steile Berge hinauf. Auf der Carretera gibt es keine großen Brücken oder Tunnels. Der graue Schotterstreifen windet sich um jedes natürliche Hindernis herum. Optisch und fahrerisch ist die Straße damit ein einzigartiger Leckerbissen.

Baubeginn war Mitte der 70er Jahre, das letzte Teilstück bis Puerto Yungay wurde 1994 fertiggestellt. Die letzte Etappe bis Villa O'Higgins ist noch im Bau. Weiter als bis Villa O'Higgins werden die Arbeiter jedoch wohl nicht kommen, denn dann stehen sie vor einer unüberwindlichen Barriere - dem patagonischen Inlandeis.

Auf der Fahrt nach Cochrane, unserem nächsten Ziel, entwickelt sich die Carretera zu einer einzigartigen Panoramastraße. Ein Wahnsinn! Manchmal scheint sie regelrecht an den Berghängen zu kleben. Immer wieder eröffnen sich uns grandiose Ausblicke auf die südchilenische Landschaft. Die grasgrünen Täler, aus denen sich schroffe Bergketten erheben, lassen mich die momentanen Strapazen vergessen. Und die technischen Mängel. Denn Schwierigkeiten mit dem Motorrad sind weiterhin mein größtes Problem. Immer wieder schlägt die Federung der Ténéré gnadenlos durch, egal wie vorsichtig ich fahre. Wie lange geht das noch gut? Irgendwann muss uns doch das Federbein um die Ohren fliegen oder der Rahmen brechen.

Die Piste ist stellenweise so dicht mit Schlaglöchern übersät, dass ich oft nicht weiß, wohin ich ausweichen soll. Über Anne kann ich mich nur wundern. Wortlos und gelassen lässt sie die ganzen Rütteleien über sich ergehen - wohl in dem Bewusstsein, dass sie gar keine andere Wahl hat. Ich möchte nicht wissen, wie oft sie es schon bereut und verflucht hat, ihren Jahresurlaub auf dem Rücksitz meines Motorrades zu verbringen.

Doch die Landschaft, die sich entlang der Carretera erstreckt, entschädigt uns für alles. Das Tempo habe ich verringert, obwohl es eigentlich nicht mehr viel zu verringern gibt. Im zweiten Gang tuckere ich die Piste entlang, gerade so schnell, dass ich die Maschine noch senkrecht halten kann. Von Birgit und Jo habe ich schon über eine Stunde nichts mehr gesehen. Wir werden uns wohl erst in Cochrane treffen.

Die Carretera Austral führt durch ein einsames und wildes Land. Nicht ein einziges Auto ist uns bislang begegnet. Dass Birgits BMW das erste Fahrzeug ist, das wir zu sehen bekommen, hätten wir allerdings nicht vermutet. Die Maschine steht auf dem Ständer, das Hinterrad ist ausgebaut, und Birgit ist dabei, den Reifen zu flicken. Es ist ihr dritter Plattfuß auf dieser Reise. Ich höre sie schon aus einiger Entfernung fluchen. »Langsam gehen mir die Flicken aus«, meint sie trocken und versucht, ihren Humor zu behalten. Die beiden haben es bis jetzt auch nicht sehr eilig gehabt, unterwegs so manche Pause eingelegt und die herrlichen Aussichten entlang der Piste genossen.

Wo ist eigentlich Jo abgeblieben? Von ihm und seiner Honda ist nichts zu sehen. Er hat vermutlich nicht gemerkt, dass Birgit einen Platten hat und wartet jetzt sicherlich irgendwo auf uns.

Gerade als sich Birgit abmüht, den Reifen wieder auf die Felge zu ziehen, nähert sich ein Auto. Die Polizei. Als die Uniformierten den Fahrzeugauflauf auf der Carretera entdecken, brausen sie mit Blaulicht und Sirene heran. So viel Verkehr auf dieser Piste braucht wohl eine ordnende Hand. Zwei Motorräder auf einmal - dass sieht im Süden Chiles wohl sehr stauverdächtig aus.

Die uniformierten Herren machen sich kurz ein Bild über die Lage und brausen dann wieder unvermittelt davon. Kurz darauf kommt Jo zurück. Die beiden Polizisten haben ihn darauf aufmerksam gemacht, dass wir in Schwierigkeiten stecken. Wie nett. Aber für Jo gibt es nichts mehr zu tun, denn Birgit ist gerade dabei, das Hinterrad wieder einzubauen. Selbst ist die Frau.

Jetzt sind es nur noch zwei Wochen. Ich kann es kaum glauben, wie schnell die Zeit vergeht und mag gar nicht ans Heimfliegen denken.

Die Piste ist holperig, aber das kenne ich ja schon. Unterwegs kaufe ich in einem Dorf Brötchen. Eine alte Frau backt sie selbst in einem Holzofen. Am liebsten würde ich gleich reinbeißen. Aber sie sind abgezählt und müssen für zweimal Frühstück reichen.

Nun rollen wir also auf dieser legendären Carretera Austral. Die Steigungen sind nicht ohne. Oft denke ich, dass es unsere alte Ténéré nicht mehr schafft. Aber bis jetzt geht alles gut. Kurz vor Cochrane lesen wir Birgit am Straßenrand auf. Sie ist völlig genervt über ihren dritten Platten. Die Jungs hatten noch keinen einzigen.

In dem 2.000-Seelen-Nest Cochrane gibt es nicht allzu viel zu sehen. Ein längerer Aufenthalt in diesem langweiligen Ort lohnt sich nicht. Wir wollen schnell weiter. Als der Tankwart uns fragt, wohin die Reise gehen soll, erleben wir jedoch eine böse Überraschung: Ein Erdrutsch habe 50 Kilometer weiter südlich die Carretera Austral blockiert, und ein Durchkommen nach Puerto Yungay sei zur Zeit nicht möglich sei.

Das darf doch wohl nicht wahr sein! Zunächst versuchen wir, ruhig Blut zu bewahren. Denn wir haben in Südamerika gelernt, die Aussage einer einzelnen Person nicht unbedingt auf die Goldwaage zu legen. Bei den Carabineros erkundigen wir uns deshalb ebenfalls nach dem Zustand der Straße. Aber auch hier erfahren wir das Gleiche - die Carretera ist gesperrt. El Niño sei schuld daran, sagt uns einer der Beamten.

Mist! Wir hatten gehofft, auf der pazifischen Seite der Anden Ruhe vor diesem Wetterphänomen zu haben. Doch El Niño scheint überall präsent zu sein. In zwei bis drei Tagen sei die Straße wieder frei, vermutet der Polizeichef von Cochrane. Da wir allerdings schon des öfteren unsere speziellen Erfahrungen mit dem südamerikanischen Zeitverständnis gemacht haben, beschließen wir, umzukehren und morgen früh wieder Richtung Norden zu fahren.

Ich bin nicht enttäuscht darüber, dass wir nun nicht nach Puerto Yungay kommen. So haben wir schließlich mehr Zeit für den Rest der Carretera Austral. Ich hatte schon befürchtet, die letzten Tage vor Annes Abflug über diese Piste hetzen müssen, um rechtzeitig in Puerto Montt zu sein. Doch nun kann ich den kommenden Tagen gelassener entgegensehen. Wir können uns jetzt Zeit lassen, was Anne, mir und auch meinem gebeutelten Motorrad sicher gut tun wird.

Wir campieren irgendwo am Straßenrand. Hinter unseren Zelten erhebt sich eine graue Felswand. Hoch oben in einer Nische entdecken wir die Hinterlassenschaften eines Kondors. Ob er nochmals auftaucht? Wir haben Glück. In der Abendbrise schwingt sich einer dieser riesigen Geier in den Himmel. Auf der Suche nach einer guten Thermik dreht er hoch über unseren Köpfen ein paar Runden, bevor er am Horizont verschwindet.

Der Kondor bleibt an diesem Abend nicht die einzige Begegnung mit der südamerikanischen Tierwelt. Eine Rinderherde hat sich die Wiese, auf der wir zelten, ebenfalls als Nachtlager ausgesucht. Unsere textilen Behausungen müssen anscheinend auf dem saftigsten Stück Gras stehen. Denn ohne jegliche Angst und Scheu haben uns die Rindviecher im Nu umzingelt. Mit Händen und Füssen müssen wir unseren Schlafplatz verteidigen. Erst zwei Huasos, wie die Gauchos in Chile genannt werden, befreien uns aus der misslichen Lage. Ihre Hirtenhunde bringen mächtig Unruhe in die Herde, und für einen Moment fürchten wir, dass die Rinder unsere Zelte niedertrampeln.

In Cochrane ist nicht viel los. Die Dorfjugend rennt begeistert hinter unseren Motorrädern her.

Auf einer Kuhweide schlagen wir die Zelte auf. Aufpassen, dass man nicht in einen Kuhfladen tritt oder das Zelt hineinstellt. Heute Abend kochen die Männer. Es gibt Huhn mit pappigem Reis. Nicht unbedingt mein Fall, dafür sättigt es enorm.

Am anderen Tag wollen wir ein ordentliches Stück in Richtung Norden fahren. Schon kurz nach dem Start sind die Motorräder von Birgit und Jo wie üblich nicht mehr zu sehen. Doch nach kurzer Zeit sehe ich Jos Honda und Birgits BMW am Pistenrand stehen. Ist etwas passiert? Ganz und gar nicht. Die beiden haben nur eingesehen, dass es wirklich eine Schande wäre, die Carretera Austral einfach nur entlang zu heizen. Unseren Etappenplan für heute verwerfen wir deshalb schnell.

Ganz gemächlich rollen wir nun im Dreierpulk über die Piste. Die Natur hat im Süden Chiles wahrlich aus dem Vollen geschöpft. Urwälder, Seen, Berge und Gletscher - entlang dieser Straße gibt es fast das komplette landschaftliche Repertoire zu sehen. Alle paar Kilometer legen wir einen Stopp ein. Die Piste windet sich entlang des Lago General Carrera, dessen Wasser tiefblau ist. Schon fast unnatürlich blau.

Die ständige Holperei geht ganz schön an die Substanz. Für ein kurzes Teilstück ist die Straße plötzlich in einem guten Zustand. Kaum Schlaglöcher und kein Wellblech. Doch als wolle uns die Carretera nur eine kleine Atempause gönnen, geht es nach wenigen Kilometern wieder heftig zur Sache. Der allgegenwärtige grobe Schotter, gespickt mit tiefen Löchern, erwartet uns wieder. Der Weg sieht aus wie ein Schweizer Käse. Ich kann gar nicht so langsam fahren, dass die Federung nicht trotzdem ständig durchschlägt. Die zahlreichen Pausen sind für Rücken und Gesäß stets eine willkommene Erholung.

Am Abend stehen 120 Kilometer mehr auf dem Tacho. Kurz vor Puerto Rio Tranquilo schlagen wir unser Lager direkt am Lago General Carrera auf. So richtig genießen kann ich die traumhafte Landschaft heute Abend jedoch nicht. Es ist zum Verzweifeln - meine Hoffnungen, dass sich die Piste bessern würde, haben sich nicht erfüllt. Anne sieht mitgenommen aus. Sie tut mit leid, denn sie sitzt während der Fahrt eingezwängt hinter mir, ist zur Untätigkeit verdammt und hat keine Möglichkeit, einzugreifen. Sie kann nur darauf vertrauen, dass ich da vorn keine Fehler mache.

Obwohl es heute nur eine kurze Etappe war, sind wir beide fix und fertig. In erster Linie körperlich. Aber auch Geist und Seele leiden. Und morgen wird es wieder heißen: Sachen zusammenpacken und weiterfahren. Seit sechs Tagen geht das nun schon so. Am Abend alles auspacken und am nächsten Morgen den ganzen Kram wieder zusammensuchen. Anne und ich sind zwar schon routiniert, doch trotzdem nervt uns die ganze Prozedur. Wir versuchen, die Aus- und Einpackerei mit minimalem Aufwand und systematisch zu bewältigen, was uns auch ganz gut gelingt. Aber immer noch dauert alles seine Zeit.

Am nächsten Tag bessert sich unsere Laune. Denn die Carretera Austral hält eine Überraschung für uns bereit, mit der ich nicht gerechnet habe: Schotter und Wellblech weichen einer glatten, festgefahrenen Oberfläche. Selbst eine Asphaltstraße könnte nicht besser sein. Die neue Piste ist Balsam für unsere geschundenen Knochen.

Die Natur ist es, die uns diese glatte Fahrbahnoberfläche beschert. Wir sind nämlich in der Nähe des Vulkan Hudson, der 1991 ausgebrochen ist und damals weite Teile der Umgebung mit seinem Ascheregen überzogen hat. Bis hinüber zum Atlantik waren damals die Auswirkungen der Eruption zu spüren. Ganz Zentralpatagonien hatte unter dem Vulkanausbruch zu leiden. Sein Ascheregen erstickte im weiten Umkreis fast alles Leben. In Argentinien fielen dem Ausbruch mehr als 100.000 Schafe zum Opfer.

Wir fahren wie durch eine Geisterlandschaft. Vorbei an Häusern, von denen zum Teil nur noch die Dächer aus dem Staub ragen. Der Ausbruch schlug eine breite, schwarzgraue Schneise in die sonst so grüne Landschaft. Nur die verkohlten Baumstümpfe sind von der einst üppigen Vegetation übrig geblieben.

Diese Asche - und damit sind wir beim Grund der im Augenblick so angenehmen Fahrt - legte sich auch auf die Piste. Und seitdem gibt es auf diesem Teilstück am Vulkan Hudson kein Wellblech und keine Schlaglöcher mehr. Die Oberfläche ist topfeben, wir brausen mit 70 Stundenkilometern über die aschebehandelte Fahrbahn - ein neuer Geschwindigkeitsrekord auf der Carretera Austral.

Doch die Freude währt nicht lange. Kurz vor dem Ort Cerro Castillo kehrt sich alles ins Negative, und wir rattern über das bisher übelste Stück der Carretera. Berauscht von der Geschwindigkeit, bremse ich zu spät und donnere volle Kanne in die ersten Löcher hinein. Wahre Krater öffnen sich vor meinem Vorderrad. Auf den fiesen, rutschigen Steinchen dauert es seine Zeit, bis ich das Motorrad wieder auf die passende Geschwindigkeit heruntergebremst habe. Anne hat sich ziemlich erschrocken und schimpft hinter mir wie ein Rohrspatz.

Vorsichtshalber halte ich an, um das Motorrad zu inspizieren. Die Ténéré weist zum Glück keine Schäden auf. Dennoch: Ich frage mich, wie lange die Maschine diese Quälerei noch durchhält. Irgendwann werde ich bestimmt die Quittung dafür bekommen, für das, was ich meinem Motorrad bisher angetan habe.

Mit nunmehr Tempo 30 geht es nach Coyhaique hinein. 50.000 Menschen leben in diesem Ort. Seit Punta Arenas gab es auf unserem Weg keine vergleichbare Stadt. Der Zeltplatz liegt sehr zentral, ist dafür an Hässlichkeit kaum zu überbieten. Wir stellen unsere Zelte auf einer Obstwiese auf. Die sanitäre Einrichtung beschränkt sich auf das Badezimmer des Platzbesitzers. Rund 20 Leute müssen sich sowohl Toilette als auch Dusche teilen. Unter dem Strich ist das nicht gerade ein Ort, an dem man sich länger niederlässt.

So herrlich tagsüber die Sonne scheint, so bitterkalt ist es nachts. Meist schlafe ich in den Fleece-Klamotten. Tagsüber schwitzt man, nachts friert man. So ist das hier.

Im Vulkangebiet gefällt es mir sehr gut. Eine völlig fremdartige Landschaft. In den Pausen machen wir Jagd auf die überall gegenwärtigen Pferdefliegen.

Die Piste ist nun voller Buckel und Schlaglöcher und bringt Andreas in Rage. Ich höre ihn vor mir fluchen.

Die Jungs sind wieder mit dem Abendessen dran. Heute servieren sie gebratenes Fleisch und getoastetes Brot. Schmeckt sehr gut. Eine Dusche - endlich - im privaten Badezimmer des Campingplatzbesitzers beendet den Tag.

Doch so ein Aufenthalt in der Stadt hat auch seine Vorteile. Es gibt frisches Gemüse, Obst, Käse und Fleisch. Eben alles, was das Herz begehrt. An diesem Abend verbannen wir unsere Einheitskost, die in den letzten Tagen aus Spaghetti oder Polenta mit Tomatensoße und Pfannkuchen bestand, vom Speiseplan. Wir lassen es uns heute richtig gut gehen. Steaks, Salat und frisches Brot stehen vor uns auf dem Tisch. Unsere selbstkreierten Hamburger werden reichlich mit Ketchup und Mayonnaise bestückt. Doch das hat fatale Folgen.

Anne und Birgit bekommen noch in der Nacht heftige Übelkeit und Durchfall. Die Ursache ist schnell gefunden: Die verzehrte Mayonnaise war schon längere Zeit unser Reisebegleiter. Und die letzten warmen Tage, in denen die Tube in meinem Alukoffer schlummerte, scheinen den Bakterien zu einer wahren Blüte verholfen zu haben. Nur Jo und mir geht es gut. Jo hatte ganz auf die fettige Zutat verzichtet, und mich retteten wohl die Pepperoni, von denen ich am gleichen Abend fast ein ganzes Glas verputzt hatte. Die scharfen Dinger müssen jegliches Leben in meinem Magen abgetötet haben.

An eine Weiterfahrt ist am nächsten Morgen nicht zu denken. Anne und Birgit pendeln den ganzen Tag zwischen Zelt und Toilette hin und her. Jo und ich können nichts tun. Also vertreiben wir uns die Zeit in der Stadt. Zwei Tage dauert das Martyrium von Anne und Birgit, bis sich Besserung einstellt. Wir hängen dann noch einen Tag dran und bleiben in Coyhaique, damit die beiden wieder zu Kräften kommen. Mayonnaise wird von diesem Tag an von unserem Speiseplan gestrichen.

Ein Tag zum Abhaken. Birgit und ich haben uns den Magen verdorben. Wir hängen voll durch und verbringen den Tag im Zelt und auf der Toilette. Mir ist hundeelend. Wie gerne würde ich ein wenig bummeln gehen. Der Basar in der Stadt interessiert mich sehr.

Aber erst am folgenden Tag geht es Birgit und mir besser. Mit Genuss frühstücke ich zwei Brötchen mit Marmelade. Dann schreibe ich Karten - 18 Stück. Das muss eben sein. Andreas wechselt derweil den Kupplungszug am Motorrad. Der alte ist total zerfetzt.

Das Wetter hat sich inzwischen wieder verschlechtert. Unser Weggefährte El Niño ist eingetroffen. Am letzten Abend in der Stadt müssen wir eine große Plane über unsere Zelte spannen, damit wir nicht im Regen sitzen. Wir hoffen für morgen auf eine Wetterbesserung. Sollte es weiter so trüb bleiben, können wir die geplante Fahrt mit dem Schiff zur Laguna San Rafael nämlich vergessen.

El Niño zeigt sich jedoch unnachgiebig. Wir können unser Zelt zwar noch trocken einpacken, doch kaum haben wir Coyhaique hinter uns gelassen, setzt der Regen wieder ein. Wasserfallartig stürzen die nassen Massen vom Himmel. Einen solchen Regen haben wir selbst im Norden Argentiniens nicht erlebt. Als wir den kleinen Hafen Puerto Chacabuco erreichen, ist uns klar, dass wir die Laguna San Rafael auf dieser Reise nicht sehen werden. Eine graue Nebelbrühe dümpelt über dem Fjord. Von der drei Kilometer langen und bis zu 60 Meter hohen Eiswand des San Rafael Gletschers würden wir bei dieser Sicht, wenn überhaupt, nur Bruchstücke zu sehen bekommen. Oder ausschließlich auf eine graue Nebelwand starren. Dafür sollen wir 150 US-Dollar pro Kopf zahlen - das ist zu viel.

Wir flüchten in ein Café. Patschnass wie wir sind, setzen wir es innerhalb weniger Minuten völlig unter Wasser. Doch der Inhaber sieht es gelassen - er freut sich heute über jeden Gast. Bei diesem Sauwetter überrennen die Touristen Puerto Chacabuco nicht gerade. Jeder von uns ist nass bis auf die Haut, doch irgendwann müssen wir weiter.

Die 20 Kilometer bis Puerto Aisén sind asphaltiert, dann beginnt wieder der Schotter. Jetzt, bei dem Regen, wird die ganze Sache noch dramatischer. Meine Crossbrille beschlägt sofort, und die Schlaglöcher sind kaum auszumachen. Es schüttet, was das Zeug hält. Nichts, aber auch gar nichts ist noch trocken an mir. Den anderen geht es nicht besser. Die Luft ist kalt, wir frieren erbärmlich. Das Wasser ist einfach überall.

Nach 50 Kilometern ist Schluss - ein kleiner Zeltplatz am Lago Aguirre Cerda wird unsere Zuflucht. Der Platz ist von der einfacheren Sorte. Eine Wiese, ein Plumpsklo, und irgendwo liegt ein Schlauch für die Wasserversorgung. Die Hütte, in der der Betreiber wohnt, macht ebenfalls einen sehr spartanischen Eindruck.

Von Beruf ist er Holzfäller, und der Verkauf von Bau- und Feuerholz an Sägemühlen oder private Haushalte reicht gerade zum Leben. Der Campingplatz ist für ihn ein willkommenes Zubrot. Wir kommen ein wenig ins Gespräch. Die Arbeit in den Wäldern ist hart, erzählt er. Maschinen gibt es nicht. Wie Generationen vor ihm zieht er die gefällten Bäume mit seinen beiden Ochsen aus dem Wald. Zersägt werden die Stämme mit der Hand - eine mühevolle und langwierige Arbeit.

Während wir noch unsere Zelte aufbauen, entfacht der alte Mann aus völlig nassem Holz ein Lagerfeuer. Wie er das macht, ist uns ein Rätsel. Noch bevor unsere Zelte stehen, brennen die Scheite lichterloh. Wir spannen die Plane an der Feuerstelle auf. Es ist das erste Mal, dass wir auf unserer Reise die Zelte im Regen aufbauen müssen.

Das Wetter drückt auf die Stimmung. Wie begossene Pudel sitzen wir unter unserem provisorischen Unterstand und trinken eine Tasse Tee nach der anderen. Der Regen prasselt unermüdlich auf uns herab. Alles, was wir anfassen oder anziehen, ist feucht. Dann und wann reißt die Wolkendecke, die die Berge um uns herum verhüllt, für ein paar Sekunden auf, und wir können erahnen, wie die Landschaft aussehen könnte, wenn es mal nicht regnet. Am Abend liegen wir in unseren Zelten, und der Regen, der weiterhin monoton auf unsere Behausungen hämmert, wiegt uns in den Schlaf.

Gestern abend war es noch bedeckt, doch heute morgen knallt die Sonne vom Himmel. Das Zusammenpacken wird zur schweißtreibenden Angelegenheit. Um 12.00 Uhr verlassen wir Coihaique. Tanken und Post einwerfen, dann sind wir wieder auf der Carretera.

Auf einmal fängt es an zu schütten. Tropfnass erreichen wir Puerto Chacabuco. Dort fallen wir in ein Café ein, wo wir erst mal die ganzen Regenklamotten neu ordnen und uns mit einem heißen Tee aufwärmen. Um 15.00 Uhr geht es weiter. Durch den Regen ist die Piste ziemlich schmierig geworden, und mir ist ab und zu nicht ganz wohl in meiner Haut. Es gießt immer noch. Heute werden wir wohl alle einen reichlich nassen Hintern bekommen.

Ein Zeltplatz mit Donnerbalken wird die Bleibe für heute Nacht. Der nette Besitzer macht für uns ein Feuer, das jedoch kaum wärmt. Nach einer Tüte Trinksuppe und Spaghetti mit

Mais und roter Soße verschwinde ich im Zelt. Wo bleibt meine menschliche Wärmflasche?

Das gleiche Geräusch ist auch am nächsten Morgen zu hören. Da ich als erster wach bin, fällt mir die Aufgabe zu, das Feuer wieder zu entfachen. Doch mir fehlt die Geschicklichkeit des Holzfällers Das einzige, was ich zustande bringe, ist jede Menge Qualm. Fast zwei Stunden puste und wedle ich herum, bis sich endlich ein paar Flammen zeigen.

Das Frühstück zieht sich in die Länge. Was sollen wir heute auch anderes tun? Es gibt ein paar Kleinigkeiten zu reparieren, doch das ist schnell erledigt. Also bleiben wir einfach sitzen und trinken eine Tasse Tee nach der anderen. Ich habe den Eindruck, als würde der Regen noch heftiger.

Dank unserer praktischen Outdoor-Sitze macht uns die feuchte Erde nichts aus. Die Dinger haben keine Füße, dafür einen isolierten Boden und eine Rückenlehne. Klappt man sie auseinander, spannen sich automatisch zwei Gurte auf, und man sitzt wie in Omas Ohrensessel.

Plötzlich steht wie aus heiterem Himmel ein Radfahrer vor uns. Nur bekleidet mit T-Shirt und kurzer Hose, zittert der arme Kerl entsetzlich. Die Frage, ob er eine heiße Tasse Tee möchte, müssen wir ihm nicht zweimal stellen. Der junge Mann ist Australier und mit dem Fahrrad nach Ushuaia unterwegs.

Jetzt wird es unter unserer Plane endlich interessanter. Wir unterhalten uns intensiv mit dem Australier und tauschen Erfahrungen aus. Doch der Kerl scheint auf glühenden Kohlen zu sitzen. Nach drei Stunden und etlichen Tassen Tee will er wieder weiter. Wir können ihn nicht davon überzeugen, dass es bei diesem Sauwetter sinnvoller ist, hier das Zelt aufzubauen.

Kaum hat er sich von uns verabschiedet, ist das dumpfe Blubbern von Einzylinder-Motoren zu hören. Am Eingang des Campingplatzes stehen drei Motorräder aus Deutschland. Die Fahrer nutzen einen regenfreien Moment, um eine schnelle Zigarettenpause einzulegen. Doch auch sie können wir nicht überreden, sich zu uns ans Feuer zu setzen und die Zigarettenpause etwas auszudehnen. Die Frau und die beiden Männer lehnen dankend ab. Sie wollen es heute unbedingt bis nach Coyhaique schaffen.

Spinne ich? Sind denn alle, die auf der Carretera Austral unterwegs sind, völlig übergeschnappt? Diese Leute reisen nicht, sondern sind eher auf der Flucht. Und so macht sich das Trio nach einer »blauen Dunstpause« wieder auf den Weg.

Kaum sitzen wir wieder unter der Plane, steht der australische Radfahrer vor uns. Der Tee und die Wärme des Feuers haben ihn wieder zu uns zurückgetrieben. Wenigstens einer, der noch alle Sinne beisammen hat. Was bleibt ihm auch anderes übrig bei Dauerregen und Temperaturen, die nicht weit vom Gefrierpunkt entfernt sind?

Wie am Abend zuvor werden wir vom Regen, der unaufhörlich auf das Zelt prasselt, in den Schlaf gesungen. Es ist ungemütlich hier drin - alles ist feucht. Mittlerweile fühlt sich auch der Schlafsack klamm an. Zum Regen haben sich jetzt noch Blitz und Donner gesellt, und heftige Windböen schütteln unsere textilen Behausungen. Das Gewitter hält sich lange zwischen den Bergen. Arme Birgit - sie hat eine höllische Angst vor Gewitter. Für sie dürfte es eine besonders unruhige Nacht werden.

Birgit und ich schlagen vor, weiterzufahren und eine Hütte zu mieten. Die nassen Klamotten müssen ja irgendwie trocknen. Doch die Männer sind dagegen. Missgelaunt sitze ich unter der Plane am Feuer und verfluche Gott und die Welt. Wenigstens trocknen die Motorradsachen einigermaßen. Wir haben sie am Feuer über ein Fotostativ gehängt.

Meine Laune bessert sich allmählich. Wir bekommen viel Besuch und haben eine Menge Spaß. Beim Teekochen schütte ich aus Versehen das heiße Wasser in einen Motorradkoffer. Anschließend darf ich alles, was darin ist, trockenlegen.

Als ich am nächsten Morgen aufwache, hat sich irgendetwas verändert. Aber was? Es dauert einen Moment, bis ich draufkomme: Es ist die Ruhe. Kein Regen mehr, der unaufhörlich auf das Zelt schlägt. Statt dessen Vogelgezwitscher. Die Piepmätze scheinen außer sich vor Freude zu sein, dass es endlich aufgehört hat zu regnen.

Die Sonne ist zurückgekehrt. Keinen von uns hält es in den Schlafsäcken. Frühstück unter blauem Himmel ist angesagt. Gott sei Dank, denn in zwei Tagen geht die Fähre von Chaitén zur Insel Chiloé. Und wenn wir die nicht erwischen, dann wird die Zeit knapp. Denn in einer Woche geht Annes Flieger. Wann diese Fähre genau abgeht, konnten wir bisher nicht in Erfahrung bringen. Die Abfahrtszeiten, die man uns nannte, schwanken zwischen 15 Uhr und 18 Uhr. Dieses Spielchen kennen wir ja schon von der Fähre von Feuerland nach Punta Arenas. Dort gab es auch die unterschiedlichsten Zeitangaben.

Wir wollen jedoch kein Risiko eingehen und nehmen uns vor, übermorgen spätestens um 14 Uhr in Chaitén einzutreffen. Vom Lago Aguirre Cerda bis nach Chaitén sind es knapp 400 Kilometer - eine Distanz, die wir in zwei Tagen schaffen müssten. Doch wer weiß, was die Carretera Austral oder auch El Niño noch für uns an Überraschungen parat halten.

Erst gegen Mittag fahren wir vom Zeltplatz. Keiner von uns hat Lust, jetzt irgendwelche Hektik zu verbreiten. Wir genießen die wärmenden Sonnenstrahlen und lassen erst noch unsere feuchten Motorradklamotten trocknen.

Der Regen scheint die Carretera glatt gebügelt zu haben. Die Piste ist in einem guten Zustand, und wir kommen zügig voran. Bis hoch in den dritten Gang kann ich sogar schalten - ein Wunder.

Dann und wann sehen wir Waldbauern, die mit ihren Ochsenkarren das Holz aus den Wäldern transportieren. Staunend sehe ich, dass die Räder dieser Karren aus Scheiben bestehen, die von Baumstämmen abgeschnitten wurden. Alte Autoreifen, die auf die Rinde genagelt wurden, dienen als Gummierung.

Alles sieht ziemlich mittelalterlich aus. Die Gesichter der Menschen sind gezeichnet von der harten Arbeit. Die Ochsen müssen sich schon mächtig ins Zeug legen, um die tonnenschweren Stämme aus dem Wald auf die Straße zu ziehen. Per Hand werden sie dort mit Hilfe von Flaschenzügen auf die Karren verladen.

Aber irgendwie scheinen sich die Menschen mit ihrem harten Leben zu arrangieren. Die Dörfer, durch die wir fahren, bestehen aus kleinen schlichten Holzhäusern. Meist mit einem Gemüse- und Obstgarten vor der Tür. Alles sieht sehr gemütlich und wohnlich aus. Hinter den kleinen Fenstern stehen bunte Blumen, die der Fassade etwas Farbe verleihen.

Es geht durch den Nationalpark Queulat vorbei am Golgante Gletscher. Anne und Birgit streiken, als sie das Wort Gletscher hören. Sie haben die fotografischen Sitzorgien am Perito Moreno Gletscher noch in lebhafter Erinnerung und fürchten nun, dass sich das gleiche Spektakel hier im Nationalpark Queulat wiederholt. Na gut. Jo und ich geben nach. So begnügen wir uns mit einem Blick aus der Ferne auf den weißen Riesen.

Unweit von Puerto Puyuhuapi schlagen wir unser Lager am Lago Roselott auf. Die Vegetation hat sich auf den letzten Kilometern ziemlich verändert. Sie ist dichter, grüner und üppiger geworden. Mein Blick bleibt im dichten Grün der Blätter hängen. Vor allem die Pangue-Pflanze, ein rhabarberähnliches Gewächs, wuchert hier äußerst üppig.

Der herrliche Lago Roselott ist leider nur ein Zwischenstopp, denn die Zeit sitzt uns im Nacken. Morgen nachmittag geht die Fähre von Chaitén hinüber zur Insel Chiloé. Sollten wir das Schiff verpassen, müssen wir drei Tage warten.

Spülen, packen, zahlen. Dann machen wir uns auf den Weg. Die Piste ist in überraschend gutem Zustand, und wir kommen zügig voran.

Zwischendurch macht Andreas Fotos. Ich muss dabei das Motorrad fahren. Allmählich gewöhne ich mich an das Gewicht

l Niño sorgt für ein feuchtes Klima

ugzeugwrack an der Carretera Austral

Der Patagonien-Express wird liebevoll »La Trochita« genannt

Der Lokführer strahlt Autorität und Gelassenheit aus

Typisches Café an der Carretera Austra

Am Lago General Carrer

benteuer und Romantik beim Zelten in freier Natur

lick auf den Tronador

Das Hotel Indiana in Santiag

Die Puente del Inc

Der Rahmenbruch wird perfekt geschweißt

Am Paso San Francisco

Grandiose Farben im Valle de la Luna

Die Atacama-Wüste, eine der trockensten Regionen der Welt

und das veränderte Handling und komme mit der Maschine ganz gut zurecht. Für ein Foto muss ich durch eine Furt fahren. Zuerst habe ich ein wenig Muffe, mitten im Wasser umzufallen. Es geht aber ganz gut. Andreas, der Scherzkeks, verspricht, von dem Foto ein Poster machen zu lassen. Darunter soll dann stehen: Annes erste Furt.

In Puyuhuapi warten Coca-Cola und leckerer Himbeerkuchen auf uns. Wir sind die einzigen Gäste im Café und müssen eine Weile warten, bis der Patron aus der Siesta kommt.

Bei der Wahl des Campingplatzes werde ich überstimmt. Entsprechend knatschig baue ich das Zelt auf. Wieso fragt man mich, wenn meine Meinung ohnehin nicht zählt? Andreas versucht, ein Feuer hin zu bekommen. Bis es endlich brennt, ist schon Schlafenszeit.

Hektisch geht es am nächsten Morgen zu. Wir haben immer noch nicht die genaue Abfahrtszeit der Fähre in Erfahrung bringen können. Also bleibt uns nichts anderes übrig, als so früh wie möglich nach Chaitén zu kommen. Keine Zeit für Gemütlichkeit. Wir packen in Rekordzeit die Sachen zusammen und verstauen sie auf dem Motorrad. Ungefähr 200 Kilometer liegen noch vor uns, sechs Stunden Zeit haben wir dafür. Wenn der Zustand der Carretera Austral so bleibt wie auf den letzten 100 Kilometern, ist das kein Problem. Wird die Piste jedoch schlechter, wird es eng. Also nichts wie los.

Wir haben Glück - die Carretera bleibt in gutem Zustand, und wir kommen zügig voran. Durch die Eile kommt die Landschaft heute ein wenig zu kurz. Wir unterbrechen die Fahrt nur selten.

Nur in Amarillo machen wir eine längere Pause. In einem Garten steht ein altes Passagierflugzeug aus den 30er oder 40er Jahren. Könnte eine DC-3 sein oder etwas in der Richtung. Weiß Gott, wie sie dahin gekommen ist. Vielleicht notgelandet. Der Besitzer hat den Oldtimer zum Geräteschuppen umfunktioniert. Ein merkwürdiger Anblick, zudem aus dem Dach des

Flugzeuges noch ein kleiner Schornstein herausragt. Gerne hätten wir mehr über dieses Flugzeug und seine Geschichte erfahren. Doch die Zeit drängt. Pause beendet.

Wir erreichen Chaitén rechtzeitig. Im Büro der Fährgesellschaft erleben wir mal wieder einmal eine typisch südamerikanische Überraschung: Das Schiff wird nicht um 15 Uhr, sondern erst um 17 Uhr ablegen. Die ganze Eile war also umsonst. Wie gern hätte ich an dem einen oder anderen Ort angehalten, ein Foto gemacht oder einfach nur dagesessen und die Szenerie genossen.

Nun sitzen wir in Chaitén, einem Ort, in dem es absolut nichts zu sehen gibt. Wir vertreiben uns die Zeit in einem Café und bummeln durch die Straßen, wobei sich der Stadtrundgang mangels Geschäfte und Sehenswürdigkeiten in nur 10 Minuten erledigt hat. Die restliche Zeit schlagen wir uns wieder im Café um die Ohren.

Pünktlich um 17 Uhr stehen wir am Anleger - von der Fähre ist jedoch weit und breit nichts zu sehen. Nachdem wir eine halbe Stunde gewartet haben, fahre ich zum Büro der Fährgesellschaft, um mich zu erkundigen, wie groß die Verspätung wohl sei. »Verspätung?« Der junge Mann am anderen Ende des Schreibtisches sieht mich mit großen Augen an. Nein, die Fähre würde erst um 19 Uhr ablegen, und er deutet dabei auf die Tafel im Schaufenster. Ich staune nicht schlecht. Wo vor nicht einmal einer Stunde noch 17 Uhr stand, ist jetzt 19 Uhr zu lesen. Von einer Verspätung kann überhaupt keine Rede sein - hier handelt es sich ganz klar um eine kurzfristige Fahrplanänderung.

Wir setzen uns also wieder ins Café. Die Laune des Besitzers ist bestens, denn neben uns warten inzwischen noch gut zwei Dutzend potentielle Passagiere auf die Fähre. Und fast alle überbrücken die Zeit in seinem Etablissement.

Aber auch gegen 19 Uhr ist von einer Fähre im Hafen nichts zu sehen. »Hora de salida 20« steht nun auf der Tafel im Reedereibüro. Auf meine Frage, ob das Schiff heute tatsächlich noch abfährt, deutet der Angestellte nur kurz auf das Schild, um sich dann sofort wieder seiner Arbeit zuzuwenden. Er traktiert wie wild einen kleinen Taschenrechner. Wahrscheinlich will er so Geschäftigkeit vortäuschen, um den lästigen Fragen der Leute aus dem Weg zu gehen. Gut, denke ich, dann warten wir eben bis 20 Uhr. Was bleibt uns auch anderes übrig?

Doch auch eine Stunde später bleibt es im Hafen verdächtig ruhig. Das Büro hat vorsichtshalber die Abfahrtszeit auf 22 Uhr festgesetzt. Allmählich glaube ich, dass die Fahrpläne täglich ausgewürfelt werden. Die ganze Angelegenheit wird zu einem Lotteriespiel. Der Einzige, der von der ganzen Verspätung profitiert, ist der Besitzer des Cafés - er hat heute seinen großen Tag. Für ihn dürfte die Verzögerung einen neuen Rekordumsatz bedeuten.

Eine halbe Stunde vor dem zuletzt prognostizierten Abfahrtstermin verlassen wir das Café mit dem festen Vorsatz, nicht mehr wiederzukommen. Egal, wann auch immer die Fähre ablegt.

Doch auch gegen 22 Uhr ist weder ein Schiff im Hafen noch sind irgendwelche Positionslichter auf dem Meer zu sehen. Wir fahren noch einmal zum Büro in die Stadt und hoffen, durch unser gemeinsames Erscheinen den Ernst der Lage zu unterstreichen. Aber das Büro hat geschlossen - wahrscheinlich eine reine Vorsichtsmaßnahme. Auf der Tafel steht jedoch immer noch 22 Uhr als Abfahrtszeit. Vielleicht ist das ein Zeichen dafür, dass sich in absehbarer Zeit etwas tun wird.

Tatsächlich dauert es aber noch eine weitere Stunde, bis die kleine Fähre am Anleger von Chaitén festmacht. Die Besatzung mahnt alle Passagiere zur Eile, als ginge es darum, die Verspätung noch aufzuholen. Ob der Kapitän wohl die Hoffnung hegt, Chiloé doch noch pünktlich zu erreichen? Nein, das Tempo des Schiffes überzeugt mich eher vom Gegenteil. Die ganze Überfahrt steht unter dem Motto: Wenn zu spät, dann auch richtig. Der Pott schleicht geradezu über das Meer. Wenn wir paddeln würden, wären wir wahrscheinlich schneller.

Kurz nach 4 Uhr morgens erreichen wir Quellon. Der kleine Ort im Süden der Insel Chiloé sieht in der Dunkelheit trostlos aus. Übermüdet stehen wir am Hafen. Ich könnte mir keine hoffnungslosere und entmutigendere Situation vorstellen. Es regnet, und keiner von uns hat eine Ahnung, wo wir jetzt noch unsere Zelte aufbauen können. Die Aussichten, um diese Zeit eine Unterkunft zu finden, sind eher gering.

Wir durchstreifen mit den Motorrädern den Ort und folgen dem Hinweisschild zu einem Campingplatz. Nach wenigen Kilometern stehen wir vor einem verschlossenen Holztor. Auf der anderen Seite des Zaunes macht sich ein Hund mit gewaltigem Spektakel bemerkbar. Er kläfft sich die Seele aus dem Leib und scheint Amok zu laufen. Wir sitzen schon wieder auf den Motorrädern, als sich das Tor auf einmal öffnet.

Eine Frau im Morgenmantel - bewaffnet mit einer Taschenlampe - schaut uns durch den kleinen Spalt an. Birgit springt von ihrer BMW und läuft auf die Frau zu. Ich hätte an ihrer Stelle sofort das Tor zugeschlagen und verrammelt. Die Frau lässt sich jedoch auf ein Gespräch ein, und kurz danach stehen wir auf dem Zeltplatz. Morgens um halb fünf. In Deutschland hätte das mit Sicherheit nicht geklappt.

Die Frau ist absolut nett und bietet uns an, Kaffee zu kochen. Wir jedoch wollen einfach nur noch schlafen. Eine Viertelstunde später stehen unsere Zelte, und wir fallen in die Schlafsäcke. Tief und fest schlafen wir den Rest der Nacht.

Um 7.00 Uhr geht es raus aus den Federn, denn die Fähre in Chaitén soll um 15.00 Uhr ablegen. Und wir haben 190 Kilometer vor der Brust.

Das Wetter ist phantastisch und die Landschaft atemberaubend. In Amarillo fotografieren wir die zum Gartenhaus umfunktionierte Propellermaschine. Ich muss fürs Foto fahren. Mittlerweile habe ich die Ténéré ganz gut im Griff. Das Wenden auf Schotter mit dem vollbeladenen Ding klappt perfekt.

In Chaitén verlassen wir die Carretera. Natürlich herrscht im Ort gerade Siesta, und wir gehen erst mal essen.

Die Fähre hat sich um 8 Stunden verspätet. Auch für Süd-

amerika ein Rekord. Irgendwann vor Mitternacht legen wir endlich ab. Eigentlich wollte ich gemütlich lesen und Tagebuch schreiben. Aber das kann ich mir knicken, denn ich bin viel zu müde. Ich falle in einen unruhigen Schlaf und werde gegen 4.00 Uhr morgens von Andreas geweckt.

Anziehen, Motorräder packen, dann stehen wir im Regen am Anleger von Quellon. Müde, hungrig, nass. Was für ein Morgen.

Der Regen hält auch am nächsten Tag an. Den Frühstücksraum, einen überdachten und nach allen Seiten offenen Stall, müssen wir uns mit Daisy teilen. Das Schaf ist nicht sonderlich begeistert von unserer Anwesenheit. Es verkriecht sich sofort in eine Ecke. Wenn sich von uns jemand zu heftig bewegt, zuckt Daisy zusammen und versucht zu fliehen.

Auch nach einem ausgedehnten Frühstück ist von einer Wetterbesserung nichts in Sicht - es gießt weiterhin wie aus Kübeln. Quellon selbst liegt im Süden von Chiloé. Nicht gerade zentral, um von hier aus Touren über die Insel zu machen. Wir beschließen also, umzuziehen. Für nicht einmal 100 Kilometer Strecke eine Menge Aufwand. Doch bei diesem Wetter haben wir sowieso nichts Besseres zu tun. Wir versuchen, unsere Sachen möglichst trocken zu verstauen, was nicht immer gelingt.

Eingepackt in unser »Ölzeug« fahren wir Richtung Chonchi, einem Ort in der Mitte der Insel. Hier soll es laut Reiseführer einige Campingplätze geben. Es klappt. Gegen Mittag stehen die Zelte, und - was für ein Glück - es hat aufgehört zu regnen. Ab und zu lässt sich sogar die Sonne blicken. Unsere nassen Sachen trocknen schnell.

Abends fahren wir zur Westküste der Insel nach Cucao. Der Weg dorthin ist heikel, das Wellblech noch schlimmer als auf einigen Passagen der Carretera Austral. Doch der Ausflug lohnt sich. Der Wind tobt, und große Wellen schlagen ständig an den Strand. Wir können mit den Motorrädern direkt bis zum Wasser fahren, in dem groben Kies jedoch keine leichte Aufgabe. So muss Anne manchmal schieben, damit wir vorankommen.

In Gesellschaft des Hausschafs frühstücken wir ausgiebig. Was bleibt uns bei dem Sauwetter auch anderes übrig? Am frühen Nachmittag kommt die Sonne durch, und wir entschließen uns, nach Conchi zu fahren

Die Fahrt dorthin geht flott über die Bühne. Endlich Asphalt. Was für eine Wohltat.

Die Aktivitäten in Annes letzter Urlaubswoche schrauben wir ein wenig runter. Es sind nur noch wenige Tage bis zu ihrem Abflug, und in dieser Zeit wollen wir uns keinen Stress machen. So fahren wir für einen Tag nach Castro, um dort Annes Rückflüge nach Deutschland bestätigen zu lassen. Die restliche Zeit dieses Tages verbringen wir in der quirligen Stadt mit Shoppen. Die alte Kathedrale, das Wahrzeichen Castros, zieht uns ebenfalls an. Sie wurde fast vollständig aus dem Holz der Umgebung gebaut, und der Anstrich hat es uns besonders angetan. Die Farbgebung ist gewagt. Bunt, vorwiegend in Pastelltönen, die die Kathedrale im Sonnenlicht regelrecht zum Leuchten bringen.

Auf dem Campingplatz kann ich endlich mal wieder schön lange und heiß duschen. Dann wasche ich von Hand unsere Wäsche. Dabei plaudere ich auf Englisch mit fünf Argentinierinnen. Wir haben viel zu lachen.

Zum Abendessen servieren die Jungs Gemüsesuppe - scharf und sehr lecker.

Anderntags wollen wir nach Castro, um meinen Rückflug bestätgigen zu lassen. Vorher hänge ich noch schnell die Wäsche von der Leine ab.

Das Büro der Fluggesellschaft finden wir bereits nach zweimaligem Fragen. Rekordverdächtig. Man bestätigt sämtliche Flüge - alles ist in Ordnung.

Am späten Nachmittag fahren wir raus zum Pazifik. Birgit und Jo sind schon vorgefahren, wir treffen sie später bei einer Runde Apfel-Empenadas. Eine üble Schlaglochpiste führt uns hinab ans Meer. Meine Schulter meldet sich wieder. Am Strand bläst ein scharfer Wind, der mit den Wolken ein faszinierendes Spiel treibt. Die Wellen gehen unglaublich hoch - toll!

Zwei Tage bleiben wir in Chonchi, dann zieht es uns weiter zu einem Zeltplatz im äußersten Nordwesten der Insel. Birgit und Jo nehmen diverse Seitenwege und Pisten dorthin - Anne und ich ziehen die Hauptstraße vor. Zumal Annes Schulter immer noch nicht in Ordnung ist. Doch die letzten Kilometer müssen dann auch wir auf Schotter fahren.

Wo ist der Zeltplatz? Nichts zu sehen. Wir suchen vergebens. Ein schmaler Weg führt steil hinunter zum Meer. Mal sehen, was er bringt. Das hätten wir besser sein lassen. Ich stehe voll auf der Hinterradbremse, doch die Ténéré schiebt unvermindert vorwärts. Die Bremse des Vorderrades zu benutzen, traue ich mich nicht, denn dann würden wir sofort in die Waagerechte gehen.

Plötzlich tauchen vor uns tiefe Auswaschungen auf. Jetzt wirds brenzlig, denn lenken ist bei unserem überladenen Motorrad nicht drin. Also beschließe ich, aufs Ganze zu gehen. Bremse lösen, etwas Gas und durch. Es scheppert heftig, das Federbein stöhnt. Anne wird aus dem Sattel gehoben und kann sich gerade noch auf dem Motorrad halten. Die Ténéré hat jetzt eine Richtung eingeschlagen, die ich eigentlich nicht vorgesehen hatte. Aber ich kann nichts machen, sitzen wir doch direkt in einer tiefen Spurrille. Jetzt werde ich richtig sauer. Schließlich bin ich der Chef an Bord. Ein kräftiger Gasstoß, der Einzylinder schnappt nach Luft, und das Motorrad schießt aus der Spurrille heraus bergab. Jetzt ja nicht bremsen. Sonst krachts. Laufen lassen, laufen lassen. Es rappelt noch einige Male heftig, doch letztendlich kommen wir heil unten an.

Ich inspiziere den Strand. Das wäre ein wunderschöner Zeltplatz direkt am Meer. Nur dieser abschüssige Weg hinab ans Wasser ist eine etwas heikle Sache.

Zuerst müssen wir jedoch wieder zurück, um Birgit und Jo

am vereinbarten Punkt zu treffen. Anne lässt durchblicken, dass sie nicht gewillt ist, diesen Berg nochmals rauf- und runterzufahren. So geht sie das abschüssige Stück zu Fuß hinauf. Birgit und Jo treffen wir kurze Zeit später. Beide sind wegen des idyllischen Zeltplatzes sofort Feuer und Flamme. Endlich einmal wieder draußen in freier Natur übernachten.

Bei der zweiten Talfahrt packt mich der Ehrgeiz. Das kann doch nicht sein, dass mich so ein verdammter Hohlweg in die Knie zwingt. Ich überrede Anne, nicht abzusteigen und gehe die Sache konzentriert an. Und tatsächlich: Es klappt wesentlich besser als beim ersten Mal. Ich kann sogar die Spurrillen umkurven. Zwar müssen wir auch diesmal einige heftige Schläge einstecken, doch wir kommen mit einem weitaus geringeren Adrenalinspiegel unten an.

Dann folgt der Tiefsand. Vorhin klappte das ganz gut. Doch jetzt bringt mich das kurze Stück gehörig ins Schlingern. Und gleich darauf nehme ich Bodenkontakt auf. Glücklicherweise bei geringer Geschwindigkeit. Auch Birgit hat mittlerweile schon zweimal Bekanntschaft mit dem Sand gemacht und ist stinksauer. Nachdem wir den Steilhang besiegt hatten, fühlten wir uns stark. Die paar Meter Sand konnten ja wohl so schwierig nicht sein. Das war wohl ein Trugschluss. Mit einer vollbepackten Maschine kann ein Stück Tiefsand nämlich ganz schön gemein werden.

Die Stimmung ist an diesem Abend zunächst etwas gedämpft, weil die Mädels sauer sind. Anne war ohnehin dagegen, diesen verdammten Berg hinab zu fahren. Und Birgit ist sauer, weil sie sich im Sand gleich zwei Mal hingelegt hat. Ich fühle mich natürlich schuldig, weil dieser Zeltplatz mein Vorschlag war.

Da hat Jo die rettende Idee: Mit einem köstlichen Abendessen aus Lachs, Bratkartoffeln und Wein vertreibt er schlagartig die miese Laune. Mit vollem Bauch und einigen Gläsern Wein intus sieht die Welt eben schon viel freundlicher aus. Dann spendiert uns die Natur noch einen first class Sonnenuntergang, und niemand denkt mehr an Hohlwege, Spurrillen und Tiefsand.

Um 8.00 Uhr aufstehen, in der Sonne frühstücken, um 11.30 Uhr abfahren. Bevor wir uns auf den Weg Richtung Norden machen, bummeln wir noch über den wunderschönen Markt von Castro.

Birgit und Jo fahren heute eine andere Strecke als wir. Wir wollen uns auf dem Campingplatz zwischen Quetelmahne und Guabun wieder mit ihnen treffen. Aber diesen Platz gibt es nicht. Also suchen wir nach einem geeigneten Ort zum Zelten. Dabei holpern wir durch Sand und Schotter die Dünen hinab an den Strand. Es ist so steil und rutschig, dass ich an manchen Stellen lieber zu Fuß gehe.

Eine Stunde später treffen wir die beiden oben an der Hauptstraße und fahren zusammen zurück zum Strand. Unten im Tiefsand steige ich lieber ab und gehe den Rest zu Fuß. So kann ich wenigstens Birgit helfen, ihre BMW aufzurichten, als sie sie im Sand zweimal auf die Seite legt. Aber auch Andreas bringt die Yamaha in stabile Seitenlage. Dabei zermatscht es die auf dem Gepäckträger befestigten Pfirsiche samt Joghurt.

Birgit ist sauer wegen ihrer Tiefsand-Eskapaden. Jo bruzzelt inzwischen köstlichen Lachs mit Bratkartoffeln und Dill-Sahne-Soße. Wir sitzen lange am Meer und schauen uns den gigantischen Sternenhimmel mit dem Kreuz des Südens an. Das Rauschen des Meeres wiegt mich heute Nacht in den Schlaf. Herrlich!

Kapitel 10

Auf der Spur von La Trochita

»La Trochita: Spitzname für den Patagonien-Express. Seine Dampfloks stammen aus Deutschland und sind Baujahr 1922. Der Zug wird heute nur noch für touristische Zwecke unter Dampf gesetzt.«

Die letzten anderthalb Tage mit Anne lassen wir gemächlich angehen. Tage der Ruhe. Oder besser: der Gemütlichkeit. Denn als ruhig kann man Puerto Montt nun wirklich nicht bezeichnen. Mir geht diese geballte Ladung Zivilisation gehörig auf den Wecker. Ich bin die Hektik, die vielen Menschen und den Verkehr einfach nicht mehr gewohnt. Die Wochen in der Weite Patagoniens und die Einsamkeit auf der Carretera Austral haben deutliche Spuren hinterlassen. Sobald ich eine Stadt betrete oder mit vielen Menschen zusammentreffe, zieht es mich sofort wieder in die Einsamkeit.

Das umtriebige Puerto Montt lässt die von mir so sehr ersehnte Ruhe natürlich nicht zu. Der quirlige Hafen und die Uferpromenade mit den vielen Souvenirläden - das alles stört mich ungemein. Früher hätte ich mich inmitten dieses bunten Treibens pudelwohl gefühlt. Aber jetzt? Mein lieber Mann, ich habe mich ganz schön verändert.

Am liebsten würde ich Anne packen, sie einfach mitnehmen auf den nächsten Teil der Reise, mit ihr gemeinsam die Ruhe, die Einsamkeit, die Schönheit Südamerikas genießen. Für einen Moment denken wir beide sogar tatsächlich daran, diesen aberwitzigen Plan in die Tat umzusetzen. Doch letztendlich siegt die Vernunft. Anne muss schließlich zurück zu ihrem Job. Ich wäre vielleicht verrückt genug, einfach alles hinzuwerfen. Anne aber ist zu bodenständig, um sich auf ein solches Abenteuer einzulassen. Wahrscheinlich ist es besser so, denn es gibt nun einmal Verpflichtungen, die nicht zu umgehen sind.

Letzter Tag am Flughafen. Der Abschied tut weh. Nie mehr in meinem Leben möchte ich wieder eine solche Situation erleben. Das schwöre ich mir. Für Anne ist es bestimmt noch schlimmer. Nach fünf Wochen in dieser völlig fremden Welt mit all den Eindrücken und Erlebnissen kehrt sie ohne mich zurück in ihr »normales« Leben. Das wird für sie sicher verdammt schwer. Die nächsten beiden Monate werde ich unerreichbar sein. Ein Zustand, der für uns beide nach dieser gemeinsamen Etappe noch unerträglicher sein wird als vor der Reise.

Erst als das Flugzeug mit Anne in den Wolken verschwunden ist, machen wir uns auf den Weg zurück zum Zeltplatz. Ich fühle mich beschissen.

Zum Frühstück gibt es den restlichen Lachs vom Vorabend. Das hat Stil. Mein letzter Tag beginnt, morgen Mittag geht der Flieger nach Deutschland. Mir ist zum Heulen.

Schnell ist Puerto Montt erreicht. Birgit und ich verweigern den ersten Zeltplatz wegen der miserablen sanitären Anlagen. Beim dritten klappt es. Im prallen Sonnenschein bauen wir die Zelte auf.

Mit Andreas bummle ich über den Markt. Wir sind beide ziemlich einsilbig, die nahe Trennung schlägt uns aufs Gemüt. Zum Abendessen wünsche ich mir noch einmal Jos köstliche Gemüsesuppe.

Heute ist es so weit. Ich habe schlecht geschlafen und vom Abschied geträumt. Andreas und ich versprechen uns, so nie mehr auseinander zu gehen. Die nächste Reise beenden wir gemeinsam.

Ich bin niedergeschlagen. Selbst die leckeren Apfelpfannkuchen zum Frühstück bringen mich nicht auf andere Gedanken.

Dann fahren wir zum Flughafen. Von der Landschaft sehe ich nicht viel, weil die Augen voller Tränen sind. Das Einchecken geht flott, es bleibt noch Zeit für einen Kaffee. Die 20 Minuten Galgenfrist sind schnell vorbei. Birgit und Jo drücken mich und versichern, dass es eine schöne Zeit mit mir gewesen sei. Meine Tränen laufen, die Zeit drängt. Schnell durch die Passkontrolle, noch einmal umdrehen, winken.

Im Flugzeug sitze ich ganz vorn am Fenster und sehe die drei am Zaun stehen. Ich winke, doch sie sehen mich nicht.

Sind die 5 Wochen wirklich schon um? Mein Gott, wo die Zeit geblieben ist. Vorbei der Urlaub, die gemeinsame Zeit mit Andreas. Jetzt muss ich wieder auf Post und Telefonanrufe warten. Doch eines weiß ich: Wir beide kommen sicher in dieses wunderschöne Land zurück. Dann aber von Anfang bis Ende gemeinsam.

Ohne ein Wort der Debatte sind Birgit, Jo und ich uns einig, dass wir Puerto Montt so schnell wie möglich verlassen wollen. Darüber bin ich froh. Denn die Situation auf dem Zeltplatz ist unerträglich geworden - zu viele Dinge erinnern mich an Anne. Ständig habe ich ihren Geruch in der Nase, das Zelt kommt mir auf einmal so riesig vor.

Doch es gibt Gott sei Dank einiges zu tun, das mich ein wenig ablenkt. Die Motorräder brauchen mal wieder einen Service. Ölwechsel, Einstellung der Ventile und sonstige Wartungsarbeiten sind dringend notwendig.

Den ganzen Tag schrauben wir an den Maschinen. Doch die Arbeit geht mir heute nicht so flott von der Hand wie sonst. Eine gewisse Melancholie hat mich gefangen. Klar, zum einen wegen Anne. Meine niedergedrückte Stimmung hat aber noch einen anderen Grund: Annes Abreise hat mir sehr deutlich vor Augen geführt, dass meine Auszeit vom Alltag auch irgendwann einmal zu Ende gehen muss. Meine Gedanken kreisen deshalb ständig um das »Danach«. Irgendwie kann ich es mir beim besten Willen nicht vorstellen, jemals wieder in einem Büro zu sitzen. Es ist gut, dass Birgit und Jo da sind.

Am nächsten Morgen herrscht wieder die alte Packordnung. Birgit und Jo geben mir die beiden Packtaschen zurück, die sie in den letzten fünf Wochen für Anne und mich transportiert haben. Unsere Motorräder haben jetzt ihren alten Look wieder und sehen nicht mehr aus wie zweirädrige Lastesel. Merkwürdig, auf was für banale Dinge man mitten im seelischen Ungleichgewicht so achtet.

Ich bin jedenfalls heilfroh, als wir Puerto Montt endlich hinter uns lassen. Unser Weg führt uns zurück auf die Carretera Austral. Im Vorfeld haben sich Birgit und Jo schon um die Tickets für die Fähren gekümmert, die wir auf der weiteren Route nehmen müssen. Die Carretera wird nämlich zweimal vom Meer geteilt.

Schon wieder sind wir unter Zeitdruck, um das Schiff von Caleta Larena nach Caleta Puelche zu erreichen. Eigentlich ist eine solche Hetze völlig unnötig, wo wir doch alle Zeit der Welt haben. Aber irgendwie bekommen wir das nicht geregelt.

Jetzt, wo die Ténéré nicht mehr so schwer beladen ist, kann ich sie wieder sicher und zügig über die Piste treiben. Wir erreichen den kleinen Ort Caleta Larena »just in time« und dürfen ohne anzuhalten direkt auf die Fähre fahren. Das Schiff ist so voll, dass für unsere Motorräder kaum noch Platz ist. Lieblos werden sie in eine Ecke gequetscht. Dabei haben wir noch Glück gehabt: Es ist für heute die letzte Überfahrt nach Caleta Puelche.

Dort angekommen, müssen wir uns in Geduld üben, denn wir verlassen die Fähre so ziemlich als Letzte. Im Konvoi mit Autos und Lkws fahren wir nach Hornopirén und werden dabei von den vorausfahrenden Fahrzeugen ordentlich zugestaubt. Überholen ist selten möglich. Und wenn, dann tauchen wir in eine dicke Staubwand ein und müssen einige Meter im Blindflug zurücklegen.

Als Jo wieder einmal versucht, an einer kleinen Steigung einen Lkw zu überholen, passiert es: Kaum ist er auf gleicher Höhe mit dem Lastwagen, bricht plötzlich dessen Bordwand, und die komplette Fracht ergießt sich über die Piste. Jo kann gerade noch ausweichen, doch das Chaos ist perfekt. Fisch und Eis sind über die ganze Straße verteilt, der Verkehr kommt vollkommen zum Erliegen. »Schneechaos auf der Carretera, und das mitten im Sommer!«, rufe ich Jo scherzhaft zu. Wir beide finden dieses Missgeschick äußerst amüsant und können uns kaum halten vor Lachen. Der Fahrer sieht das natürlich anders.

Mittlerweile ist auch Birgit eingetroffen. Gemeinsam helfen wir dem Pechvogel, die Piste von Fisch und Eis zu befreien. Nach zwanzig Minuten ist die Fahrbahn endlich wieder frei, und wir können nach Hornopirén weiterfahren. Dort müssen wir heute übernachten, da unsere Fähre nach Caleta Gonzalo erst morgen Mittag ablegt.

Am nächsten Vormittag rufe ich Anne von Hornopirén aus an. Sie ist gut und ohne Probleme zu Hause angekommen. Ich bin beruhigt. Denn seit ihrem Abflug mache ich mir ständig Gedanken.

Gerade habe ich das Gespräch beendet, da stürzt Birgit aufgeregt zur Telefonzelle herein. »Beeil' Dich, die Fähre legt gleich ab!«, ruft sie ganz außer Atem. Also hurtig auf die Maschine gesprungen und als Letzter auf die Fähre gerollt. Da habe ich mich einmal auf die südamerikanische Unpünktlichkeit verlassen, und schon bin ich angeschmiert. Denn im Gegensatz zu allen bisherigen Fähren verlässt ausgerechnet dieses Exemplar seinen Hafen überpünktlich.

Nach Caleta Gonzalo zieht es uns aus einem ganz bestimmten Grund: Wir wollen uns ein Stück Land ansehen, um das in Chile heftig gestritten und diskutiert wird. Als der Amerikaner Douglas Tompkins seine Mehrheitsanteile an der Modefirma Esprit für 125 Millionen Dollar verkauft hatte, begann er, im Süden Chiles in großem Stil Waldgebiete zu erwerben. Der Multimillionär war über Nacht zum Umweltschützer geworden und machte es sich zur Aufgabe, die letzten Naturwälder Südamerikas vor den Kettensägen zu bewahren. Mit Erfolg.

Heute kann er 275.000 Hektar Land, auf dem ungefähr 15 Prozent des gesamten Baumbestandes Chiles stehen, sein Eigentum nennen.

Die Naturliebe des Amerikaners an sich war für die Chilenen kein Problem. Gäbe es da nicht einen Haken an der Geschichte. Mittlerweile fehlt nämlich nur noch ein ganz kleines Gebiet, dann ist Tompkins in der Lage, den Norden Chiles vom Süden zu trennen. Dieses Licht ging der Regierung erst sehr spät auf, und nun werden gegen Tompkins, dessen Privatbesitz auf einer Strecke von 65 Kilometer an der argentinischen Grenze enlangläuft, alle Hebel in Bewegung gesetzt.

Gemeinsame Sache mit dem Erzfeind Argentinien wird dem Naturschützer vorgeworfen. Die Hardliner unter den Generälen sehen in ihm sogar die Speerspitze einer argentinischen Invasion. Andere vermuten Goldvorkommen, die sich der »Gringo« sichern will. Manche bezichtigen ihn einfach nur der schnöden Geldwäsche.

Viel bringen wird der Protest nicht. Und so werden die chilenischen Militärs die ökologische Insel des Amerikaners wohl oder übel hinnehmen müssen. Dabei hatte er ihnen mehr als einmal angeboten, an seinem Projekt mitzuarbeiten - vergeblich. Nun verwirklicht er eben seinen Traum vom Naturpark alleine. »Pumalin« nennt er ihn nach dem vom Aussterben bedrohten Bergpuma.

Der Park ist ungefähr so groß wie das Saarland und mittlerweile eines der größten privaten Naturschutzgebiete der Welt. Riesige Bestände an immergrünen Südbuchen, Steineiben und einzigartigen Alercen gehören zu Tompkins' Besitz. Ein Vorkommen, auf das die chilenische Holzindustrie zum Glück keinen Zugriff mehr hat.

Und diese letzten Ur-Alercen wollen wir uns ansehen. Doch erst mal müssen wir uns in Geduld üben: Fahrzeit und Kurs der Fähre stimmen nicht mit dem Ziel Caleta Gonzalo überein. Wir vergleichen die Küste mit der Seekarte, die in der Cafeteria des Schiffes hängt. Kein Zweifel, die Fähre ist an dem Fjord, an dessen Ende der Ort Caleta Gonzalo liegt, vorbeigefahren. Ich schaue vorsichtshalber noch einmal auf mein Ticket. Hornopirén - Caleta Gonzalo. Alles korrekt. Eine falsche Fähre können wir auch nicht erwischt haben, denn dieses Schiff ist das einzige, das am heutigen Sonntag verkehrt.

Aber genau hier liegt das Problem. Der Kapitän höchstpersönlich klärt das Missverständnis auf. Sonntags, also heute, würde die Fähre nicht in Caleta Gonzalo Zwischenstopp machen, sondern direkt nach Chaitén fahren. Auf unseren Tickets stünde Caleta Gonzalo als Zielhafen? Na ja, also mit dem, was man uns in Puerto Montt erzählt hätte, habe er nichts zu tun. Auf jeden Fall würde diese Fähre hier und heute direkt nach Chaitén fahren.

So bleibt uns zunächst nur ein flüchtiger Blick auf einen der letzten Urwälder Chiles. Morgen werden wir - was bleibt uns anderes übrig - die 60 Kilometer mit den Motorrädern zurückfahren.

Als die Fähre spät am Abend in Chaitén anlegt, nimmt uns wieder einmal unser Reisebegleiter El Niño in Empfang. Es gießt wie aus Kübeln. Im Stockdunkeln tasten wir uns die vier Kilometer bis zum Zeltplatz voran. Fahren kann man die Kriecherei auf jeden Fall nicht nennen.

Der Platz besitzt eine kleine Gemeinschaftsküche, die wir benutzen können. Hier ist es trocken und warm, und schnell brodelt das Teewasser auf der Herdplatte. Ein Pärchen aus der Schweiz gesellt sich zu uns. Moni und Urs sind mit Fahrrädern unterwegs. Sie erzählen uns, dass die Strecke von Caleta Gonzalo nach Chaitén der übelste Abschnitt auf ihrer gesamten Südamerika-Tour war. Na prima, das macht uns Mut!

Im Schlafsack liegend, lausche ich in der Nacht dem monotonen Trommeln des Regens. Schon längst habe ich mich daran gewöhnt. Es ist inzwischen ein so vertrautes Geräusch geworden, dass ich ohne es fast nicht mehr einschlafen kann.

Das Trommeln ist es auch, was mich frühmorgens weckt. Immer noch Sauwetter. Ich verspüre keinen Drang, aus der warmen Schlaftüte zu kriechen. Doch für einen Moment geht diesem Wetter wohl das Wasser aus. Es reicht gerade, mich anzuziehen und in die Küche zu spurten. Birgit und Jo warten schon auf mich. Während der Tee zieht, überlegen wir, was wir tun sollen. Fakt 1: Wir alle haben den Regen gründlich satt. Fakt 2: Auf der östlichen Seite der Anden wird es wohl windiger, aber dafür höchstwahrscheinlich trockener sein. So werden wir uns schnell einig: Go east!

Der Tag artet zu einer einzigen Wasserschlacht aus. So heftigen Regen hatten wir selbst nicht, als wir damals die Zwangspause am Lago Aguirre Cerda machen mussten. Ob uns El Niño wohl aus Chile vertreiben will? Beim Fahren habe ich den Eindruck, als ob mir Schwimmhäute zwischen Fingern und Zehen wachsen würden.

An diesem Abend gönnen wir uns eine feste Behausung als Unterkunft. Wir mieten eine Cabaña. Es ist das erste Mal seit mehr als zwei Monaten, dass wir über Nacht ein festes Dach über dem Kopf haben.

In weniger als fünf Minuten verwandeln wir die komplette Hütte in einen Trockenraum. An jedem Haken und an jedem Nagel hängen nun irgendwelche Klamotten zum Trocknen. Was für eine Wohltat, seit Tagen endlich mal unter keiner feuchten Plane sitzen und in keinen klammen Schlafsack kriechen zu müssen.

Eine Cabaña ist eine Art Sommerhaus, ähnlich den Hytter in Skandinavien. Unsere verfügt über einen Schlafraum mit zwei Etagenbetten, ein Wohnzimmer, eine winzige Küche und ein Bad. In der Mitte des Wohnzimmers steht ein Ofen, der zusammen mit den nassen Klamotten den Raum schnell in eine Dampfsauna verwandelt.

Beim Frühstück druckst Jo zuerst ein wenig herum. Dann offenbart er uns einen seiner geheimsten Wünsche: Er möchte unbedingt den Patagonien-Express sehen. Als passionierter Dampflok-Fan kann er den Rauch dieses legendären Zuges, der im nahen Esquel Station macht, förmlich riechen. Patagonien-

Express - das interessiert mich auch. Also gut, wir sind dabei. Oder hätte ich besser auf Birgits süffisanten Gesichtsausdruck achten sollen? Sie kennt Jo schließlich besser als ich. Eines ist jedenfalls klar: Unser Tagesablauf wird von nun an vom Fahrplan dieses Zuges bestimmt werden.

Der Grenzübergang in Futaleuf ist reine Formsache - nach fünf Minuten Bürokratie verlassen wir Chile und sind zehn Minuten später wieder in Argentinien eingereist.

Auch die Landschaft scheint hier ihre Grenzen gezogen zu haben, denn sie verändert sich binnen weniger Kilometer fast vollständig. Aus den bewaldeten Bergen Chiles fahren wir hinab in die unendliche Weite Patagoniens. Steppe statt Wälder, Geraden statt Kurven.

Zunächst führt unsere Route aber durch den Nationalpark Los Alerces. Dort bekommen wir endlich das zu sehen, was wir in Caleta Gonzalo verpasst haben: Die Ur-Alerces, diese hölzernen Riesen, die sich in einer vom Auge kaum fassbaren Dimension in den Himmel strecken. Zwischen den Bäumen liegen viele kleinere und größere Seen von stahlblauer Farbe. Ein Bild wie in den Alpen - allerdings sind die Ufer nicht vollgebaut, und von Tourismus gibt es nicht die geringste Spur.

In Esquel bereitet Jo minutiös den morgigen Tag vor. Ich erkenne Jo nicht wieder. Einen derartig verplanten Tagesablauf hatte ich nicht einmal zu meinen schlimmsten Bürozeiten.

Während wir in einem Café wieder und wieder den Zugfahrplan studieren, rauscht plötzlich ein Motorrad heran. Typ: vollverkleideter Sporttourer. Ein Pärchen steigt aus dem Sattel. Typ: durchgestylte Erfolgsmenschen. In ihren nagelneuen Lederkombis - natürlich Ton in Ton - sehen sie aus, als kämen sie gerade vom Foto-Shooting für einen Motorrad-Bekleidungskatalog. Auch das Bike macht einen ganz taufrischen Eindruck.

Die beiden kommen aus Brasilien. War dieser Kilometer-Akrobat von neulich nicht auch Brasilianer? Die Kommunikation gestaltet sich etwas schwierig, da die zwei kein Englisch und wir kein Portugiesisch sprechen. So kommt das Gespräch in Spanisch nur mühsam in Gang. Immerhin bringen wir in Erfahrung, das dieses Paar aus dem Amazonasstaat in ähnlichen Tagesleistungen denkt wir ihr Landsmann, den wir an der Tankstelle in Tres Lagos getroffen haben. Die Überbrückung großer Entfernungen auf einem PS-starken Motorrad scheint eine brasilianische Leidenschaft zu sein.

Drei Motorräder auf der Straße gehören in Esquel anscheinend nicht zum Tagesgeschehen, und so taucht auf einmal die Lokalpresse auf. Man bittet uns zu einem kurzen Interview. Ein Fotograf sorgt dafür, dass die Story auch ins rechte Bild gesetzt wird. Selbstlos übernimmt der brasilianische Motorradfahrer für uns alle die Öffentlichkeitsarbeit. Trotz seiner nicht vorhandenen Spanischkenntnisse hat er überhaupt keine Berührungsängste und erzählt gestenreich seine Geschichte. Wir spielen nur noch eine Statistenrolle und dienen als schmückendes Beiwerk für die Fotos. Ob die die Geschichte tatsächlich drucken?

Sie tun es. Wir beherrschen mit unserer Schlagzeile quasi die Lokalseite. Vom Inhalt des Beitrages sind wir allerdings ziemlich überrascht. Denn unsere Reise fand beim Redakteur nur wenig Beachtung. Stattdessen bringt er uns mit den Absatzproblemen der brasilianischen Knoblauch-Industrie auf dem argentinischen Markt in Verbindung. Wie das? Die Antwort folgt im weiteren Verlauf des Artikels, als sich der brasilianische Motorradfahrer als Großhändler für Gewürze outet und sich bitter darüber beklagt, dass er in Argentinien kaum Möglichkeiten habe, seinen Knoblauch zu verkaufen. Nun haben wir uns auch noch im Netz der ökonomischen Verstrickungen zwischen Brasilien und Argentinien verheddert.

Wie auch immer - der Artikel stößt bei der Leserschaft auf großes Interesse. Jo und ich erfahren es beim Versuch, dem Patagonien-Express auf den Fersen zu bleiben. Beim Verlassen des Ortes geraten wir in die übliche Routinekontrolle der Polizei. Die beiden Ordnungshüter erkennen uns sofort und wollen wissen, wo die anderen Personen auf dem Foto geblieben sind. Wir erklären ihnen die Sachlage: Birgit hatte keine Lust auf Eisenbahnspiele, und der brasilianische Knoblauchhändler ist mit seiner Freundin um diese Zeit bestimmt schon in Ushuaia. Die beiden geben sich mit dieser Erklärung zufrieden, und Jo und ich sind heilfroh, dass sie uns nicht noch nach den Ernteerträgen für brasilianischen Knoblauch fragen.

Wir sitzen nämlich wie auf glühenden Kohlen. Der Patagonien-Express stampft schon laut schnaufend heran, und wir haben immer noch keinen guten Fotopunkt für unsere Aufnahmen gefunden. Jo wird schon ganz zappelig und fragt den einen Beamten, ob man die Überprüfung nicht verschieben könne. Wir würden so gerne den Zug fotografieren. Kein Problem, meint der Polizist, und Jo düst ab.

Ich bin leider zu voreilig und drücke dem anderen Beamten meinen Pass in die Hand. Und während ich von Jo nur noch eine Staubwolke sehe, verschwindet der Polizist in einem kleinen Häuschen, um alle Daten meines Passes in sein Kontrollbuch einzutragen. Und weil er gerade dabei ist, checkt er danach in aller Ruhe auch gleich die Fahrzeugpapiere.

Aufgeregt drehe ich mich immer wieder nach dem Zug um. Doch meine Nervosität interessiert diesen Beamten nicht im Geringsten. Jetzt wird mein Nummernschild akribisch mit der Eintragung im Schein verglichen. Ich bekomme gleich eine Krise. Erst als er alle Daten und Nummern verglichen hat, drückt er mir mit einem »Gracias« den Pass und die Fahrzeugpapier wieder in die Hand.

Zwischenzeitlich ist der Patagonien-Express längst an mir vorbeigezogen. Ich rase hinterher und habe Glück: Während sich der Zug mühsam eine Steigung hochquält, kann ich ihn überholen.

Seit 1922 zieht »La Trochita«, wie der Patagonien-Express hier liebevoll genannt wird, durch die endlos Weite. Der schwarzgraue Dampf, den die kleine Lok unablässig in den Himmel bläst, erinnert aus der Ferne an einen Vulkanausbruch.

Früher fauchte La Trochita mehr als 400 Kilometer weit durch die Steppe und war ein wichtiges Transportmittel. Doch das ist Geschichte. Die Loks werden heute nur noch aus touristischen Gründen unter Dampf gesetzt. An der Technik hat sich seit den 20er Jahren jedoch nichts geändert. Immer noch ziehen in Deutschland gebaute Henschel-Lokomotiven die Waggons durch das hohe Steppengras. Bis auf einen neuen Anstrich sind auch die mit Holz beheizten Abteile noch im Originalzustand.

Wir verfolgen La Trochita bis nach Nahuel Pan, dem ersten Stopp. Die Siedlung besteht nur aus wenigen Häusern. Mit den Bergen im Hintergrund hat die Szene etwas von einem Wildwestfilm. Als ob jeden Moment John Wayne auf seinem Pferd am Horizont auftauchen würde.

Mein Blick schweift über Nahuel Pan und den Patagonien-Express. Die Zeit scheint in dieser Ecke Patagoniens stehengeblieben zu sein. Ich lehne mich zurück und genieße das Leben an diesem friedlichen Ort. Kinder kreischen und streiten sich darum, wer dem Lokführer bei der Arbeit helfen darf. Nur der schrille Pfeifton der Lok durchschneidet dann und wann die Ruhe. Wären unserer Motorräder nicht, könnte das Szenario glatt als Episode aus den 20er Jahren durchgehen.

Apropos 20er Jahre: Während jener Zeit trieben in dieser Ecke Patagoniens zwei berühmte Banditen ihr Unwesen: Butch Cassidy und Sundance Kid. Nachdem sie eine Bank in Nevada erleichtert hatten, mussten sie vor den Häschern der Detektei Pinkerton nach Südamerika fliehen. Und auch hier in der Provinz Chubut gingen sie ihrem Handwerk nach. Sie verteilten die Beute stets gerecht unter der Bevölkerung und hatten bald den Ruf chilenischer Robin Hoods. Anders als im gleichnamigen Hollywood-Film sollen sie ihre Taten jedoch überlebt haben.

Jo ergeht sich inzwischen in Detailaufnahmen - das Glänzen in seinen Augen kann ich schon von weitem sehen. Er ist in eine andere Welt abgetaucht.

Fotografisch ist der Patagonien-Express jedoch noch lange nicht abgehakt. Das Stillleben hat Jo jetzt im Kasten, nun fehlt noch die Action. So treten wir den Heimweg zu den Zelten an, um Birgit über den morgigen Tagesablauf zu informieren. Der Terminplan steht längst fest - Birgit und ich werden davon lediglich in Kenntnis gesetzt.

Wie versprochen, halten wir bei der Rückfahrt nach Esquel am Kontrollpunkt an. Der Polizist honoriert unsere Verlässlichkeit mit einem wohlwollenden Lächeln.

Birgit erwartet uns schon, und beim Abendessen werden die kommenden Tage generalstabsmäßig geplant. Jo überlässt nichts dem Zufall. Er hat El Bolsón als Stützpunkt für unsere Jagd auf La Trochita ausgewählt. Birgit widerspricht nicht. Sie weiß, wenn es um Dampfloks geht, ist mit Jo nicht zu reden.

Auch ich habe nichts gegen einen Umzug. Im Gegenteil. Der Campingplatz von Esquel liegt in keiner schönen Gegend. Von einem Hügel schauen wir auf die Stadt herab. Im Vordergrund stehen die Hütten und Baracken einer Armensiedlung. Nachts ist die Gegend voller Hunde und Fasane. Das Gekläffe und Gekreische der Tiere hat mich schon letzte Nacht um den Schlaf gebracht.

Die Strecke bis El Bolsón bietet uns ein Fahrerlebnis, das wir schon lange nicht mehr hatten - Asphalt! Die perfekt ausgebaute Straße löst in mir einen wahren Glückstaumel aus. Ich wusste gar nicht mehr, wie herrlich es ein kann, in Schräglage durch Kurven zu wedeln.

Unser Ziel ist viel zu schnell erreicht. Schade, das hätte noch eine Weile so gehen können. Auf dem Zeltplatz wartet eine Überraschung: Marion und Ralf sind da. Ihr hochaufragender Nylonpalast ist nicht zu übersehen. Doch durch das ungeplante Zusammentreffen mit »agua caliente« gerät Jos minutiöser Zeitplan in Gefahr. Er wird sofort unruhig. Wenn wir La Trochita auf seinem Weg von El Maitén nach Esquel begleiten wollen, heißt es Gas geben. Marion und Ralf sind mit von der Partie.

Der Weg nach El Maitén ist eine staubige Angelegenheit. Die

Lok steht schon unter Dampf, und eine Menge Leute drängen sich um den Zug. Ein langer Pfiff kündigt die Abfahrt an. Auch wir starten die Motoren und legen den ersten Gang ein. Marion und Ralf verabschieden sich nun von uns. Ihre Liebe zur Eisenbahn reicht nicht so weit, dass sie den ganzen Tag mit einem Zug um die Wette fahren wollen.

Wir versuchen, so nahe wie möglich an den Schienen zu fahren. Ein kleiner Lkw begleitet uns. Er ist für den Patagonien-Express eine Art Servicewagen. Denn nach fast 80 Jahren kann auch die Technik »Made in Germany« einmal versagen. Die patagonischen Steigungen haben es in sich. Laut schnaufend kriecht der Zug jede Anhöhe hinauf. 100 Liter Wasser pro Kilometer verpustet die Lok auf einer solchen Strecke.

Wir bleiben La Trochita den ganzen Tag auf den Fersen, fast sieben Stunden dauert die Fahrt. Für den Lokführer und seinen Heizer sind wir eine willkommene Abwechslung. Jedesmal, wenn sie uns sehen, lassen sie ein richtiges Pfeifkonzert los. Auch die beiden Männer in dem Lkw, die dem Zug nicht von der Seite weichen, freuen sich über unsere Begleitung. Dank ihnen öffnet sich so manches Gatter, das uns sonst verschlossen geblieben wäre.

Erst am späten Abend kehren wir nach El Bolsón zurück. Obwohl wir unzählige Aufnahmen gemacht haben, scheint Jos Begeisterung für diesen Zug erst richtig erwacht zu sein. Er will noch ein oder zwei Tage bleiben, um weitere Studien über den Patagonien-Express zu betreiben.

Mir ist es Recht - so haben wir viel Zeit, um mit Marion und Ralf zu plaudern. Ich freue mich riesig, dass sie da sind, denn Ralf hat eine unnachahmliche Art, Reiseerlebnisse zu erzählen. Außerdem gibt es jede Menge Dinge zu überprüfen und zu reparieren. So braucht mein neuer Benzinkocher dringend seine erste Inspektion. Er verpasst den Kochtöpfen ständig einen schwarzen Anstrich und erwärmt den Inhalt nur mäßig.

Der Fahrplan des Patagonien-Express weist für heute einen Ruhetag aus. Das bedeutet auch für uns eine Erholungspause.

Ich widme mich meinem Kocher und philosophiere mit Ralf über die Vor- und Nachteile der einzelnen Brennstoffarten für diese Geräte. Benzin, Spiritus? Ansonsten tue ich etwas, zu dem ich auf dieser Reise bisher nur selten gekommen bin - nichts. Einfach abhängen und den Tag verplempern. Das kann so schön sein.

Irgendwann will Jo nach Bariloche fahren, denn dort liegt für ihn ein Brief auf der Post. Er hat von einem deutschen Reisemagazin den Auftrag bekommen, einen Artikel über touristische Aktivitäten rund um Bariloche schreiben. Dieser Brief enthält genaue Angaben darüber, wie sich die Redaktion diesen Artikel vorstellt. Ich begleite Jo.

Wie macht diese Fahrt Laune! So viele Kurven wie auf diesem 130 Kilometer langen Stück, bin ich in den ganzen letzten drei Monaten nicht gefahren. Eine richtige Kurvenorgie.

Bariloche läuft über vor Touristen. Der Ort ist das sportliche Zentrum Argentiniens. River-Rafting, Kajaking, Mountain-Biking und Bungee-Jumping - alles, was sich der moderne Urlauber an Beschäftigungstherapien wünscht, findet er in dieser Stadt.

Die Angelegenheit auf der Post ist schnell erledigt, der Inhalt des Briefes ist die Planungsgrundlage für die nächsten Tage. Zumindest für Birgit und Jo. Ich habe die Wahl, entweder schon mal alleine ins Seengebiet nach Chile vorzufahren oder die beiden auf ihrer Reportage für das deutsche Reisemagazin zu begleiten.

Eigentlich muss ich nicht lange überlegen, denn etwas Abstand zum Motorrad käme mir nicht ungelegen. Ein paar Tage zu Fuß durch die Umgebung von Bariloche zu streifen - jawohl, das wäre jetzt genau das Richtige.

Bevor sich Jo den Recherchen zu seinem Artikel zuwendet, wollen wir jedoch noch einmal nach El Maitén fahren. Denn der dortige Bahnhof ist gleichzeitig eine Art Friedhof für Lokomotiven. An die 15 Zugmaschinen sollen dort angeblich unter freiem Himmel vor sich hin gammeln.

Vorher müssen wir uns von Marion und Ralf verabschieden. Sie fahren am nächsten Tag weiter nach Chile. Der Abschied fällt schwer, denn inzwischen sind uns die beiden recht vertraut geworden. Ich habe das Gefühl, als würde eine Gemeinschaft auseinander gerissen. Doch der Abgleich unserer Routen zeigt, dass wir uns wohl irgendwo in den Anden wiedersehen werden.

Für uns geht es auf die staubige Piste nach El Maitén. Auf der Strecke herrscht viel Verkehr, denn heute startet der Zug von El Maitén nach Esquel. Es staubt fürchterlich. Bei jedem Überholmanöver werden wir eingepudert.

Wir sehen aus wie zwei Bäcker, als wir in dem kleinen Ort ankommen. Was ist los? Keine Menschenseele zu sehen. Des Rätsels Lösung: Alle haben sich am Bahnhof vesammelt, um der Abfahrt von La Trochita beizuwohnen. Der Zug ist umlagert von Menschen. Kinder klettern auf der Lok herum und spielen an sämtlichen Rädchen und Hebeln. Der Alptraum eines jeden deutschen Bahnbeamten. Inmitten dieses Tumultes strahlt der Lokführer eine bewundernswerte Gelassenheit aus. Erst als der Schaffner zur Abfahrt mahnt, greift er in das Geschehen ein und verbannt alle von seinem Arbeitsplatz. Mit lauten Pfiffen schnauft der Patagonien-Express davon, und schnell wird es still.

Die Ruhe passt besser zu diesem Ort. Tatsächlich stehen überall auf dem Bahnhof alte Loks herum und warten darauf, dass sich endlich wieder jemand um sie kümmert. Die Zeit hat einige der Maschinen schon böse zugerichtet. Der Rost bröselt aus ihren stählernen Eingeweiden. Andere Loks sehen ziemlich gerupft aus - sie dienen den Mechanikern als Ersatzteillager. Jo treibt das die Tränen in die Augen.

Zwei Männer heizen eines der noch fahrbahren Dampfrösser für die nächste Fahrt an. Wasser und schweres Heizöl werden gebunkert. Der Brennstoff ist eine zähfließende Masse, die erwärmt werden muss, damit sie überhaupt durch die Düsen gequetscht werden kann. Der schwarze, klumpige Brei ist überall auf dem Gelände zu finden. Bei unseren Streifzügen geraten wir so manches Mal in eine dieser wabbernden Lachen und versinken fast darin. Die klebrige Masse hängt an unseren Stiefeln wie festgenagelt.

Fast den ganzen Tag durchstreifen wir den Friedhof der Lokomotiven. Dann heißt es endgültig Abschied nehmen von La Trochita. Jo, der Unersättliche, würde den Patagonien-Express vermutlich noch ewig auf seiner Fahrt durch die Steppe begleiten. Doch ich habe jetzt genug. In Birgit finde ich eine Verbündete, und so bleibt Jo nichts anderes übrig, als La Trochita adiós zu sagen.

Kapitel 11

Zu Fuß, zu Pferd, zu Wasser

»Pferd: Reit- und Zugtier. Das Pferd ist hochbeinig und schnellfüßig, es lebt in Herden. Sein Gebiss ist für pflanzliche Ernährung eingerichtet.«

Wie eine Hexe tanzt Birgit am Straßenrand um ihr Motorrad herum und fuchtelt dabei wild mit den Armen. Ich ahne schon, was los ist. Das riecht nach einem Platten. Und tatsächlich: Als ich die BMW erreiche, sehe ich, dass dem Hinterradreifen die Luft ausgegangen ist. Zum vierten Mal auf unserer Reise.

Vergeblich versuche ich, Birgit zu beruhigen. Doch habe ich da im Moment keine Chance. Birgit ist jetzt endgültig der Kragen geplatzt, und sie lässt ihrem Unmut freien Lauf. Ziemlich lautstark. Was vermutlich in dieser Situation das einzig Richtige ist. Denn man soll ja keinesfalls irgendetwas in sich hinein fressen und dabei Magengeschwüre bekommen.

Ich krame inzwischen schon mal mein Pannen-Set heraus, da Birgits Flickvorräte bereits nach dem letzten Plattfuß aufgebraucht waren.

Eigentlich sind wir noch gar nicht lange unterwegs, El Bolsón haben wir gerade erst verlassen. Und schon die erste Zwangspause. Na, ja.

Jo ist nicht mehr zu sehen. Er hat sich wahrscheinlich voll und ganz dem Kurvengenuss hingegeben und dabei keinen Blick für seine Nachhut gehabt.

Birgit ist so wütend, dass sie den Reifen wohl auch ohne Montierhebel von der Felge hätte wuchten können. Auch scheint der Ärger ihr Tempo zu beeinflussen. Ich kann jedenfalls nur staunen, wie schnell der Pneu geflickt und wieder aufgezogen ist. Birgit hat inzwischen eben Routine. Sehr gerne nimmt sie anschließend mein Angebot an, von Hand die Luft hinein zu pumpen.

Von Jo sehen wir die ganze Zeit nichts. Wir hatten gehofft, er würde vielleicht doch noch auftauchen. Vermutlich aber liegt er irgendwo unter einem Baum und wartet auf uns.

45 Minuten später ist die BMW wieder startklar. Doch schon nach 10 Kilometern glaube ich meinen Augen nicht zu trauen: Der Hinterradreifen rollt schon wieder auf der Felge. Jetzt rastet Birgit - verständlicherweise - völlig aus. Gegen das, was sie nun alles von sich gibt, war ihr vorheriger Wutausbruch ein mildes Lüftchen. Ich halte erst mal ein wenig Abstand. Denn im Augenblick trifft Birgits Zorn alles, was sich in ihrer Nähe befindet.

Um Birgit Zeit zu geben, ihren Dampf abzulassen, mache ich mich auf die Suche nach Jo. Knapp 20 Kilometer weiter finde ich ihn, und er liegt wie vermutet unter einem Baum. Birgit braucht nun wirklich jede Menge Trost, und so wir machen uns gemeinsam auf den Rückweg.

»Du führst 5 : 0«, lächelt Jo bei unserer Ankunft Birgit an. Au Backe! Der falsche Satz zur falschen Zeit am falschen Ort. Und prompt bekommen sich die beiden gehörig in die Haare.

Derweil suche ich nach der Ursache der beiden letzten Plattfüße. Meine Entdeckung beendet die Beziehungskrise schlagartig: Die Karkasse des Reifens ist gebrochen, und die feinen Drähte liegen im Reifeninneren frei. Wie Schmirgelpapier scheuern sie am Schlauch, der dieser Beanspruchung nicht viel entgegen zu setzen hat. Es macht also keinen Sinn, diesen Reifen wieder aufzuziehen, denn nach wenigen Kilometern würde der Schlauch wahrscheinlich an einer anderen Stelle kaputt gehen.

So bleibt uns nichts anderes übrig, als meinen Ersatzreifen zu nehmen, den ich seit Beginn der Reise mit mir herumschleppe. Birgit und Jo hatten ihre Reservegummis schon früher aufziehen müssen, da ihre Erstgarnitur schnell an Profil verlor. Die relativ harte Gummimischung an meinem Hinterrad hält sich jedoch hartnäckig. Bis wir in Santiago ankommen, werde ich mit Sicherheit keinen neuen Pneu brauchen. Birgit hat inzwischen ihren Ärger über die vielen Platten komplett vergessen und ist froh, die Ursache des Problems gefunden zu haben.

Beim Fahren begleitet uns ein grauenhaftes Quietschen. Es kommt von Birgits Hinterrad. Mein Barum-Reifen ist nämlich zu breit für die BMW und streift nun ständig an deren Federbein.

Wir zelten am Lago Gutierrez 20 Kilometer außerhalb von Bariloche. Birgit bearbeitet ihren neuen Hinterradreifen mit unserem Küchenmesser. Um das Quietsch-Problem zu lösen, säbelt sie einfach die Stollen auf der einen Seite des Pneus ein Stück ab. Mit dem Küchenmesser! Jo und ich sind sprachlos. Wir waren uns sicher, dass man die harten Blöcke in jedem Fall elektrisch abflexen müsste. Aber mit diesem kleinen Gemüsemesserchen? Das hätten wir nicht für möglich gehalten.

Hinterher sieht der Reifen zwar etwas merkwürdig aus, und die ABE gilt nun vermutlich auch nicht mehr. Aber wen interessiert das schon hier draußen?

Da Jo für seine Geschichte Informationen benötigt, die nur in Bariloche zu bekommen sind, tauchen wir am nächsten Tag in die Hektik der Stadt ein. Während sich Birgit und Jo in der Touristeninformation und im Club Andino, dem Bergverein der Anden, auf Faktensuche begeben, mache ich es mir in einem Café gemütlich.

Von hier aus telefoniere ich mit Anne. Sie hat ihre Schulter daheim untersuchen lassen und erzählt, dass der Arzt in El Calafate mit seinem diagnostizierten Rheuma nicht ganz richtig lag. Es war offensichtlich eine Schleimbeutelentzündung, die ihr so zu schaffen machte. Jetzt befindet sie sich auf dem Weg der Besserung, die Schmerzen sind fast verschwunden.

Kurz wird auch der neueste Klatsch und Tratsch aus Deutschland angeschnitten. Es ist zwar immer ganz amüsant, solche Geschichten zu hören, richtiges Interesse an ihnen habe ich jedoch nicht. Ich nehme es eigentlich selbst erst jetzt richtig wahr: Meine Heimat ist für mich eine fremde Welt geworden. In letzter Zeit ertappe ich mich immer öfter dabei, wie ich darüber nachdenke, welche Gründe es für eine Rückkehr nach Hause gibt. Viele sind es nicht mehr, und es werden immer weniger, je länger ich unterwegs bin. Gedanken, die mich selbst erschrecken.

Zum jetzigen Zeitpunkt ziehen mich nur meine Frau Anne, meine Familie und einige gute Freunde nach Deutschland zurück. Alles andere ist nebensächlich geworden. Ich habe mich daran gewöhnt, minimalistisch zu leben, mein ganzes Hab und Gut auf einem Motorrad durch die Gegend zu fahren. So bin ich rundum glücklich. Die gesicherte Existenz hingegen, die zu Hause auf mich wartet, hat sich zur Bedeutungslosigkeit reduziert. Denn gerade dieses ge- und versicherte Leben hält uns in erster Linie davon ab, Dinge zu tun, wie ich sie gerade tue. Weshalb also zurückkehren?

Birgit und Jo reißen mich aus meinen Gedanken. Sie sind von ihrer Info-Tour zurück, und wir können den Verlauf der kommenden Tage besprechen. Ich freue mich sehr auf die Motorradpause. Endlich mal etwas anderes, als immer nur Motorrad fahren. Abwechslung soll ja bekanntlich das halbe Leben sein.

Wir sind mitten in der Planung, als wir den vertrauten Klang eines BMW-Boxers hören. Und kurze Zeit später rollt die Maschine langsam an unserem Café vorüber. Mann und Motorrad erkennen wir sofort: Es ist Max, alias Luigi. Mit einem Satz springt Birgit auf die Straße und stoppt den kleinen Italiener.

Er ist schon ein paar Tage in der Stadt und hält - wie er sich ausdrückt - die örtliche Damenwelt in Atem. Die Spur gebrochener Herzen, die Max hinterlässt, muss sich inzwischen durch ganz Patagonien ziehen. Auch Birgit und Anne waren in Ushuaia von seinem Charme angetan - er ist eben durch und durch Italiener.

Das Angebot, zu uns auf den Zeltplatz am Lago Gutierrez zu ziehen, lehnt Max/Luigi ab, da er dort zu weit vom »Geschehen« entfernt ist. Sagt er. Außerdem sei sein Zelt für ihn lediglich ein Notbehelf, nur für alle Fälle. Er zieht Hosterias vor.

Mittlerweile hat Max seine Pläne geändert. Bei unserem ersten Zusammentreffen war für ihn noch Santiago Endstation seiner Reise. Doch jetzt zieht es den Italiener ganz nach oben: Er will weiter bis nach Alaska. Mutig, mutig, finden wir. Denn vor Antritt dieser Reise beschränkte sich seine Motorraderfahrung auf ein paar kleine Touren durch seine Heimat. Die knallgelbe BMW ist sein erstes Motorrad überhaupt. In ihrem Sattel hat er bis jetzt noch keine 10.000 Kilometer zurückgelegt.

»Eigentlich«, so erzählt er, »wollte ich einen Geländewagen kaufen. Auf dem Weg zum Autohändler führte mich das Schicksal am Schaufenster einer BMW-Niederlassung vorbei. Dort stand eine gelbe GS 1100 und zog mich magisch an. Keine 30 Minuten später gehörte sie mir.« Diese Geschichte passt haargenau zu dem kleinen Italiener. Er ist wohl ein Freund spontaner Entschlüsse. Der berüchtigten Panamericana bis nach Alaska zu folgen war eine seiner schnellsten Entscheidungen.

Beim Kaffee plaudert Max aus dem Nähkästchen. Frauen und schlechte Straßenbeläge haben offensichtlich seine bisherige Reise geprägt. An alles andere will oder kann er sich nicht mehr erinnern.

Seinen Ausführungen zu folgen ist nicht immer leicht, denn er spricht eine eigentümliche Sprache. Beim ersten Hinhören war ich fest davon überzeugt, er könne perfekt Spanisch. In Wirklichkeit beherrscht er davon nur ein paar Brocken, die er aber geschickt mit seiner Muttersprache mixt. Da diese beiden Sprachen eng miteinander verwandt sind, scheint Luigi gut zurecht zu kommen.

Dieser Italiener ist schon ein erstaunlicher Kerl. Er zeigt vor allem viel Mut. Im Prinzip hatte er absolut keine Ahnung von Motorradreisen, als er sich alleine in das Abenteuer Südamerika stürzte. Er ist völlig unbekümmert und schert sich einen feuchten Kehricht darum, was der morgige Tag bringt. Ständig ist er bereit, seine Pläne über den Haufen zu werfen.

Unsere Unterhaltung wird jäh beendet, als Max eine junge

Frau auf der anderen Straßenseite sieht, die er offensichtlich kennt. In Windeseile bezahlt er seinen Kaffee, wirft uns noch ein »Ciao« zu und ist verschwunden.

Auch wir haben noch einiges zu tun und brechen auf. Für unsere Bergtouren müssen wir nämlich noch einkaufen, und ich brauche einen Rucksack.

Dem Brief, den Jo von der Redaktion erhalten hat, liegt ein Empfehlungsschreiben des argentinischen Tourismus-Ministers bei. Darin bittet er um Unterstützung bei der Recherche für Jos Artikel. Diese Zeilen öffnen uns so manche Tür.

Zum Beispiel die zu einem Outdoor-Geschäft, das Rucksäcke gegen Gebühr verleiht. Wir haben zwar alle einen Rucksack dabei, da wir bei der Reiseplanung auch Wanderungen ins Auge gefasst haben. Aber mein Klein-Rucksack eignet sich nicht für eine mehrtägige Wandertour. Nach Vorlage des Briefes stellt mir der Inhaber des Ladens sofort ein kostenloses Exemplar zur Verfügung. Sehr großzügig.

Auf dem Zeltplatz bereiten wir die kommenden Wandertouren vor. Dabei überlasse ich Jo gerne den Hauptpart. Während er in seiner ihm eigenen Akribie tagelang geeignete Fußwege und Wanderpfade austüftelt, gebe ich mich dem süßen Nichtstun hin.

Immer deutlicher merke ich, wie sehr ich »loslassen« kann. Fiel es mir am Anfang dieser Reise noch schwer, einfach mal nichts zu tun und mir über nichts den Kopf zu zerbrechen, so kann ich inzwischen problemlos von jetzt auf nachher vollkommen abschalten. Auf Kommando wird mein Gehirn frei von den Belastungen des Alltages. Etwas, was mir in Deutschland völlig fremd war.

Unser Basislager richten wir im Pampa Linda, einem Tal am Fußes des Tronadors, ein. Der Tronador, der »Donnerer«, macht seinem Namen alle Ehre. Das laute Poltern der Schnee- und Eismassen, die von Zeit zu Zeit vom Berg herabstürzen, hallt wie ein Donnerschlag durch das ganze Tal.

Pampa Linda kann seine Nähe zu Bariloche nicht verbergen. Die touristische Infrastruktur ist für südamerikanische Verhältnisse sogar ausgezeichnet: eine Hosteria, ein Restaurant, ein Zeltplatz.

Jo berät sich mit den Rangern über die Möglichkeiten für Wandertouren. Die gute Nachricht: Es gibt unzählige wunderschöne Strecken. Die schlechte Nachricht. Das Wetter wird in den kommenden Tagen gegen uns sein.

Wie genau diese Prognose ist, erleben wir schon am späten Nachmittag. Die Wolken verdichten sich zu einem grauen Schleier, der sich langsam über den Tronador herabsenkt. Dann fängt es an zu regnen. Mit den immer dunkler werdenden Wolken verdüstert sich Jos Stimmung. Die Erfahrungen mit El Niño sind uns noch in taufrischer Erinnerung, und sicherlich hat das Wetterphänomen auch diesmal wieder seine Hände im Spiel.

Der nächste Tag bringt keine Veränderung. Nur einmal reißen für eine Stunde die Wolken auf, und für kurze Zeit scheint die Sonne. »El Niño ist sicherlich nur eben Wasser holen«, versuche ich Jos Hoffnungen zu dämpfen.

Wenigstens schaffen wir während dieser Regenpause einen kurzen Ausflug zum Ventisquero Negro, dem »Schwarzen Gletscher«. Der Abrieb von Lavagestein sorgt hier ständig dafür, dass das strahlend weiße Eis des Berges als schwarzgraue Masse im Tal ankommt.

Weitere Touren auf der Landkarte abmessen - das ist das einzige, was wir im Moment tun können. Jo hat Angst, dass uns das schlechte Wetter hier noch tagelang festnageln könnte. Birgit und ich sehen nicht ganz so schwarz. Wir haben uns nämlich bei den Rangern erkundigt. Und laut der Guarda-Parque-Wettervorhersage soll sich schon morgen das Wetter dramatisch bessern. Ich hoffe nur, dass die Wildhüter auch dieses Mal Recht behalten werden.

Und tatsächlich - am nächsten Tag treibt mich eine unerträgliche Hitze aus dem Zelt. Die Sonne lacht, und der schneeüberzogene Tronador reckt sich in den strahlend blauen Himmel.

Der Morgen ist geprägt von operativer Hektik. Alles wird auf den Kopf gestellt. Die Taschen und Koffer müssen umgepackt werden. Mein kompletter Hausstand liegt in einem Umkreis von 20 Metern um mich herum verstreut.

Wir wollen zur Laguna Ilón wandern und dort eine Nacht bleiben. Zu diesem Zweck müssen ein paar Sachen eingepackt werden. Als ich endlich fertig bin, stelle ich fest, dass mein Rucksack verdammt schwer geworden ist. Das liegt an der Fotoausrüstung, die ich komplett mitnehmen werde, weil die Motorräder unbeaufsichtigt am Zeltplatz zurückbleiben. Aber da muss ich durch.

Gegen Mittag geht es endlich los. Die Motorräder haben wir in eine Ecke des Zeltplatzes geschoben, der Inhaber hat versprochen, ein Auge auf die Maschinen zu werfen.

Die Laguna Ilón liegt auf 1.200 Meter. 600 Höhenmeter gilt es also von Pampa Linda aus zu bewältigen. Der Ranger warnt uns vor dem steilen Aufstieg. Doch es sind nur 10 Kilometer vom Tal bis hinauf zu dem kleinen See. Und 10 Kilometer machen wir mit links. Glauben wir zumindest.

Am Anfang bestätigt sich unser Optimismus. Gemütlich gehen wir das erste Teilstück an einem Fluss entlang. Doch dann wird es ernst. Dieser Fluss hat nämlich keine Brücke. Und so stehen wir bald hüfttief im Wasser. Schnell entdecken die Stechfliegen unsere momentane Wehrlosigkeit und gehen auf uns los. Es braucht seine Zeit, bis jeder von uns das andere Ufer erreicht hat.

Auf den nächsten Kilometern denke ich oft an die Warnung des Rangers. Wir müssen uns gewaltig schinden, um den steilen Anstieg zu schaffen. Der Höhenmesser an meiner Uhr ist unbestechlich und spiegelt auf grausame Weise die Realität wieder: Ich plage mich Meter für Meter den Berg hinauf, doch die Anzeige bewegt sich kein Stück.

Die Kletterei wird immer mehr zur Qual. Zum ersten Mal seit Monaten muss ich mich körperlich anstrengen, um ein gesetztes Ziel zu erreichen. Mit dem Motorrad waren Anstiege kein Problem. Ab und zu schmerzte mir zwar auf dem schmalen Sattel das Hinterteil, doch im Vergleich zu den jetzigen Strapazen war das nichts.

Und es sieht auch nicht so aus, als ob die Quälerei ein baldiges Ende haben könnte. Das Gegenteil ist der Fall. Der Pfad wird immer steiler. Und als ob das nicht schon reicht, müssen wir auch noch über dicke Baumstämme klettern, die quer über dem Weg liegen. Ich stelle fest: Meine Kondition hat nach vier Monaten auf dem Motorrad kräftig gelitten. Weshalb tue ich mir das also an? Ich weiß doch, dass Wandern nicht unbedingt mein Fall ist.

Endlich oben angekommen, entlohnt uns die Aussicht von der Laguna Ilón über den See auf den Tronador für alle Quälerei. Der Blick ist einfach grandios. Schon nach wenigen Minuten sind die ganzen Strapazen vergessen, und ich bin überglücklich, hier oben zu stehen.

»Das da drüben ist unser nächstes Ziel«, sagt Jo und deutet auf einen kleinen schwarzen Punkt mitten am schneebedeckten Berg. Es ist das Refugio Otto Meiling, von dem aus die Bergsteiger zu ihrem Sturm auf den 3.478 Meter hohen Tronador-Gipfel aufbrechen. Da soll ich hinauf? Das sehe ich noch nicht. Das Refugio liegt auf 2.000 Meter Höhe, was einen weiteren Aufstieg um 800 Höhenmeter bedeutet. Andererseits: Die Entschädigung für die Quälerei dürfte nicht zu verachten sein. Denn die Aussicht vom Tronador ist mit Sicherheit noch viel imposanter als von der Laguna Ilón.

Jetzt erst rückt Jo damit heraus, dass man den Berg nicht unbedingt vollständig zu Fuß bezwingen muss. Zwei Drittel des Weges von Pampa Linda zum Rifugio Otto Meiling kann man anscheinend auf dem Rücken eines Pferdes zurücklegen. Allerdings: Den Tronador im Pferdesattel zu erklimmen, löst in mir nicht gerade einen Begeisterungssturm aus. Ich habe noch nie auf einem Pferd gesessen und einen Heidenrespekt vor diesen Tieren. Weshalb? Weil sie größer sind als ich.

Ob ich das Abenteuer Pferd wagen soll, weiß ich jetzt noch nicht. Die Entscheidung werde ich bis morgen aufschieben. Denn im Augenblick beschäftigt mich etwas ganz anderes: Das wahnsinnige Bergpanorama um mich herum. Der Tag neigt sich langsam dem Ende zu, die Sonne ist längst hinter dem Tronador verschwunden. Trotzdem strahlt der weiße Koloss noch immer in der Dunkelheit.

Das Thermometer ist im freien Fall, die Temperaturen in dieser sternenklaren Nacht sind bereits unter den Gefrierpunkt gesunken. Nur das Knistern des Feuers durchbricht die Ruhe. Was für eine Stimmung. Alleine schon dafür hat sich der Aufstieg gelohnt. Erst als das Feuerholz zur Neige geht, treibt uns die Kälte in den Schlafsack. Noch lange starre ich aus dem offenen Zelt in den Sternenhimmel. Tausend Gedanken schießen mir jetzt durch den Kopf. Dieser Augenblick ist einer der schönsten der Reise.

Das Aufstehen am nächsten Morgen verlangt viel Disziplin. Die Klamotten sind kalt und steif gefroren. Es dauert eine ganze Weile, bis der Körper sie wieder durchgewärmt hat. Die ersten Sonnenstrahlen dieses Tages bringen den Gipfel des Tronadors zum Glühen. Trotzdem ist es immer noch bitterkalt. Nebelschwaden ziehen langsam über das Wasser, kein Lüftchen regt sich.

Foto-Time. Jo und ich schleichen mit unseren Ausrüstungen auf der Suche nach einem optimalen Standort am Ufer entlang. Für die nächsten zwei Stunden legen wir die Kamera nicht mehr aus der Hand. Dann verblassen langsam die warmen Farbtöne, die das Morgenlicht in die Landschaft gezaubert hat, und wir machen Schluss.

Der Abstieg geht etwas leichter vonstatten als der Aufstieg, ist jedoch immer noch eine ziemlich schweißtreibende Angelegenheit. Ausgepumpt komme ich in Pampa Linda an. Es ist früher Nachmittag, und während Birgit und Jo den nächsten Gipfelsturm organisieren, mache ich es mir vor dem Zelt bequem und lecke meine Wunden. Ganz so schlimm ist es zwar nicht, aber Beine und Rücken erinnern mich ständig daran, welche sportliche »Höchstleistung« ich eben vollbracht habe.

Schon am Tag darauf startet Operation Pferd. Angesichts dieser großartigen Bergwelt habe mich für das Wagnis im Sattel entschieden. Ob das eine gute Idee ist? Man wird sehen.

Gegen Mittag, so ist es geplant, wird der Treck von Pampa Linda in Richtung Tronador aufbrechen.

Pünktlich treffen die Pferde ein. Irgendwie hatte ich diese Tiere kleiner in Erinnerung. Als ich vor dem Exemplar stehe, das mich den Berg hinauf tragen soll, bekomme ich Schiss und würde am liebsten einen Rückzieher machen. Doch diese Blöße kann ich mir nicht geben. Schließlich sind auch Birgit und Jo in Ihrem Leben noch nie geritten. Wie offensichtlich noch weitere Teilnehmer dieses Trecks. Das beruhigt mich ein wenig.

Dann gibt unser Guide das Zeichen zum Aufbruch, und es bleibt keine Zeit mehr zum Grübeln. Er fackelt nicht lange, und im Handumdrehen sitze ich im Sattel. Meine Güte, ist das hoch! Vom Rücken aus betrachtet ist das Pferd noch größer als ich dachte.

Erster Gang und los. Mein Rucksack zieht mich nach hinten und macht es schwierig, die Balance zu halten. Eine Veränderung der Sitzposition ist nur mit größter Vorsicht möglich und außerdem mit viel Mühe verbunden.

Das Tier unter mir hat sofort spitz bekommen, was da für ein Greenhorn auf ihm sitzt. Es macht einfach, was es will. Die grünen Blätter und Gräser am Wegrand laden immer wieder zu einem kleinen Imbiss ein. Wir sind im Begriff, den Anschluss zu verlieren. Was ich auch immer versuche - ich bekomme das Pferd einfach nicht dazu, ein wenig zügiger zu marschieren. Doch dann bemerkt es plötzlich den Vorsprung seiner Artgenossen und nimmt die Verfolgung auf. Es tritt so flott an, dass es mich fast aus dem Sattel haut. Pferd, bleib' hier! Ich kann das Tier gerade noch davon abhalten, in den Galopp zu fallen. Apropos fallen: Bei dieser Gangart hätte ich wohl sehr schnell Bodenkontakt bekommen.

Nachdem wir endlich Anschluss gefunden haben, geht das Spielchen von vorne los. Das Tier schlägt sich auf dem Weg nach oben weiterhin kräftig den Bauch voll, ignoriert meine Kommandos und legt dann und wann einen Spurt ein, um den Anschluss nicht zu verlieren. Zu allem Überfluss zettelt es jetzt auch noch einen Streit mit Birgits Pferd an. Die beiden Biester beißen und treten sich und scheren sich keinen Deut um ihre Passagiere.

Der Anstieg wird immer steiler und der Pfad immer schmaler. Doch mit traumwandlerischer Sicherheit findet das Pferd immer wieder Halt auf dem oft äußerst schlüpfrigen Boden. Ich habe es schon längst aufgegeben, dem Tier irgendwelche Befehle zu erteilen. Es weiß sicher besser als ich, wie es mich den Berg hinaufbekommt.

Drei Stunden benötigt der Pferdetreck, bis er eine Höhe von 1.500 Meter erreicht hat. Diese drei Stunden sind für mein Hinterteil eine echte Qual. Zum Schluss weiß ich nicht mehr, wie ich sitzen soll. Meine Beine sind eingeschlafen, und meine vier Buchstaben spüre ich überhaupt nicht mehr.

Auf einer grünen Wiese, dem Sammelplatz für den Treck, sind meine Erstlingsreitstunden endlich zu Ende. Das Pferd weiß, dass hier Feierabend ist. Es bleibt mitten auf der Wiese stehen und rührt sich keinen Meter mehr. Nachdem ich abgestiegen bin, dauert es einige Minuten, bis ich wieder halbwegs wie ein Mensch gehen kann. So wie es aussieht, werden beim Reiten Muskeln beansprucht, von deren Existenz ich bisher keine Ahnung hatte.

Die letzten 500 Höhenmeter müssen wir zu Fuß zurücklegen. Die Luft auf 2.000 Meter ist spürbar dünn. Entsprechend außer Atem komme ich am Refugio Otto Meiling an. Die Hütte ist benannt nach dem Mann, der den Alpinismus - genauer gesagt: den Andinismus - nach Bariloche brachte. Zwischen den beiden Weltkriegen kam der Deutsche nach Argentinien.

Zunächst lebte er in Buenos Aires und verliebte sich während einer Reise in die Bergwelt rund um Bariloche. Der Tronador war »sein« Berg. Fast zwei Dutzend Mal hat er diesen 3.478 Meter hohen schneebedeckten Granitfelsen bestiegen. Seinen letzten Aufstieg machte Meiling im Alter von 79 Jahren. Er liebte diesen Berg so sehr, dass er seine Skifabrik - übrigens die erste in Argentinien - nach ihm benannte. Außerdem gründete er den Club Andino in Bariloche. Schon vor seinem Tod im Jahr 1989 wurde er von allen Bergsteigern Argeniniens wie ein Heiliger verehrt.

Das Refugio ist rappelvoll. Rund um die kleine Holzhütte ist zusätzlich eine richtige Zeltstadt entstanden. Viele Bergsteiger wollen auf den Gipfel, denn die Wetterprognosen für die kommenden Tage sind überaus freundlich.

Wir schlagen unsere Zelte in einer windgeschützten Nische auf. Heringe in den Boden zu hauen, ist aufgrund der harten Felsen aussichtslos. So tragen wir große Steine zusammen, um dem Zelt mehr Stabilität zu verleihen. Denn trotz des schönen Wetters weht hier oben ein kräftiger Wind, und die Böen, die immer wieder über dieses Plateau jagen, bringen die Nylonhäuser gehörig ins Wanken.

Die Aussicht ist einfach grandios - bis zum 3.776 Meter hohen Lanin, einem Vulkankegel, der wie ein Monument in den Anden steht und 150 Kilometer vom Tronador entfernt liegt, können wir sehen. Der Lanin wird, wenn wir die Umgebung von Bariloche verlassen, unser nächstes Ziel sein.

Während ich abends meine schweren Beine im Schlafsack ausstrecke, mache ich mir einige Gedanken. Gott sei Dank habe ich diese Wanderpause eingelegt. Denn nach fast vier Monaten Motorradfahren tut mir die Bewegung mehr als gut. Wenn man den ganzen Tag nur im Motorradsattel sitzt, verkümmert ein Teil des Muskelapparates. Von der mangelnden Kondition ganz zu schweigen.

Ganz unauffällig haben sich in den letzten Wochen aber auch die ersten psychischen Verschleißerscheinungen eingeschlichen.

Ich hatte ständig das Gefühl, alles schon einmal gesehen zu haben. Eine gewisse Übersättigung war zu erkennen. Fahren, fahren, fahren, dazwischen eine Ortschaft, ein Zeltplatz, ein Nationalpark. Immer die gleicher Leier. Das stumpft Nerven und Sinne ab. Und so habe ich mich seit Annes Abreise mehr oder weniger treiben lassen und alle Entscheidungen an Birgit und Jo abgetreten.

Damit ist jetzt Schluss. Durch Geist und Körper ist ein regelrechter Ruck gegangen. Ich bin wieder da. Hülsmann is back! Zum ersten Mal seit Wochen fühle ich mich richtig wohl. Auf 2.000 Meter Höhe bin ich ein anderer Mensch geworden und habe wieder Spaß an den Dingen. Mein Enthusiasmus ist zurückgekehrt.

Sogar das Aufstehen um 5 Uhr am nächsten Morgen macht mir Freude. Die Temperaturen liegen um diese Zeit am Refugio noch unter dem Gefrierpunkt. Birgit kann sich nicht aufraffen, in die kalten Sachen zu steigen, und so mache ich mich mit Jo auf den Weg. Wir wollen zu dem Grat, der sich 500 Meter oberhalb der Hütte befindet.

Das Gehen über das gefrorene Schneefeld geht kräftig an die Kondition. Immer wieder bleiben wir stehen, um zu verschnaufen, denn die Fotoausrüstung, die wir mit hinaufschleppen, hängt an unseren Schultern wie Blei.

Doch der Ausblick, der sich von unterwegs bietet, ist die Schinderei wert. Langsam schiebt sich gerade die Sonne über die Bergkette im Osten. Der ganze Tronador scheint zu glühen.

Nach mehr als einer Stunde erreichen wir den schmalen Felsgrat, der gleichzeitig die Grenze zu Chile bildet. Jetzt ohne die richtige Ausrüstung weiter zu gehen, wäre Leichtsinn. Außerdem fehlt uns die nötige Erfahrung. 2.500 Meter zeigt mein Höhenmesser. Jo und ich bleiben eine Zeit lang stumm nebeneinander sitzen, machen Fotos und kehren anschließend zum Zelt zurück, wo uns Birgit schon mit dem Frühstück erwartet.

Bis Mittag bleiben wir noch am Refugio Otto Meiling, bevor

wir uns auf den Weg zurück ins Tal machen - dieses Mal ohne Pferde. Der Weg ist zwar nicht so steil wie der zur Laguna Ilón, dafür doppelt so lang. Mit dem Aufstieg zum Grat kommen heute insgesamt 22 Kilometer zusammen - für meine erlahmten Beine eine stolze Leistung.

Die ersehnte Ruhe gibt es jedoch nach unserer Ankunft in Pampa Linda nicht. Denn schon morgen wollen wir mit den Motorrädern zum Rio Manso umziehen. Von dort aus soll es dann zu Fuß nach Chile gehen. Doch erst einmal müssen wir die ganze Ausrüstung wieder motorradgerecht verpacken.

Die Straße zum Rio Manso verläuft unspektakulär - lediglich eine Verbindungsetappe, die wir schnell herunterspulen. Die letzten Kilometer führen an einigen Haciendas vorbei. Der Weg wird immer schmaler, bis er schließlich in einem kleinen Waldstück direkt am Rio Manso endet. Nur eine kleine Hängebrücke führt hinüber zum anderen Ufer, wo der Weg nach Chile beginnt.

Ich freue mich schon riesig auf die morgige Wanderung nach La Leon, dem chilenischen Dorf, das keinen Anschluss an Verkehrswege hat. La Leon ist nur zu Fuß, auf dem Pferd oder aus der Luft zu erreichen. Ist es nicht faszinierend, dass es in dieser modernen Welt immer noch Orte gibt, die man nicht mit dem Auto oder dem Motorrad erreichen kann? Ich versuche mir vorzustellen, wie ein solches Dorf ohne Straßen aussieht.

Am Abend stehen plötzlich zwei bewaffnete Soldaten vor unseren Zelten. Die jungen Männer sind freundlich und interessieren sich in erster Linie für die Motorräder. Es ist eine Patrouille, die sich im Grenzgebiet zwischen Chile und Argentinien umsieht. Wir erkundigen uns nach dem Weg nach Chile. Kein Problem, meinen die beiden. In drei Stunden seien wir gemütlich in La Leon. Als sie sich von uns verabschieden, ermahnt uns einer von ihnen, morgen früh zuerst am Grenzposten vorbeizuschauen, um die Ausreiseformalitäten zu erledigen. Ausreiseformalitäten hier in der Mitte von nirgendwo? Wir werden darüber aufgeklärt, dass die Menschen von La Leon gerne zum Einkaufen über die Grenze nach Rio Villegas in Argentinien kommen. Deswegen gibt es extra eine Grenzstation.

Tags darauf bekommen wir genau an diesem Grenzposten Probleme. Die argentinischen Zöllner wollen uns nicht ohne Stempel ausreisen lassen. Wir fragen uns, was passiert, falls wir La Leon nicht erreichen und ohne Ein- und Ausreisestempel von Chile nach Argentinien zurückkehren müssen. Nach dem allgemeinen bürokratischen Verständnis in Südamerika haben wir dann nämlich ein Problem. Denn ohne Ein- und Ausreisevermerk von Chile gibt es kein Zurück nach Argentinien.

Die Diskussion geht hin und her. Birgit kann dem Kommandanten des Postens dann irgendwie glaubhaft machen, dass wir heute auf jeden Fall wieder zurückkommen. Außerdem, meint sie schlitzohrig, würden ja unsere Motorräder noch am Rio Manso stehen. Das leuchtet dem Chef ein. Nach einer Rückversicherung bei der uns schon bekannten Patrouille verzichtet er auf die Stempelzeremonie und nimmt uns das Versprechen ab, heute Abend wieder zurück zu sein. Es ist offensichtlich, dass er sich dabei nicht wohl fühlt, doch er lässt uns gehen.

Wir folgen einem schmalen Trampelpfad, der mal über Wiesen, mal durch dichten Wald führt. Ein Mann kommt uns mit seinen Pferden entgegen. Er ist auf dem Weg nach Argentinien zum Einkaufen. Wir grüßen, und Birgit fragt ihn, wie weit es noch nach La Leon ist. »Drei bis vier Stunden«, antwortet er knapp, wobei seine Hand Richtung Westen deutet. Drei bis vier Stunden? Wir sind schon zwei Stunden unterwegs und hatten eigentlich gehofft, bald auf das Dorf zu stoßen. Schließlich haben die Soldaten an der Grenzstation etwas von drei Stunden erzählt. Uns bleibt also nur die Hoffnung, dass sich der Reiter etwas zu unseren Gunsten verschätzt hat.

Der Pfad wird nun immer schmaler, es geht ständig rauf und runter. Mal sind wir mit dem Rio Manso auf einer Höhe, dann wieder hören wir das Wasser tief unter uns rauschen.

Vier Stunden ist es nun schon her, seit wir die argentinische Grenzstation verlassen haben. Aber vom Dorf ist immer noch nichts zu sehen. Wir denken an Umkehr, da uns langsam die Zeit davonläuft. Diesen Trampelpfad wollen wir keinesfalls im Dunkeln zurückstolpern. Eine halbe Stunde geben wir uns noch, dann werden wir umkehren.

20 Minuten später passieren wir die chilenische Grenzmarkierung und dehnen die Umkehrzeit noch etwas aus. Ein Entschluss, der belohnt wird. Denn eine halbe Sunde später treffen wir auf die ersten Hütten von La Leon.

Die Behausungen sind so einfach wie das Leben hier draußen, weder Strom noch fließendes Wasser gibt es in La Leon. Das Dorf ist ziemlich auseinandergezogen. Die Häuser machen einen wohnlichen und gemütlichen Eindruck und liegen weit verstreut.

Wir werden vom Chef der Polizeistation begrüßt. Der argentinische Kommandeur hat ihn per Funk über unser Kommen informiert. Er wird nun dafür Sorge tragen, dass wir noch heute nach Argentinien aufbrechen und begleitet uns den ganzen Weg durch das Dorf. Schade, aber die Nacht dürften wir in La Leon nicht verbringen - wir sind ja quasi illegal eingereist.

30 Erwachsene und 20 Kinder leben in dem Ort, der drei Tagesritte von Cochamó, der nächstgelegenen chilenischen Siedlung, entfernt ist. Fremde kommen nicht oft nach La Leon, und unsere Anwesenheit spricht sich schnell herum. Jeder Einwohner, der uns begegnet, begrüßt uns per Handschlag. Ein alter Mann mustert uns lange mit seinen dunklen Augen. Dann will er vom Polizeichef wissen, ob so Touristen aussehen würden. Dieser bejaht die Frage, worauf der alte Mann ein erstauntes Gesicht macht. »Er hat noch nie in seinem Leben einen Touristen gesehen«, klärt uns der Polizeichef auf.

Viehzucht ist der Lebensinhalt dieser Menschen. Der Verkauf der Tiere findet in Cochamó statt, der Weg dorthin ist lang und beschwerlich. Einfacher wäre es, die Tiere nach Argentinien zu treiben, doch das ist aufgrund der Zollbestimmungen verboten.

Im Winter ist La Leon von der Außenwelt abgeschnitten, mehrere Monate sind die Einwohner auf sich selbst gestellt. Der Hubschrauber, der die sieben Polizisten im Ort versorgt, ist die einzige Verbindung nach draußen. Aber die Menschen sind mit ihrem kargen Leben zufrieden. Eine Existenz in der Stadt wünscht sich keiner, da ist sich der Polizeichef sicher. Die Menschen in La Leon, sagt er, liebten die Natur und das Leben hier draußen über alles. Wir erfahren auch, dass die starke Polizeipräsenz nicht zur Aufrechterhaltung der Ordnung in diesem friedlichen Dorf dient, sondern vor allem zur Sicherung der Grenze.

Die Zeit verstreicht viel zu schnell, und die Sonne steht schon tief am Horizont. Wir müssen uns dringend auf den Weg Richtung Argentinien machen. Einer der Beamten hat eine Idee: Er empfiehlt uns, den Fußweg auf der gegenüberliegenden Seite des Rio Manso zu nehmen, da man auf diesem Pfad wesentlich schneller vorankommt.

Eigentlich, so sagt er, dürfe man diesen Weg für den Grenzverkehr nicht benutzen, da der argentinische Posten auf dieser Seite des Flusses liege. Da wir aber offiziell gar nicht ausgereist seien und uns formell immer noch in Argentinien befinden würden, könne er ein Auge zudrücken. Es ist eben alles Auslegungssache.

Wir werden also mit einem kleinen Ruderboot über den Rio Manso gesetzt und machen uns auf den Weg. Es geht tatsächlich flott voran. Zum Glück, denn die Zeit sitzt uns im Nacken. Schließlich wollen wir vor der Dunkelheit am Zeltplatz sein. Im Eiltempo legen wir die letzten Kilometer zurück und laufen kurz vor dem Campingplatz noch der Gendameria National in die Arme. Der Kommandant höchstpersönlich führt die Patrouille an. Er will nach dem Rechten sehen und sich vergewissern, dass wir uns tatsächlich wieder auf argentinischem Territorium befinden. Was für ein Theater wegen drei Wanderern.

Jo ist zufrieden. Der Beitrag für das Reisemagazin ist so gut wie fertig, und auch die dazugehörigen Bilder sind im Kasten. Ihm fehlt jetzt nur noch eine Kajaktour, um das Bild von Bariloche abzurunden. Schlau wie er ist, hat er diese schon bei unserem letzten Besuch in Bariloche organisiert - übermorgen soll es losgehen.

Natürlich soll ich mitmachen. Aber ich weiß nicht so recht. In eine Plastikwanne steigen und einen Fluss hinabpaddeln? Schließlich bin ich nicht nur im Pferdesattel, sondern auch auf dem Wasser blutiger Anfänger. Und zweimal sollte man das Schicksal nicht gerade herausfordern.

Birgit und Jo haben es da einfacher. Vor ein paar Jahren waren sie mit dem Kajak schon auf dem Yukon unterwegs. Meine Erfahrungen hingegen beschränken sich auf ein paar Schlauchbootfahrten auf dem Baggersee. Eine gesunde Skepsis vor einer solchen Wildwasseraktion ist also durchaus angebracht. Doch Birgit bearbeitet mich unermüdlich und schwärmt in den höchsten Tönen von einer Kajak-Tour.

Es kommt also, wie es kommen musste - zwei Tage später sitze ich in einem dieser Dinger und versuche, irgendwie die Balance zu halten. Alexandro paddelt an meiner Seite und gibt mir Hilfestellung. Er ist laut Jo einer der besten Kajakfahrer Argentiniens. Ob Jo das nur behauptet, um mich zu beruhigen? Jedenfalls betreibt Alexandro zusammen mit seiner Frau ein Rafting-Unternehmen sowie eine Kajakschule.

Im Moment sei der Rio Limay zahm, sagt Alexandro. Na Gott sei Dank. Es kämen zwar einige unruhige Passagen, die jedoch alle harmlos seien. Ich solle mir einfach keine Sorgen machen. Der hat gut reden, der Weltmeister.

Schon die ersten Unruhen bringen das Plastikboot ganz schön durcheinander. Meine sofort eingeleiteten Gegenmaßnahmen verscheuchen höchstens ein paar Fische. Das Kajak bringe ich damit jedoch nicht auf den gewünschten Kurs. Ich erinnere mich an den Pferderitt und lasse dem Boot einfach freie Fahrt. Und es funktioniert: Das Kajak sucht sich seinen eigenen Weg durch die Stromschnellen, bis sich der Fluss wieder beruhigt.

Alexandro kommt längsseits und hebt den Daumen. »Well done, Amigo!«, ruft er mir zu. Wenn der wüsste. Wahrscheinlich will er nur mein Selbstbewusstsein für die nächste Wildwasser-Passage stärken. Oder sollte ich mich tatsächlich richtig verhalten haben? Immerhin hat sich Jo gleich an der ersten Stromschnelle selbst versenkt.

Jetzt, wo der Rio Limay wieder sanft dahinfließt, ist es ein tolles Gefühl, lautlos dahinzugleiten. Der Fluss schlängelt sich durch schmale Cañons und durch ockerfarbene Steppenlandschaften. Sein Wasser ist glasklar, und wenn man nach unten blickt, wird einem fast schwindelig. Ich bewege mich in einer ganz anderen, mir bis dato unbekannten Welt. Eine herrliche Ruhe umgibt uns. Hoffentlich keine Ruhe vor dem Sturm.

Doch als ich in der Ferne Schaumkronen auf dem Wasser erkenne, bestätigt sich meine Befürchtung. Alexandro gibt mir zu verstehen, dass ich dicht bei ihm bleiben soll. Das kann ja heiter werden. Das Wasser spritzt so hoch, dass ich kaum den Bug meines Kajaks sehe. Das Boot von Alexandro im Auge zu behalten, ist unmöglich. Ich weiß nicht mehr, wo oben und unten ist. Mein Boot dreht sich wie ein Kreisel. Für einen Moment bin ich mir nicht sicher, ob mehr Wasser in meinem Magen oder im Fluss ist. Doch dann hat diese Tortur ein Ende.

Mit Applaus empfangen mich Birgit und Jo am Ufer. Sie sprühen vor Begeisterung. Mein Enthusiasmus hingegen hält sich in Grenzen. Im Prinzip bin schon glücklich, dass ich die letzten 500 Meter dieser Bootsfahrt ohne Tauchgang absolviert habe.

Kapitel 12

Im Reich der Vulkane

»Vulkan: Feuer speiender Berg. Die Stelle in der Erdkruste, an der Magma aus dem Erdinneren zutage tritt. Als Vulkan wird auch der römische Gott des Feuers bezeichnet.«

Die Ausreise nach Chile ist diesmal ein Geduldsspiel. Wir stehen in der Schlange zusammen mit mehr als 30 Chilenen, die kurz vor uns mit ihrem Bus die Grenzstation erreicht haben. Dieser überdurchschnittliche Andrang ist für den argentinischen Zöllner jedoch kein Grund, die bürokratische Prozedur zu forcieren. Im Gegenteil. Er lässt sich Zeit, viel Zeit. 20 Minuten benötigt er, um zwei Personen mit Hilfe der Schreibmaschine in eine Liste einzutragen.

Unter den Wartenden regt sich Unmut, dem der Zöllner mit sofortiger Arbeitsniederlegung begegnet. Demonstrativ lehnt er sich in seinem Stuhl zurück, verschränkt die Arme und macht erst weiter, als vor seinem Schalter wieder Ruhe eingekehrt ist. Mehrmals zieht er diese erzieherische Maßnahme durch. Das ist also die Gehässigkeit zwischen Chilenen und Argentiniern, von der wir schon so viel gehört haben.

Bei einigen Chilenen liegen die Nerven inzwischen blank. Doch der Mann in Uniform genießt seine Macht und lässt sich von nichts aus der Ruhe bringen. Selbst das Stirnrunzeln einer einzelnen Person wird von ihm kollektiv bestraft. Zum Tumult kommt es dann, als einer seiner Kollegen speziell für uns einen zweiten Schalter öffnet. Die Chilenen rotieren, was aber nur dazu führt, dass sich ihre Abfertigung noch mehr verzögert. Der Zöllner zieht sich jetzt nämlich beleidigt von seiner Schreibmaschine zurück und verschwindet im Nebenraum.

Uns ist diese Sonderbehandlung peinlich, und wir schauen etwas verlegen drein. Aber was sollen wir machen? Als wir die Station mit unseren abgestempelten Dokumenten verlassen, kommt auch der schmollende Zöllner aus dem Nebenraum zurück. Er setzt sich mit ernster Miene an seine Schreibmaschine, um im selben zähen Trott seine Arbeit wieder aufzunehmen. Die armen Chilenen.

Draußen blicken wir wieder einmal in die Wolken, die das verschleiern, was wir schon seit Tagen so gerne sehen würden: den Lanin. Schon die ganze letzte Zeit versteckt sich der Vulkan im eigenen weißgrauen Dunst. Hohe Berge wie der Lanin, der sich 3.776 Meter in den Himmel reckt, machen sich ihr Wetter leider selbst.

Zwei Tage sind wir nun im Seengebiet schon unterwegs und haben die Spitze des Lanin noch kein einziges Mal gesehen. Jetzt lockt uns der blaue Himmel im Westen an, und wir fahren einfach mal rüber nach Chile in der Hoffnung auf besseres Wetter.

Die Einreise an der chilenischen Grenzstation geht wesentlich zügiger von statten. Wir folgen noch einige Kilometer der Ruta 119 und biegen dann irgendwann auf eine kleine Piste Richtung Süden ab. Unser Ziel ist der Villarica, ein Vulkan, der immer noch aktiv ist. Bei seinem letzten Ausbruch im Jahr 1984 wurden mehrere Dörfer durch die heiße Lava zerstört.

Die Piste führt uns durch endlose Araukarienwälder. Dieser hohe Baum sieht wegen seiner mächtigen Krone aus wie ein überdimensionaler Regenschirm. Am Anfang ist die Piste noch gut zu befahren. Dann wird unser Ausflug jedoch mehr und mehr zur Kletterpartie. Seit einigen Kilometern komme ich nur noch im ersten Gang vorwärts. Mein Lenker ist zur Turnstange geworden. Auf der Piste gibt es Höhenunterschiede von knapp einem halben Meter, die nur mit viel Schwung zu bewältigen sind. Dabei pflügt der Motorschutz kräftig das Erdreich um.

Die Dunkelheit bricht herein, und wir haben noch keinen Zeltplatz gefunden. Die Bäume stehen so eng nebeneinander, dass es sogar schwierig ist, hier ein Motorrad zu parken. Mit dem letzten Tageslicht erreichen wir eine kleine Wiese. Der Boden ist sehr abschüssig, und uns wird schnell klar, dass wir heute Nacht fast im Stehen schlafen werden. Eine Alternative zu diesem Patz ist jedoch weit und breit nicht in Sicht.

Am Lagerfeuer unter sternenklarem Himmel komme ich wieder einmal ins Grübeln. Etwas mehr als vier Wochen Reisezeit bleiben mir noch. Vorbei ist es mit der scheinbar unendlichen Zeit, die ich am Anfang hatte. Die Tage fliegen nur so dahin. Zum ersten Mal seit langem spüre ich Unruhe. Bis jetzt war das Thema Zeit kein Problem. Doch jetzt, wo sie allmählich knapp wird, macht mich jede Verzögerung nervös.

Ich würde so gerne noch in die hohen Anden fahren, in die Atacama-Wüste und zum Salar des Uyuni - zu dem riesigen Salzsee in Bolivien. Doch wenn wir in diesem Schneckentempo weiter Richtung Norden kriechen, reicht die Zeit gerade noch, um Santiago zu erreichen. Birgit und Jo haben es da besser - sie bleiben noch einen Monat länger in Südamerika. Daher sitzt ihnen die Zeit nicht so sehr im Nacken wir mir.

Ich spreche mit den beiden über mein Problem. Dabei stellt sich heraus, dass es auch Birgit nach Norden zieht. Wir beide wollen endlich in die hohen Berge. Also einigen wir uns darauf, noch weitere vier bis fünf Tage im Seengebiet von Chile zu bleiben, um anschließend einen großen Sprung Richtung Santiago zu machen.

Ein Vorhaben, das mich beruhigt. Denn in den letzten Wochen meiner Reise möchte ich mir keinen Stress an den Hals schaffen sondern die Zeit, die mir bleibt, in Ruhe genießen. Ich zwinge mich dazu, ab sofort alles viel entspannter zu nehmen. Was ich in den nächsten Wochen sehen kann, nehme ich mit - für den Rest muss ich eben wiederkommen.

Der Wechsel auf die westliche Andenseite hat sich gelohnt, der Tag begrüßt uns mit einem strahlend blauen Himmel. Die Kletterpartie geht weiter bis zu den heißen Quellen von Palguin. Wieder kommen wir nicht über den ersten Gang hinaus. Wir quetschen die Motorräder an den großen Araukarien vorbei, die bis zu 1.000 Jahre alt werden können.

Als ich den kleinen Ort Coñaripe erreiche, zeigt mein kleiner Fahrradtacho am Lenker eine Durchschnittsgeschwindigkeit von 23 Stundenkilometern an. Wahrlich kein berauschender Schnitt.

Birgit und Jo sind noch auf der Piste, um Fotos zu machen. Ich erledige in der Zwischenzeit schon mal die Einkäufe. Als ich das kleine Geschäft betrete, begrüßen mich die beiden Mädchen hinter dem Tresen mit »Heil Hitler«. Sie grinsen mich an und erwarten offensichtlich eine Reaktion. Ich bin entsetzt. Haben sie mein deutsches Kennzeichen gesehen, oder vermuten sie einfach nur, dass ich Deutscher bin?

Ich erwidere ein energisches »Buenas tardes«, erledige meine Einkäufe und beachte die Mädchen nicht weiter. Innerlich bin ich jedoch geschockt, fassungslos, dass ich in einem der hintersten Winkel Chiles auf faschistoide Äußerungen stoße. Vermutlich wissen diese etwa 15 Jahre alten Mädchen gar nicht, was diese Worte bedeuten. Der schale Nachgeschmack dieser Begegnung liegt mir noch einige Zeit auf der Zunge.

Der Blick auf die Landkarte zeigt uns eine kleine Piste, die von Coñaripe nach Calafquen führt. Doch der Einstieg ist nicht leicht zu finden. Ein falscher Abzweig, und schon klettern wir mit den Motorrädern wieder in den Bergen herum. Eine schweißtreibende Sache, denn laut Thermometer ist die 30-Grad-Grenze weit überschritten. Schließlich stoßen wir an die Grenze dessen, was mit unseren vollbepackten Maschinen machbar ist. Ohne Fußarbeit geht nichts mehr. Es dauert eine halbe Stunde, bis wir schweißgebadet aufgeben und zurück zur Hauptpiste fahren. Jetzt reicht es für heute.

Wir fahren nach Lican Ray und bekommen kurz vor dem Ort zum ersten Mal den Villarrica zu Gesicht. Über dem 2.850 Meter hohen Gipfel dieses Vulkans weht ständig eine Rauchfahne. Wenn die aufsteigenden Schwefeldämpfe nicht gerade die Sicht versperren, gewährt der Villarrica denjenigen, die ihn besteigen, einen Blick in das Innere der Erde.

Von unserem Zeltplatz aus haben wir einen wunderschönen Blick auf den Berg. Selbst in der Dunkelheit geht noch eine besondere Faszination von ihm aus. Und zwar dann, wenn die glühende Lava die Schwefelschwaden über dem Gipfel zum Leuchten bringt. Bis spät in die Nacht sehen wir uns die vulkanische Lightshow an.

In den nächsten zwei Tage dreht sich für uns alles um den Villarrica. Wir umfahren ihn und sehen ihn uns von allen Seiten an. Besteigen möchten wir ihn jedoch nicht. Oder noch nicht. Denn jeder von uns spielt insgeheim mit dem Gedanken, sich aus nächster Nähe diese vulkanischen Aktivitäten anzusehen.

Auch historisch und politisch hätte der Villarrica einiges zu bieten. Gerüchten nach soll sich dort oben Diktator Pinochet einiger seiner politischen Gegner entledigt haben, indem er sie in den Krater werfen ließ.

Pucón, die Stadt am Fuße des Villarrica und Ausgangspunkt für alle Touren hinauf zum Krater, schreckt uns jedoch ab. Der Ort ist touristisch voll erschlossen und entsprechend überlaufen. Dutzende von Trekking-Unternehmen bieten den Aufstieg zum Villarrica an. Dort oben muss ein Gedränge herrschen wie zur Weihnachtszeit in der Kölner Innenstadt. Und da müssen wir nicht auch noch hinauf. Außerdem würde uns ein Gipfelsturm zwei weitere Tage kosten, die wir lieber im Norden Chiles verbringen möchten.

An diesem Abend sehen wir von unserem Zeltplatz aus den Lanin. Wolkenfrei! Keine Frage also: Wir werden morgen frühzeitig zum Lanin aufbrechen und den Villarrica endgültig links liegen lassen.

Ein ganz kleines Sträßchen führt direkt ins Zielgebiet. Das nehmen wir. Jo und ich sind uns zwar nicht sicher, ob es unterwegs einen Grenzübergang gibt. Doch laut Karte führt dieser

Weg direkt nach Argentinien und zum Lanin.

Bis Coñaripe fahren wir auf Asphalt. Danach geht es auf der üblichen Wellblechpiste weiter zur Grenze. Doch schon nach wenigen Kilometern wird aus der Piste ein schmaler Pfad, der sich steil und kurvenreich in die Anden hineinschlängelt. Dieser Weg wird sicher nicht sehr oft benutzt, weil er an manchen Stellen komplett mit Gräsern und Farnen überwuchert ist.

Ich mache mir keine Hoffnungen, hier auf einen Grenzposten zu treffen, der uns die Ausreise aus Chile bestätigt. Denn das muss sein. Sonst bekommen wir in Argentinien gewaltige Schwierigkeiten. Nein, dieser Trampelpfad wird sich wohl bald im Wald auflösen, oder eine Schranke wird uns die Weiterfahrt versperren. Dann müssen wir zurückfahren und uns einen anderen Übergang suchen.

Ein Schlagbaum verwehrt uns kurze Zeit später tatsächlich die Weiterfahrt. Und er ist glücklicherweise besetzt. Ein Soldat mit Gewehr im Anschlag steht davor.

Wir bringen die Besatzung dieses Posten ganz schön in Verlegenheit. Sie hatten wohl heute nicht mehr mit Grenzverkehr gerechnet. Bevor die bürokratische Prozedur beginnen kann, muss der Zöllner erst einmal in seine Uniform schlüpfen. Gewissenhaft sichtet er dann unsere Dokumente, macht seine Eintragungen und will gerade seinen Stempel aufdrücken, als er zusammenzuckt: Das Stempelkissen ist ausgetrocknet - eine mittlere Katastrophe.

Sofort erstattet er dem Kommandeur Meldung. Aber auch dem Chef scheint entfallen zu sein, wo sich das Fläschchen mit der Tinte befindet. Fieberhaft werden alle Büros durchstöbert - zum Glück sind es nur zwei. Doch das gesuchte Fläschchen taucht nicht auf.

Haben wir uns bis jetzt noch über die Stempelkissen-Affäre amüsiert, wird uns allmählich der Ernst der Lage klar: Ohne das amtliche Siegel in unserem Pass wird es keine Ausreise geben. Da verstehen die Grenzer keinen Spaß. Also Jungs, lasst uns bitte nicht hängen. Und als ob unser Gebet erhört worden wäre, taucht plötzlich die vermisste Tinte auf. Uns fällt ein Stein vom Herzen.

Auf der argentinischen Seite besitzt man zwar ein funktionierendes Stempelkissen, dafür herrscht in puncto Zollbestimmungen Ratlosigkeit. Wie sind deutsche Motorräder zolltechnisch zu behandeln? Großes Fragezeichen. Auch der Kommandeur der Truppe hat nicht die geringste Ahnung. Ein solcher Fall kommt hier wohl selten vor.

Gerne nimmt man deshalb meine Hilfe an. Schließlich habe ich in letzter Zeit des öfteren Motorräder nach Argentinien eingeführt. Zusammen mit dem Chef durchwühle ich den kleinen olivgrünen Wohnwagen, der als Büro dient. Wo sind die richtigen Formulare? Nach kurzer Zeit werden wir fündig. Nun wird das Dokument erst mal genauestens studiert. Die Aufgabe, den Kommandeur bei Verständnisfragen zu unterstützen, fällt mir zu. Währenddessen unterhält sich Birgit mit den niederen Dienstgraden über die Vorzüge bayerischer Motorräder.

Der Kommandeur greift gerne auf meinen Erfahrungsschatz zurück. Ich zeige ihm, wo man was eintragen muss. Der Papierkram für Birgits und Jos Maschinen ist anschließend reine Formsache. Zum Schluss möchte ich gerne wissen, wie viele Fahrzeuge denn diesen Grenzübergang pro Tag passieren. Pro Tag? Alle sehen mich verständnislos an. Es sind etwa drei bis vier Autos pro Woche. Und um diesen Ansturm bewältigen zu können, hat man dem obersten Zöllner drei Mitarbeiter zur Seite gestellt.

Wir schlagen unser Lager an der Laguna Verde im Nationalpark Lanin auf. Dummerweise hat uns das gute Wetter schon wieder im Stich gelassen. Unsere Wanderung zum Lanin werden wir noch eine Weile verschieben müssen.

Den nächsten Tag verbringen wir fast vollständig unter unserem Tarp. Diese Nylon-Plane hat uns auf unserer Reise schon gute Dienste geleistet. Wenn wir warm verpackt und mit einer Tasse Tee in der Hand im Regen unter diesem Plastikdach sitzen - dann ist es manchmal sogar richtig gemütlich.

Da sich das Wetter ohnehin nicht beeinflussen lässt, ertragen wir die feuchte Witterung der nächsten Tage gelassen. Zudem hängt die Wolkendecke so tief, dass wir vom Lanin nichts sehen.

Diese Zwangspause wird genutzt, um einiges in Ordnung zu bringen. Ich versuche, meinen Kocher so hinzubekommen, dass die Flammen wieder an der dafür vorgesehenen Stelle austreten. Jo bastelt an seiner Dominator. In den letzten Tagen hat er einen schleichenden Plattfuß am Vorderrad festgestellt und versucht nun, dem Luftverlust auf die Spur zu kommen. Ob er wohl Birgit, die Platten-Spezialistin, um Rat fragen sollte?

Auch am dritten Morgen ist es stark bewölkt. Jo und ich geben nicht auf. Irgendwie muss es doch zu machen sein, einen Blick auf den Lanin zu werfen. Birgit sieht wenig Sinn in einer solchen Aktion, und so machen wir uns zu zweit auf den Weg.

Der kleine Pfad zum Lago Paimún beginnt hinter der argentinischen Zollstation. Natürlich können wir nicht einfach an dem Grenzposten vorbeifahren, da das mit Sicherheit Ärger nach sich ziehen würde.

Um sieben Uhr in der Früh stehen wir also vor dem olivgrünen Wohnwagen. Der Schlagbaum ist mit einer dicken Kette gesichert. Wir machen uns bemerkbar, und es dauert eine Weile, bis sich ein verschlafen wirkender Grenzsoldat blicken lässt. Wir erklären dem Mann, dass wir nur zum Lago Paimún fahren und nicht nach Chile ausreisen wollten. Er versteht. Aber ob das auch ohne bürokratischen Vorgang möglich ist, kann nur der Kommandant entscheiden. Und der muss erst einmal geweckt werden.

Irritiert über die frühe Kundschaft steht der Boss zehn Minuten später in Jogginghose und Unterhemd vor uns. Der junge Soldat blickt seinen Vorgesetzten fassungslos an. Der überlegt eine Weile, schaut dann auf die Uhr und zeigt uns mit einem Wink an, dass wir weiterfahren können.

Nach wenigen Kilometern erreichen wir den Abzweig zum

Lago Paimún. Es ist ein schmaler Pfad, der schon nach wenigen Metern im dichten Bambus verschwindet. Wir stellen die Motorräder ab und machen uns zu Fuß auf den Weg. Der Boden ist nass und aufgeweicht, an einigen Stellen versinken wir bis zu den Knöcheln im Morast. Zu allem Überfluss fängt es an zu nieseln. Die Hoffnung, den Lanin frei von Wolken zu sehen, schwindet mehr und mehr.

Wir zweifeln am Sinn unserer Aktion. Ob Birgit vielleicht doch die bessere Nase hatte? Weiter. Mehr als fünf Kilometer stolpern wir im Regen durch Bambus und Wald. Dann stehen wir am Lago Paimún. Am anderen Ufer türmt sich der graue 3.776 Meter hohe Kegelberg auf. Im Umkreis von mehreren hundert Kilometern gibt es nichts Vergleichbares.

Dann geschieht das Wunder: Für einen Moment geben die Wolken den längst erloschenen Vulkan frei, und zum ersten Mal können wir den Gipfel aus der Nähe sehen. Die Zeit reicht gerade, um ein paar Fotos zu schießen. Doch im nächsten Moment ist der Lanin wieder hinter einer weißen Wand verschwunden.

Wir bleiben noch eine Weile am See und genießen die Ruhe und die Abgeschiedenheit. Vielleicht taucht eine neue Wolkenlücke auf, die uns nochmal den Blick auf den Gipfel freigibt. Doch das Gegenteil ist der Fall - das Wetter zieht immer weiter zu, schließlich fängt es an zu regnen.

Durchnässt erreichen wir unsere Motorräder. Auf der Fahrt zum Zeltplatz stoppen wir kurz am Grenzposten, um uns wieder zurückzumelden. Der Kommandeur registriert mit einem Nicken unsere Rückkehr und winkt uns durch. Wir sind froh, dass Birgit schon das Lagerfeuer in Gang gebracht hat, an dem wir uns wärmen und unsere Sachen trocknen können.

Einen Tag später verlassen wir den Nationalpark Lanin und fahren zurück ins chilenische Seengebiet. Dort wimmelt es nur so von alten Vulkanen, die jedoch alle - bis auf den Villarrica - nicht mehr aktiv sind. Wir bauen unser Zelt am Lago Llanquihue auf, dem nach dem Lago General Carrera zweitgrößten See Chiles. Von hier aus können wir den Osorno sehen, der sich vis-a-vis am anderen Ufer erhebt. Seine symmetrische Kegelform macht ihn für viele zu dem Vulkan Südamerikas überhaupt.

Jedenfalls ist er ein farbenfroher Berg und nicht so trist und grau wie der Lanin. Bis zu einer Höhe von 1.200 Meter ist der Osorno mit Buchen und Zedern bewachsen. Dann folgt ein Streifen im typischen Schwarzgrau der Vulkane, bevor sich zuletzt die vergletscherte Spitze wie ein Stück Zuckerguss in den Himmel erhebt. Und genau dieses bunte Bild spiegelt sich im Lago Llanquihue wieder - ein Traum.

Wir verbringen einige ruhige Tage rund um den Osorno. Mit den Motorrädern durchstreifen wir die Gegend auf der Suche nach Fotopunkten, um diesen wunderschönen Vulkan ins rechte Licht zu setzen.

Das chilenische Seengebiet war um die Jahrhundertwende ein bevorzugter Siedlungsraum deutscher Auswanderer. Die Riten und Gebräuche, aber auch die Sprache haben sich bis heute erhalten. Das Wort »Kuchen« beispielsweise ist in dieser Gegend in den chilenischen Wortschatz übergegangen. In Frutillar, dem zentralen Ort des Seengebietes, werden wir unzählige Male auf deutsch angesprochen. Wir kommen kaum nach, den großen Wissensdurst der Menschen zu stillen. Es scheint hier keine Familie zu geben, die nicht mindestens einen deutschen Vorfahren hat.

Zu unserer Überraschung treffen wir in Frutillar auf Martin, der mit uns zusammen Weihnachten in Ushuaia feierte. Es tut gut, ihn zu sehen und zu wissen, dass seine BMW wieder läuft. Dem Boxer wurde nämlich ständig zu heiß. Doch nach dem Erhalt der notwendigen Ersatzteile ist die BMW wieder richtig temperiert.

Martin hat unterwegs von einer Aktion an der Brücke im Torres del Paine Nationalpark gehört. Er fragt uns, ob wir diejenigen gewesen seien, die zwei Tage gebraucht hätten, um ihre

Maschinen über den Fluss zu tragen. Zwei Tage? Maschinen über den Fluss tragen? Wir sehen uns verdutzt an. Typisch »Traveller-Latein«. Abenteuerliche Geschichten verbreiten sich schnell an den Lagerfeuern. Jeder, der sie hört, erzählt sie weiter, gibt seinen Senf dazu, und sehr schnell entwickeln sie eine Eigendynamik.

Eigentlich können nur Marianne und Jan, das Fahrradpärchen aus Holland, diesen Stein ins Rollen gebracht haben. Wir erzählen Martin, was wirklich an der Brücke passiert ist und wie lange die Aktion tatsächlich gedauert hat. Doch es ist zu spät: Anscheinend wird schon seit einiger Zeit in der Traveller-Szene mit größter Hochachtung über diese verwegene Tat gesprochen.

Kapitel 13

Santiago und des Diktators Rücktritt

»Santiago de Chile: An den westlichen Ausläufern der Anden gelegenen Hauptstadt Chiles. 1541 von den Spaniern gegründet. Heute hat Chiles Industriestadt Nummer eins 5 Millionen Einwohner.«

Wie besprochen, legen wir die rund 1.200 Kilometer lange Strecke vom chilenischen Seengebiet nach Santiago relativ zügig zurück. Auf diese Weise soll uns noch genügend Zeit für die gewaltigen Andengipfel nördlich der chilenischen Hauptstadt bleiben.

Das Land, das wir auf der meist recht ordentlich ausgebauten Ruta 5 der Länge nach durchqueren, heißt Araukanien. Der Ausdruck stammt von den Spaniern. Als deren Expeditionsheer im 16. Jahrhundert diesen Teil Südamerikas eroberte, traf es unter anderem auf das Volk der Mapuche. Diese gut gebauten, kräftigen Indianer nannten die Spanier Araukaner - nach dem eingeborenen Wort »rauco« für Wasserstelle.

Die Mapuche setzten den Spaniern derartig zu, dass diese in Zukunft mit großem Respekt von ihren braunhäutigen Gegnern sprachen. 300 Jahre lang wehrten sie sich erfolgreich gegen die weißen Eindringlinge, bis sie sich schließlich der Macht der Musketen ergeben mussten. Die Spanier bezahlten einen hohen Preis für die Eroberung der Goldminen der Mapuche: 50.000 Soldaten fanden während dieser Kriege den Tod.

Die Städte, durch die wir kommen, machen einen wohlhabenden Eindruck. Kein Wunder, sie leben ganz gut von der hier ansässigen Industrie. Wie fast alle an der Ruta 5 gelegenen Orte ist auch Temuco auf den Ruinen eines spanischen Forts entstanden. Eine Handvoll schnurgerader Alleen, eine geschäftige

Innenstadt, der große zentraler Platz - Temuco ist eine chilenische Stadt wie aus dem Bilderbuch.

Wir rollen durch Los Angeles. Die reiche Stadt hat mittlerweile über 80.000 Einwohner, und nichts deutet mehr darauf hin, dass sie vom spanischen Expeditionsheer als ärmliches Etappenkaff gegründet wurde.

Im hübschen Chillán hingegen fühlt man sich eher ins Mittelalter zurückversetzt. Doch der Eindruck täuscht: Fast die gesamte Stadt fiel 1939 einem Erdbeben zum Opfer und wurde nach altem Vorbild neu aufgebaut.

Dann endlich am Ende des dritten Fahrtages tauchen die Randbezirke von Santiago vor uns auf. Ein beeindruckendes Bild: Die Dächer der 5-Millionen-Stadt laufen wie eine gigantische Welle an den Ausläufern der Anden aus. 1541 als Santiago del Nuevo Extremo gegründet, ist die Großstadt heute Chiles Industriestandort Nummer eins.

Nuevo Extremo - dieser Name geht mir durch den Kopf, als wir - zusammen mit Tausenden von anderen Fahrzeugen in Richtung Innenstadt treiben. Der Verkehr ist nämlich ziemlich extrem. Die starken Autoabgase bringen uns fast um den Verstand. Am liebsten würden wir ja einen großen Bogen um diesen Hexenkessel machen und sofort weiter nach Norden fahren. Doch wir müssen einige Dinge organisieren, die sich nur in Santiago regeln lassen.

Seit ihrer Gründung zieht diese Stadt die Menschen an wie ein Magnet. Den größten bevölkerungspolitischen Schub erhielt sie in der zweiten Hälfte des 19. Jahrhunderts, als die Großgrundbesitzer aus dem ganzen Umland nach Santiago zogen. Ihnen folgten die Industriellen, und binnen kurzem verwandelte sich die Stadt in ein Juwel mit herrlichen Alleen und prachtvollen Villen.

Heute ist der ungebremste Zuzug von Menschen ein Problem geworden. Lebten um 1900 noch 16 Prozent der chilenischen Bevölkerung in Santiago, so sind es mittlerweile 30 Prozent. An den Stadträndern haben sich Elendsquartiere gebildet, die ständig wachsen.

Auch die Umweltverschmutzung bedroht die Stadt. Wegen ihrer Lage in einem Becken kann die verbrauchte Luft nicht abfließen und lässt die Menschen im Smog fast ersticken.

Telefonisch haben wir schon gestern ein kleines Hotel gebucht, das uns von anderen Travellern empfohlen wurde. Es heißt Hotel Indiana. Es sei billig sowie zentral gelegen. Für umgerechnet 10 Mark pro Nacht können wir, so das Angebot am Telefon, dort unterkommen. Das hört sich ganz gut an. Mal sehen, was daraus wird.

Also wühlen wir uns auf der Suche nach dieser Herberge durch den Verkehr der chilenischen Metropole. Die quadratische Aufteilung der Innenstadt macht die Orientierung zum Glück leicht, und so stehen wir ohne lange suchen zu müssen bald vor dem Hotel.

Wir sehen das Gebäude von außen an und denken alle dasselbe: 10 Mark für die Nacht sind angemessen. Mehr aber nicht. Denn diese Herberge hat schon einmal bessere Zeiten gesehen. Sie macht einen etwas heruntergekommenen Eindruck. Ein Topf frischer Farbe würde hier eine Menge bewirken.

Drinnen ist der Eindruck nicht besser. Die Zimmer sind klein und dunkel, keine Räume der Behaglichkeit, sondern eher Zellen. Die Luft steht in den Zimmern, und es ist so stickig, dass einem das Atmen schwer fällt. Fenster gibt es nicht. Nur eine Glühlampe, die von der Decke baumelt, bringt ein wenig Licht. Zum Schlafen wird es allemal reichen, denke ich im Stillen.

Das Problem sind unsere Motorräder. Die Straße vor dem Hotel ist sehr belebt. Und damit beileibe kein sicherer Platz, um drei Maschinen über Nacht stehen zu lassen. Da macht uns der Hausmeister das Angebot, die Enduros gegen einen Preisaufschlag von umgerechnet zwei Mark im Innenhof des Hotels abzustellen. Wir müssen nicht lange darüber nachdenken - einen sichereren Ort werden wir wohl in ganz Santigao nicht finden. Denn der einzige Zugang zu diesem Hof führt vorbei an der Rezeption und quer durchs Foyer.

Jetzt ist eine Hotelhalle natürlich nicht unbedingt dafür gebaut, Motorräder aufzunehmen. Wir runzeln die Stirn. Wird es gehen? Vorsichtig manövrieren wir die Motorräder durch den Eingang. Dann die Treppe. Um die Stufen überhaupt hinaufzukommen, ist viel Bodenfreiheit notwendig. Gott sei Dank haben wir Enduros. Jo schiebt von hinten, denn auf der ausgetretenen Granittreppe finden die Reifen keinen Halt. Meine Ténéré ist zu breit. Damit sie durch die Tür passt, muss ich einen Koffer abmontieren.

Unsere Aktion lockt viele Hotelgäste an die Rezeption, meist junge Leute aus aller Herren Länder. Auch etliche Passanten bleiben auf der Straße stehen, um sich unsere Fahrkünste auf der Treppe anzusehen.

Nach zwanzig Minuten stehen die drei Motorräder zwischen den zerschlissenen Sesseln der Empfangshalle. Vorsichtig schieben wir sie über das Holzparkett des Foyers in den Innenhof. Na also, ging doch. Aber diese Prozedur steht uns nun jedes Mal bevor, wenn wir mit den Motorrädern auf Tour gehen wollen.

Wir nutzen den Rest des Nachmittags, um einen Bummel durch die Stadt zu machen. Der erste Weg führt uns zur Post, wo hoffentlich einige Briefe für uns liegen. Während sich Birgit und Jo über ihre Zusendungen freuen, suche ich verzweifelt meinen Namen auf der Empfängerliste, die neben dem Schalter hängt. Doch ein Andreas Hülsmann ist darauf nicht zu finden. Die Enttäuschung ist groß, da Anne doch einen längeren Brief ankündigte. Wieder und wieder studiere ich die Liste, ohne ein anderes Ergebnis zu erzielen.

Wir setzen uns am quirligen Palaza de Armas, dem zentralen Punkt Santiagos, in ein Café. Während Birgit und Jo sich gegenseitig ihre Briefe vorlesen, bleibt mir nichts anderes übrig, als die Menschen zu beobachten. Straßenhändler preisen mit einer alles durchdringenden Stimmenakrobatik ihre Waren an. Alte Männer sitzen im Schatten und spielen Schach. Fast jeder Zug wird mit den Neugierigen, die diese Partie mitverfolgen, diskutiert.

Alle diese Szenen werden von Polizisten mit strengem Blick überwacht. An fast jeder Ecke stehen sie. Dieses außergewöhnliche Aufgebot an Polizei soll schon im Keim jegliche Demonstration ersticken. Der Grund für diese Vorsichtsmaßnahme: Morgen ist für Chile ein besonderer Tag. General Augusto Pinochet tritt nämlich als Oberbefehlshaber der Streitkräfte zurück. Und da sind Proteste, wie sie in den letzten Jahren immer lauter wurden, natürlich unerwünscht.

1973 putschte sich der General an die Macht. Er stürzte Salvador Allende, der als weltweit erster Marxist im Jahr 1970 durch freie Wahlen an die Regierung gekommen war. Fast drei Jahre lang war Allende Präsident. Er versprach den Arbeitern ein besseres Leben, setzte die Löhne herauf und fror die Preise für Mieten und Grundnahrungsmittel ein. Die medizinische Versorgung war frei.

Diese Maßnahmen wurden vom Großteil der Bevölkerung zwar mit Begeisterung aufgenommen, doch stürzten sie das Land schnell in eine wirtschaftliche Krise. Als Allende die riesigen Kupferminen im Norden Chiles verstaatlichte, lenkte er den Zorn der USA auf sich. Die Weltmacht setzte alles daran, das Land noch mehr in den wirtschaftlichen Ruin zu treiben.

Anfang September 1973 rissen schließlich die Militärs die Macht an sich. Allende starb beim Sturm auf den Regierungssitz. Ob er Selbstmord beging oder von den Soldaten hingerichtet wurde, ist bis heute ungeklärt und wird es wohl für immer bleiben.

Damit fing der Schrecken für die chilenische Bevölkerung erst richtig an. Die Militärs folterten und mordeten. Das Fußballstadion von Santiago wurde zu einem riesigen Gefängnis für Tausende Oppositionelle. Blanker Terror regierte das Land. Die Bilanz von Pinochets Herrschaft ist grauenvoll: Insgesamt 3.000 Menschen fielen seinem Regime zum Opfer, 2.000 werden heute immer noch vermisst.

Viele Angehörige würden gerne den Diktator für seine Greueltaten zur Verantwortung ziehen, doch Pinochet hat vorgesorgt. Als künftiger Senator wird er politische Immunität genießen. Ob er diese für alle Zeit behalten kann, muss sich allerdings erst noch erweisen (Anmerkung des Verlages: Pinochets Immunität wurde im Sommer 2000 aufgehoben).

Die Abschiedszeremonie für den Ex-Diktator wird dann Tags darauf im Fernsehen auf allen Kanälen übertragen. Auch die Straßenschlachten sind zu sehen, die sich seine Gegner mit der Polizei liefern.

Wir bekommen jedoch von all dem nichts mit. Uns beschäftigen ganz andere Dinge. Die Dominator und die BMW brauchen neue Hinterradreifen, außerdem sind weitere Kleinigkeiten wie Ölfilter und Kettenspray zu besorgen.

Nach den Reifen müssen wir nicht lange suchen. Alle Motorradhändler Santiagos haben sich in einem Viertel angesiedelt, oft liegen die Geschäfte Tür an Tür. Das macht den Preisvergleich natürlich wesentlich einfacher. Die passenden Reifen sind schnell gefunden, und so können wir uns weiteren organisatorischen Aufgaben widmen.

Schon jetzt müssen wir den Rücktransport unserer Motorräder planen. Zusammen mit Jo fahre ich zum Flughafen, um dort einige Preise einzuholen. Doch der Lufttransport der Bikes ist weitaus problematischer als wir dachten. Mir schwanen schon ähnliche Schwierigkeiten wie auf dem Hinflug.

Die ersten Versuche, einen Platz in einem Flieger zu bekommen, fallen negativ aus. Von einer amerikanischen Fluggesellschaft bekommen wir zwar ein gutes Angebot, doch soll die Ténéré auf ihrem Weg zurück nach Europa erst auf eine Rundreise durch die USA gehen. Die Transportdauer, so rechnet man mir vor, liege zwischen zwei und vier Wochen. Es komme auf die Kapazitäten an. Einen festen Ankunftstermin will man mir nicht nennen.

Jo und ich beraten uns. Die Sache ist mir zu heikel. Ich habe den Eindruck, dass die Typen hier in diesem Büro einfach keine Lust haben, diesen Transport zügig abzuwickeln. Auch Jo hat Bedenken. Er vermutet, dass aus zwei bis vier Wochen leicht zwei bis vier Monate werden könnten.

Bei der argentinischen Fluggesellschaft wird unsere Nachfrage nach dem Motto »Achtung, Kunde droht mit Auftrag« behandelt. Es ist unübersehbar, dass der Mann am Schalter noch weniger Lust als seine amerikanischen Kollegen hat, sich mit dem Transport von irgendwelchen Motorrädern herumzuschlagen. Er verweist uns direkt an die Konkurrenz.

Aber auch die kommt nicht in die Pötte. Zwei Airlines können oder wollen die Motorräder nicht mitnehmen, weil es auf irgendwelchen Flughäfen eine unbefristete Sperre für »Dangerous Goods« gebe.

Nur die Lufthansa stellt uns Plätze in Aussicht - allerdings müssen erst die Termine geprüft werden. Morgen kann man uns mit Sicherheit sagen, ob es mit dem Transport klappt oder nicht. Wir haben also keine andere Wahl als zu warten.

Sollte es mit dem blauen Kranich auch nicht funktionieren, habe ich ein echtes Problem. In Gedanken sehe ich mich schon eine Kiste zusammenzimmern, um meinen Einzylinder per Schiff nach Deutschland zu schicken.

Während all dieser Rückflugvorbereitungen beschleicht mich ab und zu ein merkwürdiges Gefühl. Denn zum ersten Mal auf dieser Reise muss ich mich mit der Rückkehr beschäftigen. Ganz konkret und nicht nur in Gedanken. Schrecklich! Aber - ob ich will oder nicht - das Ende meiner Auszeit rückt unaufhaltsam näher. Dieses Organisieren des Fluges für die Ténéré ist unweigerlich der erste Schritt zurück in mein altes Leben.

Am folgenden Tag führt mich mein erster Weg wieder zum Postamt. In der Hoffnung, dass mein Name dieses Mal auf der Liste steht und der Brief von Anne angekommen ist, betrete ich das Gebäude. Doch wieder muss ich feststellen, dass der Weg umsonst gewesen ist.

Draußen vor der Tür erwarten mich schon Birgit und Jo - ihnen sind auf dem Weg hierher Marlene und Guy in die Arme gelaufen. Das Paar aus Belgien war ebenfalls zu Weihnachten in Ushuaia. In Santiago warten sie gerade auf Ersatzteile für ihre BMW. Irgendetwas an den Ventilen ist kaputt. Seit zwei Wochen sitzen sie schon in Santiago fest und freuen sich, endlich einmal bekannte Gesichter wiederzusehen.

Bis zum späten Abend plauschen wir mit den beiden Belgiern im Café. Sie sind schon seit drei Jahren unterwegs und haben sowohl Afrika als auch Australien kennengelernt. Im Gegensatz zu mir sind sie »echte« Aussteiger. Guy hat vor einigen Jahren seine Friseursalon-Kette verkauft, und seither ist er mit seiner Marlene auf Weltreise.

Irgendwann, so erzählt er, habe er sich gedacht, dass es noch mehr im Leben gebe müsse, als anderen Leuten die Haare zu schneiden. Heute kehren sie nur noch ganz sporadisch nach Belgien zurück, um Freunde oder Verwandte zu besuchen. Europa ist ihnen zu eng geworden. Die ersten zwei bis drei Wochen in der alten Heimat seien ja immer ganz nett, doch dann würde es höchste Zeit zum Aufbruch. Auf meine Frage, wie lange sie noch auf Tour sein würden, zuckt Guy mit den Schultern. Keine Ahnung, erwidert er, so lange es Spaß mache auf jeden Fall.

Wir verabreden uns für den nächsten Tag noch einmal auf der Plaza de Armas, um uns von den beiden zu verabschieden. Denn wenn am Flughafen alles so klappt, wie wir es uns vorstellen, brechen wir auf jeden Fall so schnell wie möglich in die Berge auf.

Früh stehen wir am nächsten Tag im Büro der Lufthansa. Der Flug für die Dominator und die BMW geht in Ordnung, für meine Ténéré sieht es dagegen schlecht aus. Erst zwei Wochen später als geplant ist ein Platz in einem Flugzeug frei. Mir bleibt nichts anderes übrig, als zu akzeptieren. Dass Anne über diese Verzögerung nicht gerade sehr erfreut sein wird, ist mir klar. Aber was soll ich machen?

Jo gewinnt der Sache schnell eine positive Seite ab. »Na klasse«, sagt er, »da haben wir ja zwei Wochen mehr Zeit«. Auch wieder wahr. Jetzt muss ich nur noch meinen Flug von Buenos Aires nach Frankfurt umbuchen und eine Maschine von Santiago in die argentinische Hauptstadt finden. Das alles ist schnell erledigt, und der Abfahrt in die hohen Anden steht nichts mehr im Wege.

Kapitel 14

Der Rahmen bricht

»Motorradrahmen: Herzstück des Fahrwerks eines Motorrades. Am Rahmen sind die Federelemente in Form von Gabel und Federbein sowie das Rahmenheck befestigt. Die Steifigkeit des Rahmens hat direkte Auswirkungen auf die Fahrstabilität eines Motorrades.«

Das ganze Hotel Indiana ist bei unserer Abreise auf den Beinen. Pedro, der Hausmeister, regelt draußen den Verkehr, damit wir ohne Kollision mit Fußgängern und Autos die Motorräder auf die Straße schieben können.

Ich bin noch nicht richtig wach. Gestern Abend haben wir lange mit Marlene und Guy zusammengesessen und das Maß der Verträglichkeit von alkoholischen Getränken leicht überschritten. Im Anschluss daran konnte man die Augen auch nicht zu machen, da einige Leute im Hotel bis in die frühen Morgenstunden lautstark einen Geburtstag feierten.

Es sind im Prinzip immer dieselben Typen, die als Krachmacher auftreten. Wir nennen sie gerne die »Wilden«. Auf alle Fälle herrscht stets ein gehobener Lärmpegel, wenn eine Gruppe von ihnen irgendwo auftaucht. In der Regel haben sie wenig Geld und sind nachtaktiv. Das führt dazu, dass sie spät abends oder nachts auf Campingplätzen auftauchen und unter lautem Türenschlagen, Musik und Geschrei ihre Zelte aufbauen. In Hotels poltern sie gerne mit ihren schweren Armeestiefeln die Treppen rauf und runter. Das Wort Rücksicht scheinen sie nicht zu kennen.

Ebenso ist ihnen der Begriff Eigentum fremd. Dein ist auch mein lautet ihre Devise. Sie leihen zwar nur aus, vergessen aber regelmäßig, das geliehene Gut zurückzubringen. Da sie englisch sprechen, kann man dann mit ihnen immerhin herumstreiten.

Das Merkwürdige an den »Wilden« ist, dass sich Einzelreisende vollkommen normal verhalten. Woher diese Gruppenhysterie kommt, haben wir auf unserer ganzen Reise nicht herausbekommen.

Jedenfalls habe ich nicht einmal zwei Stunden geschlafen. Jetzt stehe ich vor dem Hotel und schüttle Hände. Man herzt sich und wünscht sich eine gute Reise.

Dann geht es endlich los. Trotz der Müdigkeit fühle ich mich großartig, die Fahrt in die Berge wird mit Sicherheit ein phantastisches Erlebnis. Schon nach wenigen Straßenzügen sind wir auf einer der großen Ausfallstraßen und fahren Richtung Anden. Leider hat sich der herrliche Sonnenschein der letzten Tage verzogen, statt dessen hängen graue Wolken zwischen Gebirge und Pazifik. Eine dicke Nebelsuppe verwehrt uns den Blick auf die mächtigen Berge vor uns.

Über den Cumbre Pass fahren wir Richtung Argentinien. Langsam schraubt sich die Straße höher und höher. Es wird merklich kälter. Auf 2.000 Meter setzt Regen ein. Die Sicht reicht nur noch wenige Meter. Es ist mehr ein nach oben Tasten als ein nach oben Fahren. Ich setze meine ganze Hoffnung auf die andere Seite der Anden. Denn - so wird zumindest erzählt - wenn es in Chile regnet, scheint in Argentinien die Sonne. Und umgekehrt.

Der Cumbre Pass ist eine Hauptverkehrsverbindung zwischen den beiden Ländern. Dementsprechend gut ist an der Zollstation die Infrastruktur ausgebaut. Es gibt Läden, Buden und Stände für jeden beliebigen Krimskrams. Die Abfertigung liegt hier gleich in mehreren Händen, und wir müssen hintereinender verschiedene Schalter passieren.

An der ersten Theke werden meine Papiere penibel kontrolliert. Am nächsten Schalter erhalte ich Dokumente, die am dritten Schalter abgestempelt werden. Der Zöllner an Schalter

Nummer vier wirft noch einmal einen Blick auf alle Papiere und wünscht dann eine gute Weiterfahrt.

In der Hoffnung auf die Verlässlichkeit der einheimischen Wetterregel schwingen wir uns wieder in den Sattel und passieren den Grenztunnel. Dabei stoßen wir auf über 3.000 Meter Höhe vor. Doch am Ende des Tunnels erwartet uns kein Sonnenschein, sonder ein kräftiger Schneesturm. Dicke Flocken fliegen uns nur so um die Ohren. Die Straße ist komplett mit Schnee überzogen.

Aus diesem Grund fahren wir nicht, sondern schlingern eher zu unserem nächsten Ziel, der Puente del Inca. Es dauert eine ganze Weile, bis wir im Schneckentempo die Naturbrücke und das alte Thermalbad erreicht haben. Steif gefroren steigen wir von unseren Maschinen. Die Puente del Inca liegt 2.900 Meter hoch im Schatten des Aconcagua, des höchsten Berges des gesamten amerikanischen Kontinents. Von ihm ist allerdings nichts zu sehen, da das dichte Schneetreiben alles in sich aufgesogen hat.

Die Puente del Inca ist eigentlich gar kein Dorf, sondern lediglich eine Ansammlung einiger Häuser. In dem ehemaligen Thermalbad gibt es ein paar Hotels, Souvenirläden, ein Café und eine Kaserne. Sogar ein Campingplatz soll hier existieren.

Wir setzen uns zunächst in das Café, um wieder aufzutauen. Drinnen ist es zwar nicht wesentlich wärmer als draußen, dafür windgeschützt und trocken. Das Mobiliar ist spartanisch, die Speisekarte auch. Es gibt nur trockene Kekse, Tee und Kaffee.

Birgit fragt die Bedienung nach dem Campingplatz. »Zelten könnt ihr auch hinter dem Haus«, meint das junge Mädchen und zeigt dabei nach draußen zu einem Platz, auf dem Autos parken und Abfallcontainer stehen. »Fünf Pesos pro Kopf und Nacht«, fügt sie hinzu.

Ich gehe nach draußen, um mir den Platz anzusehen. Der Sturm tobt mit unverminderter Stärke, und ich erkenne, dass unser »Zeltplatz« unter einer drei Zentimeter dicken Schneeschicht liegt. Der steinharte Boden darunter wäre geeignet, aus jedem Zelthering ein Kunstwerk zu machen. Keine Chance, hier ein Zelt aufzubauen. Außerdem sieht dieser Ort nicht gerade einladend aus. Ich gehe zurück ins Café und sage: »Zelten ist nicht«. Die beiden fragen erst gar nicht nach dem Grund.

Birgit erkundigt sich bei der Bedienung nach weiteren Übernachtungsmöglichkeiten. Viel Auswahl haben wir nicht. »Ein paar Meter die Straße runter gibt es noch ein Hotel«, sagt das Mädchen, »aber das kostet 40 oder 50 Pesos die Nacht«. Bei diesen Worten bleibt Jo fast der Keks im Hals stecken. Nie und nimmer würde er freiwillig so viel Geld für eine überdachte Schlafgelegenheit ausgeben. Auch mir ist der Preis von umgerechnet 80 Mark für die Nacht zu hoch.

»Sonst gibt es nichts?«, bohrt Birgit weiter. Das Mädchen überlegt kurz, verschwindet in der Küche und steht nach einigen Minuten wieder vor uns. »Ihr könnt es mal in der Kaserne auf der anderen Straßenseite probieren. Die Gebirgsjäger nehmen schon mal Gäste auf«, erläutert sie uns die nächste Alternative. Beim Militär für eine Nacht zur Untermiete - das hört sich nicht schlecht an.

Wenig später stehen wir am Kasernentor. Ein Schild hängt draußen mit der Aufschrift: »Dieses Haus steht allen Montañeros der Welt offen.« Ob damit auch motorisierte Bergwanderer gemeint sind?

Wir klopfen. Ein Soldat mit geschultertem Maschinengewehr öffnet. Birgit erläutert unseren Wunsch, und mit einer Handbewegung gibt der junge Mann zu verstehen, dass wir warten sollen. Dann schließt sich das Tor. Nach fünf Minuten öffnet es sich ein zweites Mal, und diesmal steht ein Offizier vor uns. Birgit sagt wieder ihren Spruch auf. Der Offizier nickt und winkt uns mitsamt der Motorräder herein. Wir grinsen uns an, das hat ja prima geklappt.

Beim stellvertretenden Kommandanten müssen wir uns anmelden. Er nimmt uns die Pässe und 10 Pesos pro Kopf für die Übernachtung ab. Dann werden wir im Schlafsaal ihres Gästehauses einquartiert. In diesem Raum ist es zwar bitterkalt, doch alles blitzt vor Sauberkeit. Um unser Abendessen müssen wir uns selbst kümmern, dafür steht uns die Küche der Offiziersmesse zur Verfügung. Zapfenstreich ist sowohl für Soldaten als auch für Gäste um 22 Uhr. Macht nichts, wir sind sowieso hundemüde.

Um unsere Motorräder brauchen wir uns in dieser Nacht überhaupt keine Sorgen zu machen. Schließlich patrouillieren zwei bewaffnete Soldaten vor ihnen auf und ab.

Lautes Gebrüll schreckt mich morgens aus dem Tiefschlaf. Es ist gerade mal 6 Uhr. Wer schreit hier so? Ach ja, der Spieß ruft zum Morgenappell. Wenige Minuten später ist die komplette Kompanie auf dem Kasernenhof angetreten. Die Jungs sind das frühe Wecken offensichtlich gewöhnt.

Die unchristliche Uhrzeit hat für uns den Vorteil, dass wir heute endlich mal früh auf die Piste kommen. Verschlafen blinzle ich nach draußen und traue kaum meinen Augen: Statt des erwarteten Schneechaos blicke ich in einen strahlend blauen Himmel. Vor mir liegt die farbenprächtige Puente del Inca - ich bin begeistert.

Zwar fühle ich mich immer noch todmüde, denn trotz der acht Stunden Schlaf in der Kaserne habe ich die ruhelose Nacht im Hotel Indiana noch nicht weggesteckt. Doch der Sonnenschein hält mich nicht mehr im Schlafsack.

Mit Fototasche und Stativ bewaffnet stehe ich wenige Minuten später auf der Naturbrücke Puente del Inca. Es ist immer noch bitterkalt, und die Pfützen auf dem Boden sind gefroren. Ganz langsam beginnt die Sonne, die Spuren des gestrigen Schneegestöbers zu beseitigen.

In den alten Ruinen des ehemaligen Thermalbades sprudeln immer noch einige Quellen. Aus ihnen strömt 34 Grad warmes Wasser. Eine Lawine hatte 1965 dem Kurbetrieb ein abruptes Ende gesetzt, übrig geblieben sind nur Fassaden und Quellen. Das thermale Wasser aus der Erde hat die Puente del Inca im Laufe der Jahre in eine Sinfonie der Farben verwandelt. Rostrot, Gelb und Ocker dominieren, dazwischen sind blasse Grüntöne zu sehen. Was für ein Kontrast zu der weißen und grauen Bergwelt, die sich rund um das Bad erhebt!

Der 6.962 Meter hohe Aconcagua ist die Krone der 3.500 Kilometer langen Andenkette. Heute, an diesem sonnigen Tag, zeigt er sich überaus ruhig und friedlich. Bei so schönem Wetter machen sich die Bergsteiger gerne auf den Weg zum Gipfel. Der Aufstieg selbst ist über die einfachste von mehreren Routen anscheinend nicht einmal so schwierig. Es soll schon Leute gegeben haben, die ihr Mountainbike mit hinaufschleppten.

Die Gefahr am Aconcagua liegt in den blitzartigen Wetterumschwüngen und der großen Höhe. Windgeschwindigkeiten von 200 km/h sind auch an schönen Tagen keine Seltenheit. Viele der Bergsteiger, die auf den Aconcagua klettern wollen, müssen umkehren, weil bei ihnen in der dünnen Luft die Höhenkrankheit - die Soroche - ausbricht.

Wir begnügen uns damit, den Aconcagua von 2.900 Meter Höhe aus anzuschauen. So weit hinauf führt uns nämlich ein kleiner Weg, von dessen Ende man einen herrlichen Blick auf diesen Berg hat.

Erst am Nachmittag können wir uns von der faszinierenden Szenerie losreißen. Bis nach Uspallata sind es etwas mehr als 100 Kilometer. Zwei Stunden Fahrt, so hatten wir gerechnet. Aber die Landschaft, durch die sich die RN 7 schlängelt, ist einfach zu grandios, um nur durchzurasen.

70 Meter unter uns tobt der Rio Mendoza durch sein zwei Kilometer breites Tal. Die Felswände um uns herum sind rot, braun, ocker und gelb. Es scheint fast, als hätte der liebe Gott hier ein paar Farbtöpfe ausgekippt.

Auch das Sträßchen ist ein Genuss. Wir schlüpfen durch enge Tunnels und schwingen durch eine Kurve nach der anderen. Die Streckenführung ist spektakulär. Manchmal ist die RN 7 auf abenteuerliche Weise regelrecht an die Felswand geklebt. Diese Etappe von der Puente del Inca nach Uspallata ist mit Sicherheit eines der landschaftlichen Highlights der ganzen Reise.

Es wird schon Nacht, als wir in der kleinen Stadt ankommen - die Dunkelheit ist hier oben schnell zur Stelle. Weiterzufahren und irgendwo draußen am Fuße der Anden einen Zeltplatz zu suchen, macht wenig Sinn. Wir mieten uns daher auf dem Campingplatz in Uspallata ein.

Ab dem Tor verfolgen uns mehrere Hunde auf Schritt und Tritt. Aus sicherer Entfernung beobachten sie uns, trauen sich jedoch nicht heran. Sie fürchten die Menschen und haben wohl schon schmerzhafte Erfahrungen mit ihnen gemacht. Offensichtlich fühlt sich hier niemand für diese Hunde verantwortlich. So streunen die Tiere vermutlich den ganzen Tag herum, immer auf der Suche nach etwas Essbarem. Viele sind abgemagert, struppig und haben tiefe Narben - Andenken an Kämpfe mit Artgenossen.

Während wir unsere Zelte aufbauen, gewinnen wir allmählich das Vertrauen der Hunde. Nach den ersten Streicheleinheiten ist der Bann gebrochen, und sie können nicht mehr genug davon bekommen. Da für sie auch noch etwas von unserem Abendessen abfällt, weichen sie uns nicht mehr von der Seite. Ein paar von ihnen schlafen sogar direkt neben meinem Zelt. Ich höre sie atmen, und dieses monotone Geräusch wiegt mich sanft in den Schlaf.

Irgendwann in der Nacht ist plötzlich der Teufel los. Das Konzert der Hunde von Uspallata beginnt, und unsere neu gewonnenen Freunde scheinen dabei die erste Geige zu spielen. Ein ohrenbetäubendes Geheul und Gekläffe setzt ein, in das auch die Vierbeiner direkt neben meinem Zelt lauthals einstimmen. Sekunden später sitze ich senkrecht im Zelt.

Aus dem Nachbarzelt höre ich Birgits Stimme. Sie fragt mich, ob das eine neue Schnarchvariante von mir sei. Ha ha. Ich flitze aus dem Schlafsack und verscheuche meine beiden vierbeinigen Schlafgenossen. Es klappt. Schnell zurück ins Zelt und weiterschlafen. Aber schon nach wenigen Minuten liegen die anhänglichen Hunde wieder neben mir. Sie scheinen sich in meiner Nähe einfach wohl zu fühlen.

Die tierische Konversation dauert fast die ganze Nacht. Es gibt zwar immer wieder kurze Unterbrechungen. Doch wenn irgendwo in Uspallata ein Hund anschlägt, antworten unsere Freunde sofort. Ich hätte zwar die Möglichkeit, mir mit Ohrenstöpseln mehr Ruhe zu verschaffen. Doch dann bliebe mir verborgen, was sich draußen vor dem Zelt abspielt. Es ist eine unserer Sicherheitsmaßnahmen, mit »offenen« Ohren zu schlafen.

Das Tageslicht ist wie eine Erlösung. Die Hunde liegen dösend in der Sonne. Dass wir sie jetzt mit Nichtbeachtung strafen, scheint sie kaum zu stören.

In Uspallata füllen wir noch einmal unsere Lebensmittelbestände auf. Ebenso die Wasservorräte. Denn langsam stoßen wir wieder in wärmere Gebiete vor.

Die Ruta 39, der wir gerade folgen, ist eine gut zu fahrende Piste. Wir bewegen uns nun ständig auf ca. 2.000 Höhenmetern. Prachtvolle Panoramen tun sich auf. In der Ferne türmen sich die Anden, schneebedeckte Fünf- und Sechstausender. Das Klima ändert sich nun sehr schnell. Mit jedem Kilometer, den wir Richtung Norden fahren, wird es wärmer.

Wir kommen gut voran, passieren einige kleine Dörfer. Hinter Calingasta wird die Piste auf einmal schlechter. Viel Staub, Wellblech und dicke Steine - alles was das Abenteurer-Herz begehrt.

Nachdem wir den ganzen Tag im Sattel gesessen sind, suchen wir nun einen Zeltplatz. Jo möchte nach dem Hotel in Santiago, der Gebirgsjägerkaserne an der Puente del Inca und dem Zeltplatz in Uspallata endlich mal wieder richtig »draußen« campieren. Doch die Zeit läuft uns davon. Die Dämmerung setzt allmählich ein, und wir haben immer noch keinen geeigneten Platz gefunden.

Jo fährt voraus, und merkwürdigerweise habe ich nicht die geringste Chance, an ihm dranzubleiben. Irgendwie fährt sich meine Ténéré plötzlich ganz anders. Sie wackelt wie ein Kuhschwanz und hält nicht mehr die Richtung. Während ich versuche, Jo und Birgit einzuholen, mache ich mir große Sorgen um das Motorrad.

Doch mit einholen ist nichts. Die Ténéré lässt sich einfach nicht mehr steuern. Es hilft nichts - ich muss das Tempo zurücknehmen. Irgendetwas am Fahrwerk ist faul.

Schließlich gebe ich die Verfolgung von Birgit und Jo ganz auf. Ich halte an, um der Sache auf den Grund zu gehen. Mein erster Blick gilt dem Federbein am Hinterrad, doch es ist kein Defekt erkennbar. Auch die Kontrolle der Schwinge führt zu keinem Ergebnis. Meine Augen suchen nach Auffälligkeiten. Etwas ist nämlich anders, ich weiß im Moment nur nicht, was.

Dann durchzuckt es mich wie ein Blitz: Die Verkleidung schmiegt sich nicht mehr wir gewohnt an den Tank, und auch die Sitzbank ist nicht mehr in der Position, in der sie sein sollte. Mist! Großer Mist! Ich kann mir schon denken, wo der Hase im Pfeffer liegt. Nach dem Abladen des Gepäcks und der Demontage von Sitzbank und Tank bestätigt sich mein Verdacht: Am Rahmenoberzug klafft eine große Lücke. Das Heck hängt nur noch an einem dünnen Stück Stahl.

Das hat gerade noch gefehlt. Ich setze mich erst einmal auf die Piste, um tief durchzuatmen. Fakt ist, dass das Motorrad im Begriff ist, in zwei Teile zu zerfallen. Die Frage stellt sich, ob es den nächsten Ort überhaupt noch in einem Stück erreicht.

Da ich im Moment ohnehin nichts reparieren kann, baue ich alle Teile wieder an und zurre das Gepäck fest. Überaus vorsichtig - man könnte es schon fast zärtlich nennen - zirkle ich die Enduro um jedes Schlagloch herum. Tempo 10 ist von nun an meine Höchstgeschwindigkeit. Die Dämmerung hat inzwischen eingesetzt, und ich kann nur hoffen, das Birgit und Jo irgendwo stehen und auf mich warten.

Von weitem sehe ich einen Scheinwerfer auf mich zukommen. Es ist Birgit, die mich in ihrem Rückspiegel vermisst hat. »Wo bleibst du denn?«, fragt sie mich etwas ungeduldig. Nachdem ich es ihr erklärt habe, bietet sie mir an, bis zum Zeltplatz als Geleitschutz hinter mir herzufahren. Ihr Angebot rührt mich, doch ich lehne es ab. Schließlich reicht es, wenn ich hier in diesem Schneckentempo umhergurken muss. Sie erklärt mir also noch schnell den Weg zum Zelt und braust davon. Jedoch nicht ohne mir zu versichern, dass ein gutes Essen auf mich wartet.

Es dauert noch eine halbe Stunde, dann habe auch ich unseren Lagerplatz erreicht. Wir begutachten zusammen das Ausmaß der Katastrophe und essen dann erst einmal etwas. Die Devise für morgen ist klar: Ich muss auf dem schnellsten Weg den nächsten Ort erreichen.

Meine Hoffnung hängt an einem Kuhdorf mit dem Namen Villa Union. Wir fahren also los, um dort eine Werkstatt zu finden. Jo und Birgit eskortieren mich. Jo fährt voraus und Birgit bleibt hinter mir. Um, wie sie trocken meint, die Teile aufzusammeln, die unterwegs verloren gehen. Wie aufmunternd ...

Die beiden haben von mir so viel Gepäck wie möglich übernommen, um das Heck der Ténéré leichter zu machen. Ich fahre außerdem die ganze Zeit im Stehen. Damit belaste ich nur die Fußrasten und entlaste den hinteren Bereich des Rahmens.

Während wir so im Schleichgang über den Ashalt tuckern, verfluche ich mich hundertmal. Denn die Schuld an diesem Desaster trägt mein Motorrad zuletzt. Ich bin ganz alleine dafür verantwortlich. Nach den Torturen, die ich der Maschine zugemutet habe, ist dieser Rahmenbruch eigentlich die logische Konsequenz. Fast 5.000 Kilometer, das meiste davon auf miserablen Pisten, musste die Ténéré in völlig überladenem Zustand zurücklegen. Sie hatte schätzungsweise rund 150 Kilo Übergewicht. Da konnten die Tausende von Schlägen, die das Fahrwerk einstecken musste, nicht ohne Folgen bleiben.

Gestern dachte ich für einen Moment, das Ende meiner Auszeit wäre gekommen. Die Sachen zusammenpacken und dann ab nach Hause. Aber die Zuversicht ist inzwischen wieder da. Solange die Ténéré noch fährt, ist die Reise auch nicht zu Ende.

Langsam schleichen wir nach Villa Union hinein. Für die 70 Kilometer, haben wir fast sechs Stunden gebraucht. Eine Werkstatt für die Reparatur ist schnell gefunden. Der Chefmechaniker sieht sich den Rahmen an, überlegt kurz und instruiert dann seine Leute. Aus Kisten und Holzbohlen wird ein Gestell zusammengezimmert, auf das das Heckteil gesetzt wird. So können sie den Rahmen wieder in seine alte Position drücken. Mit Schraubzwingen und Montiereisen wird nachgeholfen.

Ich hoffe nur, das die Schweißkünste des Mechanikers besser sind als die seines Kollegen in Ushuaia. Der bescherte mir ja den abgebrochenen Seitenständer. Doch der Schrauber in Villa Union scheint sein Handwerk zu verstehen, die Nähte sehen jedenfalls sehr sauber aus. Um einen erneuten Bruch von vornherein auszuschließen, werden an mehreren Stellen zusätzliche Knotenbleche eingesetzt.

Und was ich nicht zu hoffen gewagt habe, tritt ein: Nach nicht einmal drei Stunden sind Vorder- und Hinterteil der Yamaha wieder miteinander verbunden. Der Schweißer strahlt, sein Chef nickt zufrieden, und ich bin überglücklich. Ich könnte alle umarmen. Ein deutscher TÜV-Ingenieur würde wahrscheinlich beim Anblick des geschweißten Rahmens einen Ausschlag bekommen, doch für mich bedeutet das die Rettung. Unter den Augen der zahlreich erschienen Dorfbewohner baue ich die Ténéré vollends zusammen - Hülsmann is back!

Kapitel 15

Der Paso San Francisco

»Paso San Francisco: 4.747 Meter hoher Andenpass an der Grenze zwischen Argentinien und Chile. Der Pass ist von Oktober bis April geöffnet. Er ist berühmt wegen seiner vollkommen sauberen und klaren Gebirgsluft.«

Mit dem frisch geschweißten Rahmen fährt sich die Ténéré wieder tadellos. Wahrscheinlich brach das Rückgrat der Maschine nicht auf einmal, sondern peu à peu. Was letztendlich zu dem in den letzten Wochen immer schlechter werdenden Fahrverhalten führte. Doch das ist glücklicherweise Schnee von gestern. Jetzt macht das »Surfen« auf den südamerikanischen Schotterpisten wieder mächtig Spaß.

Die erste Gelegenheit dazu bekomme ich schon bald. Wir fahren nämlich in die Provinz Ischigualasto. Diese Region ist in Fachkreisen weltbekannt, weil die Erde dort einen tiefen Einblick in ihre Vergangenheit gewährt. Zahlreiche Fossilien und Dinosaurier-Skelette wurden hier entdeckt, und die meisten Paläontologen geraten in Verzückung, wenn sie den Namen Ischigualasto hören. Idealerweise haben die Forscher hier einen starken Verbündeten, der ihnen viel Arbeit abnimmt: Es ist der kräftige Wind, der schon viele Knochen prähistorischer Tiere selbständig freigelegt hat.

Zu Ischigualasto gehört auch das Valle de la Luna. Das Tal des Mondes verdient seinen Namen zu Recht. Die Kraterlandschaft und die bizarren Skulpturen, die der Wind im Laufe der Jahrtausende aus dem Stein gefressen hat, könnten ebenso gut auf einem anderen Planeten stehen. Eine schmale Sandpiste windet sich an ockerfarbenen Felsformationen entlang, dahinter ragen knallrote Steinwände senkrecht in den Himmel. Zweifellos - die Natur treibt es bunt in Ischigualasto. Und wenn dann noch das letzte Licht des Tages auf das Valle de la Luna fällt, dann scheinen die Farben zu explodieren.

In der Nachbarschaft, quasi eine Gasgriff-Umdrehung entfernt, befindet sich eine weitere geologische Attraktion: die Talampaya-Schlucht. Ihre Wände ragen bis zu 130 Meter in die Höhe. Über Jahrmillionen hat sich an dieser Stelle ein Fluss Millimeter für Millimeter durch das Gestein gefressen.

Hoch oben in den unerreichbaren Felshöhlen nisten Kondore. In der stets vom Wind durchfluteten Schlucht finden die Riesengeier immer eine gute Thermik, die sie in die Höhe drückt.

Fast zwei Tage sind wir in Ischigualasto und Talampaya der Vergangenheit unseres Planeten auf der Spur, dann machen wir uns auf in Richtung Norden. Es soll jetzt nämlich endlich richtig bergauf gehen: Auf uns wartet der Paso San Francisco mit seinen 4.747 Höhenmetern.

Auf dem Weg zum Pass kommen wir an einer Kuriositäten-Sammlung vorbei, die wir so ähnlich schon Dutzende Male neben argentinischen Fernstraßen gesehen haben: eine Difunta Correa. An diesen Wallfahrtsstätten bringen die Autofahrer ihre Gaben dar, um von einer gewissen Deolinda Correa eine gute Fahrt zu erbitten. Dabei findet alles Verwendung, was irgendwie mit dem Thema Auto zu tun hat. Zwischen Blumen, Kerzen und gefüllten Wasserflaschen finden sich Opferstücke wie alte Reifen, Stoßstangen, ausrangierte Batterien, Keilriemen, Radkappen, Zündkerzen und Autositze.

Keine dieser Stätten war jedoch so liebevoll gepflegt und geschmückt wie diese Difunta Correa am Paso Cueste de Miranda, wenige Kilometer vor Chilecito. Es gibt einen Schrein, um den bunte Gartenzwerge und lebensgroße Schwäne aus Keramik stehen. Außerdem wirkt die ganze Anlage sehr aufgeräumt.

Wer oder was aber ist Deolinda Correa? Laut einer Legende

war sie die Frau eines Gauchos. Sie lebte Mitte des 19. Jahrhunderts und begab sich eines Tages hochschwanger in die Wüste, um ihren Mann zu suchen. Sie gebar unterwegs ihr Kind und verstarb. Der Säugling überlebte jedoch mehrere Tage an der Brust der toten Mutter. Dieses Wunder bewegt noch heute die tiefgläubigen Argentinier. Die Kirche tut sich zwar etwas schwer mit der ganzen Geschichte, doch von der Bevölkerung wird Deolinda fast genauso verehrt wie die Mutter Gottes.

Man fragt sich natürlich zu Recht, was dieses Wunder mit dem modernen Straßenverkehr zu tun hat. Ein Autofahrer klärt uns auf: Difunta heißt eigentlich auf spanisch »verstorben«. Der Begriff Difunta Correa bedeutet jedoch umgangsprachlich auch so viel wie »kaputter Keilriemen«. Da konnte es eben nicht ausbleiben, dass Deolinda Correa von den Autofahrern zu ihrer Schutzpatronin erkoren wurde.

Wir möchten nicht kleinlich sein und hinterlassen ebenfalls eine Gabe. Ob wir nun sicherer über den Paso San Francisco kommen? Deolinda wird es schon richten.

Moralische Unterstützung können wir jedenfalls gut gebrauchen. Die 4.747 Meter des Paso San Francisco flößen uns nämlich eine ganze Menge Respekt ein. Schon am Paso Cumbre hat jeder von uns die Auswirkungen großer Höhe zu spüren bekommen: Die Luft wird knapp, man fühlt sich schwach. Und der Paso San Francisco liegt nochmal 1.000 Meter höher.

Dass wir uns seit einigen Tagen ständig auf 1.500 Höhenmetern bewegen, ist sicher von Vorteil. Denn so können sich unsere Körper bereits etwas den neuen Verhältnissen anpassen. Doch wie werden die Mopeds reagieren? Wann geht den Motoren die Luft aus? Springen die Maschinen bei diesem Sauerstoffmangel nach einer kalten Nacht überhaupt wieder an? Fragen, die sich jeder von uns stellt.

Chilecito ist der letzte größere Ort, in dem wir mit einem ausreichenden Angebot in den Regalen der Supermärkte rechnen können. Lebensmittel für die nächsten vier bis fünf Tage müssen jetzt in den Koffern verstaut werden. Insgesamt 25 Liter

Wasser hängen in verschiedenen Gefäßen an unseren drei Motorrädern. Zum ersten Mal sind alle Wasserbeutel und Kanister, die wir auf diese Reise mitgenommen haben, in Gebrauch. Wir werden wohl sämtliche Behälter brauchen, denn auf der mehr als 450 Kilometer langen Strecke gibt es keine Möglichkeit, die Wasservorräte aufzufüllen.

Es nimmt fast den ganzen Abend in Anspruch, bis wir alles eingekauft und verstaut haben. Dann verbringen wir die Nacht in Chilecito.

Die ohnehin schon ernorme Hitze der letzten Tage übertrifft sich an diesem Morgen selbst. Nur der Fahrtwind sorgt für ein wenig Abkühlung. Bald verlassen wir den Asphalt. Unser Trio ist weit auseinandergezogen, um der Staubfahne des Vorausfahrenden zu entgehen. Es weht ein heftiger, heißer Südwind, der uns nun ständig in den Rücken bläst. Wir müssen ordentlich Gas geben, um nicht vom eigenen Staub überholt zu werden.

Der Weg führt durch armselige Dörfer. Orte wie diese habe ich im Süden Argentiniens nirgends gesehen. Wovon leben diese Leute wohl? Der Boden gibt kaum etwas her. Und wenn er es täte, hätten Früchte, Getreide oder Gemüse keine Chance, da in dieser Region nur sehr wenig Regen fällt.

Das Land wirkt ausgemergelt wie ein altes Stück Leder. Ein paar wenige Schafe und Rinder durchstreifen die Gegend auf der Suche nach Nahrung. Nicht einmal fünf Jahre ist es her, da verdursteten in dem Gebiet rund um La Rioja 120.000 Rinder, Schafe und Ziegen, weil der ohnehin spärliche Niederschlag ein paar Wochen lang ausgeblieben war.

Wir erreichen Fiambalá, den Ort, an dem die Grenzpapiere für die Ausreise nach Chile fertig gemacht werden. Ein stark frequentierter Übergang, an dem es eigentlich keine Probleme mit Dokumenten geben sollte. Glauben wir. Doch der Zöllner will irgendeinen Wisch sehen, den wir weder kennen noch haben. Wir stellen uns erst einmal dumm. Die Taktik hat Erfolg, und der Mann begnügt sich schließlich mit den Papieren, die wir ihm vorlegen können.

Davon will er aber nun je eine Kopie haben. Kein Problem. Wie, es gibt an der Zollstation keinen Kopierer? Tja, Pech gehabt. Der Zöllner? Nein, wir. Also fahre ich schnell ins Dorf zurück, um dort die Kopien zu machen. Aber wieder Pech gehabt: Der Copy-Shop in Fiambalá hat wegen Siesta bis 15 Uhr geschlossen. Jetzt erst mal tief durchatmen und den drohenden Wutanfall im Keim ersticken. Vor so einer geballten Ladung südamerikanischen Gleichmutes muss man einfach kapitulieren. Wir passen uns deshalb den Gepflogenheiten an und legen ebenfalls eine Siesta ein.

Als wir die gewünschten Kopien zwei Stunden später vorlegen, erhalten wir vom Zöllner prompt die gewünschten Stempel sowie ein weiteres Dokument, das wir oben auf dem Pass dem Grenzposten vorlegen müssen.

In Fiambalá haben wir zum letzten Mal vor der Grenze die Möglichkeit, Tank und Reservekanister aufzufüllen. Ohne diesen Extra-Sprit würde ich mit der Ténéré nicht bis zur nächsten Tankstelle in Chile kommen, die fast 500 Kilometer von hier entfernt liegt.

An der Zapfsäule von Fiambalá gibt es wie in letzter Zeit häufiger nur Sprit mit 85 Oktan. Bisher kamen die Motorräder mit dieser Klingelsuppe ganz gut zu Recht. Doch bei dem Gedanken an die bevorstehende Höhenpassage kommen mir Zweifel, ob die Motoren diese mechanische Tortur ohne Schäden überstehen werden.

Heute Nachmittag wollen wir noch mindestens 2.500 Höhenmeter erreichen, um uns dort schon einmal zu akklimatisieren. Zunächst geht es zügig vorwärts. Die ersten 25 Kilometer bestehen aus topfebenem Asphalt. Dann beginnt die Piste. Der grobe und tiefe Schotter drückt gewaltig auf das Tempo. Eine exakte Spur zu halten, ist schwierig. Immer wieder unternimmt die hecklastige Ténéré Ausreißversuche ins Gelände. Glücklicherweise windet sich die Piste nicht allzu steil und kurvenreich den

Berg hinauf, sondern verläuft einigermaßen gleichmäßig in Richtung Paso San Francisco. Auf diese Weise benötigt sie mehr als 200 Kilometer, um einen Höhenunterschied von 3.000 Meter zu überbrücken.

Bei Einbruch der Dunkelheit suchen wir uns in 2.700 Meter Höhe einen Lagerplatz. Kaum stehen die Zelte, fängt es an zu regnen, und ein Gewitter zieht auf. Wir sitzen unter der großen Plane und schauen fasziniert den Blitzen zu, wie sie für einen Wimpernschlag die Nacht zum Tag machen. Leider kann sich nicht jeder von uns dreien an diesem Naturschauspiel erfreuen. Birgit fürchtet nämlich nichts mehr, als ein Gewitter in freier Natur. Mit entsprechendem Muffensausen hockt sie deshalb eingeklemmt zwischen Jo und mir und rührt sich nicht von der Stelle.

Mehrere Stunden lang zieht dieser Gewittersturm über uns hinweg und wird dabei immer wieder zwischen den Bergflanken hin- und hergeworfen. Erst weit nach Mitternacht kehrt endlich Ruhe in die Bergwelt ein.

Bis zum nächsten Morgen hat die Natur wieder Frieden mit uns geschlossen. Die Sonne scheint, und die Luft ist glasklar. Die Gipfel der umliegenden Berge sehen aus, als wären sie über Nacht mit weißem Zuckerguß überzogen worden.

Die Piste hinauf zum Pass führt durch weite Hochebenen. Die Berge, die sich rechts und links sanft emporschwingen, kratzen teilweise an der 6.000er-Marke. Je weiter wir mit den Motorrädern nach oben klettern, desto eindrucksvoller entwickelt sich die Landschaft. Die Pastellfarben der Berge, der stahlblaue Himmel und das sich sanft im Wind wiegende gelbe Gras verzaubern mich regelrecht. Hier oben könnte ich ohne weiteres die nächsten Tage oder gar Wochen verbringen. Ruhe, Entspannung, Einsamkeit, dazu diese einmalige Landschaft - genau das wäre jetzt mein Ding.

Aber wir wollen weiter, der Pass ruft. Die Bikes schlagen sich tapfer. Zwar verfügen ihre Motoren über höchstens noch die

Hälfte ihrer ursprünglichen Leistung, aber es geht voran.

Dann erreichen wir die Grenzstation. Es weht ein kalter Wind. Einer der Soldaten winkt uns herein und empfängt uns überaus freundlich. Small-Talk auf 4.300 Meter.

»Mit den Papieren ist alles in Ordnung, doch für euch ist hier vorerst Schluss«, bekommen wir zu hören. Der Paso San Francisco ist anscheinend wegen des Unwetters der letzten Nacht derzeit unpassierbar. Zwei Meter Schnee machen ein Durchkommen unmöglich. Die Chilenen, so beschwichtigt uns der Mann mit dem windgegerbten Gesicht, seien aber schon dabei, die Piste zu räumen. Bis morgen früh werde das allerdings schon dauern.

In diesem Moment öffnet sich die Tür, und zusammen mit einem kalten Windstoß poltern drei vermummte Gestalten mit Gewehren in die Wachstube. Der Kommandant kehrt mit zwei Soldaten von einer Patrouille zurück. Er begrüßt uns mit Handschlag und erzählt, dass er schon auf uns gewartet habe. Die Kollegen aus Fiambalá hätten ihm mitgeteilt, dass drei Motorradfahrer zur Grenzstation unterwegs seien.

Er bestätigt, dass keine Möglichkeit zur Weiterfahrt bestehe. Also haben wir gar keine andere Wahl, als vorerst beim Grenzposten zu bleiben. Birgit fragt, wo wir unsere Zelte aufbauen können. Die vier Grenzer grinsen sich an. »Mädchen«, meint der Kommandant mit einem nicht zu überhörenden ironischen Unterton zu Birgit, »seid ihr euch ganz sicher, dass ihr heute Nacht hier zelten wollt?« Birgit bejaht. Das Grinsen der vier Zöllner wird breiter. Dann klären sie uns auf, dass der Wind über Nacht noch wesentlich stärker werde und die Temperaturen unter minus 10 Grad sinken würden.

Der Chef schlägt uns deshalb vor, für 10 argentinische Pesos pro Person die Nacht in der Station zu schlafen. Gerne nehmen wir das Angebot an. Auf Gefrierfleisch haben wir wirklich keinen Bock. Außerdem tun wir mit dieser Übernachtung ein gutes Werk. Die 30 Pesos gehen nämlich komplett in die Mannschaftskasse. Bei der Gendarmeria National ist der Sold anscheinend alles andere als üppig. Er reiche gerade, so erklärt man uns, um die Familie durchzubringen. Mit dem Geld der Übernachtungsgäste könne man sich ein wenig Luxus wie alkoholische Getränke oder Zigaretten leisten.

Den Abend verbringen wir mit der gesamten Mannschaft im Aufenthaltsraum. Sieben Männer tun hier oben Dienst. Einen ganzen Monat bleiben sie an der Grenzstation, dann kommt die Ablösung. Da bietet unser Besuch natürlich eine willkommene Abwechslung.

Sicherung der Grenze - so lautet ihr Auftrag. Zumindest in der Zeit von Oktober bis April. Denn nur, wenn auf der südlichen Erdhalbkugel Sommer herrscht, sind Patrouillengänge überhaupt möglich. Im Winter erstickt der Schnee in diesen Höhen jegliches Leben. Ich will wissen, gegen wen diese Grenze überhaupt geschützt werden soll? Wer interessiert sich für dieses menschenfeindliche Terrain? Präsenz zeigen, die Grenze inspizieren, lautet die Antwort.

Die Grenze. Also jene imaginäre Linie, die viele Berge der südlichen Anden in zwei Hälften teilt - in die argentinische und die chilenische. Und wieder blitzt der alte Streit zwischen den beiden Ländern auf. Noch heute kommt es wegen der »Frontera« immer wieder zu Rangeleien.

In der Nacht schlafe ich schlecht. Das Heulen des Windes bohrt in meinen Ohren. Zudem leide ich unter Kopfschmerzen und bekomme schlecht Luft. An diese enorme Höhe habe ich mich einfach noch nicht gewöhnt.

Am nächsten Morgen komme ich nur mühsam in Gang. Schon beim Zähneputzen geht mir die Puste aus. Den Soldaten im Aufenthaltsraum scheint das nichts auszumachen, denn es herrscht rege Geschäftigkeit.

Die ersten Funkmeldungen ins Tal sind abzusetzen, und der geländegängige Lkw muss auf seine Einsatzbereitschaft überprüft werden. Das geschieht, indem man ihn eine Viertelstunde im Standgas vor sich hinbrummen lässt. Der jüngste Soldat der

Truppe bringt währenddessen die Bude auf Vordermann.

Das alles dauert nicht einmal eine halbe Stunde, dann kehrt wieder Ruhe ein, und die Männer gehen ihrer Hauptbeschäftigung nach - dem Trinken von Mate-Tee.

Man fragt uns, ob wir heute baden wollen. Baden? Wir sind sofort Feuer und Flamme. Denn es ist mal wieder nötig. Einer der Soldaten deutet mit dem Finger nach draußen. »Ungefähr 4 Kilometer in dieser Richtung gibt es eine heiße Thermal-Quelle. Dort könnt ihr prima baden.« Das hört sich verlockend an. Auf 4.500 Meter Höhe im Freien ein heißes Bad zu nehmen, sollte man sich nicht entgehen lassen.

Wir machen uns also fertig für die Morgentoilette. Auf dem Weg nach draußen bin ich gespannt, ob die Ténéré nach dieser Nacht anspringt. Und ich staune nicht schlecht: Ein Druck auf den Starterknopf genügt, und der Eintopf blubbert vor sich hin. Auch der Dominator-Single weigert sich nicht, in dieser Höhe seine Arbeit aufzunehmen. Nur Birgits Boxer braucht etwas Zuspruch. Erst nach mehreren Versuchen laufen die beiden Zylinder sauber und rund.

Baden unter freiem Himmel - unsere Erwartungen erfüllen sich nicht ganz. Denn die Quelle ist komplett ummauert und mit einem Wellblechdach gekrönt. Durch eine Luke gelangen wir ins Innere. Dort erwartet uns dann doch noch der totale Badespaß. Das 35 Grad warme Wasser ist einfach herrlich, und wir genießen unser Bad in vollen Zügen, während draußen der eiskalte Wind pfeift.

Der Weg zurück führt uns an einer kleinen Lagune vorbei, wo ein paar Flamingos den Schlick nach Essbarem durchwühlen. Unser Jagdinstinkt ist sofort geweckt. Mit Kamera und Stativ gehen wir auf die Pirsch. Am Ufer stolpern wir über einige Guanako-Kadaver. Ihr Durst wurde ihnen zum Verhängnis. Das Wasser der Lagune ist wie bei vielen Seen hier oben sehr salz- und arsenhaltig. Die Dosis, die die Tiere beim Trinken aufnehmen, ist auf die Dauer tödlich.

Zurück an der Grenzstation fragen wir nach dem Zustand des

Passes. »Auf der argentinischen Seite ist alles in Ordnung, doch die Chilenen haben wohl Probleme, den Schnee zu räumen«, weiß der Kommandant. Also warten.

Um die Mittagszeit kochen die Grenzer für alle Suppe, zu der wir unser Brot beisteuern. Zum Nachtisch schieben sie ein Horror-Video der schlimmsten Sorte in den Recorder. Unter dem Kreischen von Kreissägen fallen Tote und Untote nur so über den Haufen. Wir sind entsetzt. Vor allem Birgit. Sie fühlt sich unter so vielen uniformierten Männern ohnehin nicht besonders wohl und will auf keinen Fall mehr eine weitere Nacht bleiben. Das mit den Kettensägen geht ihr doch ziemlich an die Nerven.

Plötzlich schreckt uns ein Motorengeräusch auf. Es stammt von einem Fahrzeug, das aus Chile kommt. Der Fahrer hat den neuesten Zustandsbericht für die Piste. Und der hört sich recht erfreulich an: Die chilenische Seite ist frei, aber auf dieser Seite gibt es noch Verwehungen. Wenn wir in seiner Spur blieben, meint der Mann, müsste es mit den Motorrädern ganz gut klappen.

So sitzen wir keine zwanzig Minuten später auf den Enduros, winken den argentinischen Soldaten noch einmal zu und brausen davon. Die ersten Kilometer sind kein Problem. Auf den letzten Höhenmetern wird es dann kritisch. Der Schnee auf der Piste ist zum Teil noch so tief, dass die Räder bis zur Nabe darin versinken. Die durch die Höhe geschwächte Ténéré hat Mühe, sich wieder freizustrampeln.

Zwischendurch muss ich in den weichen Schotter neben der Piste ausweichen. Das Motorrad quält sich nur langsam voran, und ich versuche, mit den Füßen nachzuhelfen. Das halte ich jedoch nicht lange durch. Auf 4.700 Meter Höhe ist schon das bloße Sitzen auf dem Motorrad eine sportliche Leistung.

Dann ist er erreicht, der Scheitelpunkt des Paso San Francisco. 4.747 Meter - so weit oben war ich noch nie in meinem ganzen Leben. In den europäischen Alpen würde ich jetzt knapp unterhalb des Mont Blanc mit seinen 4.807 Meter stehen.

Vom Pass aus sehen wir, dass der Mann an der argentinischen Grenzstation Recht hatte. Auf der chilenischen Seite liegt tatsächlich kaum noch Schnee. Wir fahren zügig am Ojos del Salado vorbei, dem mit 6.893 Metern zweithöchsten Berg des Kontinents. Nach wenigen Kilometern erreichen wir den Grenzposten auf chilenischem Terrain. Unsere Ausweise werden kontrolliert, Formulare ausgefüllt. Die Einfuhr der Motorräder wird morgen früh der Zoll ein paar tausend Meter tiefer erledigen.

Wir schlagen ein Stück unterhalb des Passes unsere Zelte an der Laguna Verde auf, einem kleinen kristallklaren See, der von mehreren Fünftausendern umrahmt wird. Jo und ich wollen den Nachmittag zum Fotografieren nutzen. Mit Stativ und Kamera bewaffnet, machen wir uns auf den Weg. Doch lange dauert diese Wanderung nicht. Jede noch so kleine Steigung raubt uns den Atem, und wir japsen nach Luft wie Fische auf dem Trockenen.

Als die wärmende Sonne hinter den Bergen verschwindet, begeben sich die Temperaturen in den freien Fall. Zum Glück ist es nahezu windstill, weshalb die Kälte einigermaßen erträglich ist.

Der Blick in den Sternenhimmel haut mich glatt von den Füßen. Nichts, weder Luftverschmutzung noch Streulicht von Städten trüben den Blick auf das Firmament. Die Sterne sind so nahe, dass man glaubt, sie berühren zu können.

Das Quecksilber ist inzwischen auf minus 12 Grad gesunken. Eine Temperatur, der ein normaler Schlafsack nichts mehr entgegenzusetzen hat. Jetzt kommt Birgits großer Auftritt. Seit Monaten muss sie sich nämlich spitze Bemerkungen wegen ihres zweiten Schlafsacks gefallen lassen. Es ist ein kleiner Onekilo-Bag, den sie manchmal als Kopfkissen benutzt. Triumphierend zerrt sie ihn nun aus seiner Hülle und sagt: »Tja, Jungs. Wer zuletzt lacht, lacht am besten.« Jo und ich starren neidisch auf den Zweit-Schlafsack. Wir ahnen Böses.

Und das zu Recht. In voller Montur - Socken, lange Unterhose, Fleecepullover und Mütze - krieche ich in meine Kunststofftüte. Oben drauf packe ich noch die Motorradjacke. Aber das alles nützt nicht viel, und ich muss lange überlegen, wann ich das letzte Mal so gefroren habe wie in dieser Nacht.

Mit einer Tasse Tee in der Hand sitze ich schon früh morgens am Rand der Lagune und stecke meine kalten Füße in eine der warmen Quellen, die am Ufer entspringen. Die Hitze durchflutet meinen Körper und taut mich langsam wieder auf.

Wir folgen der Piste weiter in Richtung Pazifik. Erst nach 100 Kilometern kommt die chilenische Zollstation in Sicht. Der moderne Bau ist absolut überdimensioniert, wenn man bedenkt, dass pro Tag maximal ein Auto, in Stoßzeiten auch mal zwei, diese Grenze passieren. Zolltechnisch könnten hier ganze Busladungen von Menschen abgefertigt werden.

Dass die Beamten heute noch nicht mit Kundschaft rechnen, erfahren wir am eigenen Leib. Die Büros sind verwaist, und es dauert eine Weile, bis wir die zuständigen Herren gefunden haben. Wir stören sie beim Kartenspiel. Kundschaft, und das schon am Vormittag. Äußerst missmutig werfen sie die bürokratische Maschinerie an. Fünf Stationen müssen wir durchlaufen, um die entsprechenden Stempel zu erhalten - ein neuer südamerikanischer Rekord. Ich genieße die Prozedur trotzdem, denn für mich ist es das letzte Einreise-Verfahren meiner Reise.

Kapitel 16

In der Atacama-Wüste

»Atacama-Wüste: Die von Salzseen durchzogene Hochwüste liegt im Norden Chiles und gilt als eines der trockensten Wüstengebiete der Welt.«

Wasser sparen - das ist die Devise, die seit Tagen auf dem Campingplatz in Antofagasta gilt. Wir würden das ja sehr gerne tun, nur ist im Augenblick kein Wasser da, das man sparen könnte. Denn der Tankwagen, der die Zisterne des Platzes auffüllen soll, kommt nicht. Wir haben uns glücklicherweise mit einem Vorrat aus dem Supermarkt eingedeckt, der uns über die trockenen Tage auf dem Campingplatz einigermaßen hinwegbringt.

Wasser ist hier in der Atacama-Wüste, wo der Zeitraum zwischen den Niederschlägen in Jahrzehnten gemessen wird, ein begehrtes Gut. Auch in Antofagasta ist man auf die Wasserversorgung von außen angewiesen. Die Industriestadt mit ihren 200.000 Einwohnern verdankt ihre Existenz den Bodenschätzen, die in der Atacama-Wüste verborgen liegen. Die Jobs in den Minen gehören zu den bestbezahlten Arbeitsstellen Chiles. Nur das Geld lockt die Menschen in diese Einöde. Es gibt keinen anderen Grund, weshalb so viele Leute freiwillig in diesen von der Entstehungsgeschichte vergessenen Teil der Welt kommen.

In der Stadt bereiten wir uns und die Maschinen auf die Tour hinauf zum Altiplano vor. So wird die Hochebene genannt, die zwischen der Küstenkordillere und dem Andenhauptkamm eingebettet liegt. Die Motorräder brauchen dringend eine Inspektion. Außerdem hoffe ich, Beläge für die Hinterradbremse der Ténéré zu finden. Die Bremsklötze, die ich vor der

Reise neu eingebaut hatte, sehen inzwischen ziemlich heruntergekommen aus.

Komischerweise stehen die Beläge an der hinteren Bremse der Dominator bei gleicher Laufleistung noch voll im Saft. Mir ist schleierhaft, weshalb. Bei der XT müssen Staub und Dreck auf den Belägen wohl wie Schmirgelpapier wirken. Mit diesem Verschleiß habe ich nicht gerechnet und natürlich keinen Ersatz mitgenommen.

Die Inspektion mit Ölwechsel ist kein Problem. Dann tausche ich den Hinterradreifen aus. Der alte Reifen hat zwar nach 22.000 Kilometern immer noch ausreichend Profil, doch ich bin es einfach leid, monatelang einen Ersatzpneu mit mir herumzuschleppen. Birgit unterstützt mich bei dieser Aktion tatkräftig, da meine Erfahrungen auf diesem Gebiet bei weitem nicht an ihre heranreichen. Jeder ihrer Handgriffe sitzt, und mir bleibt nur die Rolle des Handlangers.

Fast alle Wartungsarbeiten lassen sich innerhalb eines Tages erledigen - aber eben nur fast. Denn die Suche nach meinen Bremsbelägen erfordert etwas mehr Zeit.

Dabei stoßen wir auf einen Menschen, der privat Motorräder repariert. Seine ganze Wohnung hat er zur Werkstatt umfunktioniert. Überall liegen Teile herum, zwischen denen seine Kinder spielen und seine Frau kocht.

Der Hobby-Schrauber spricht sogar ein wenig Deutsch. Anscheinend ist es kein Problem, die Verschleißteile zu besorgen. Ich frage nach dem Preis, und er murmelt etwas von 10.000 bis 14.000 Pesos. Das sind 40 bis 60 Mark. Kein Schnäppchen, aber der Preis geht in Ordnung.

Während ich auf meinen Retter warte, der flugs verschwindet, um die dringend benötigten Beläge zu beschaffen, gehen Birgit und Jo einkaufen. Kurze Zeit später kommt der Schrauber winkend zurück. Die Bremsbeläge passen, und in fünf Minuten ist der Tausch erfolgt.

Als es ans Bezahlen geht, will der gewiefte Geschäftsmann plötzlich 25.000 Peso, ca. 100 Mark, für die Beläge. Er habe mir ganz vergessen zu sagen, dass heute Sonntag sei und damit eine Feiertagssteuer hinzukomme.

Die Sache stinkt gewaltig. Plötzlich versteht er auch kein deutsches Wort mehr. Für einen Moment erwäge ich, die alten Beläge wieder einzubauen. Doch der Typ kennt meine Notlage genau und nutzt sie schamlos aus. Er weiß, dass ich die neuen Klötze brauche. Zähneknirschend zahle ich die geforderte Summe, mache aber dabei ein gewaltiges Theater. Ich will den Burschen zumindest spüren lassen, dass ich weiß, wie er mich übers Ohr haut.

Zwei Tage später sind sämtliche Vorbereitungen erledigt. Endlich können wir uns in die Einsamkeit der Berge zurückziehen. Auch meinen alten Reifen zurre ich am Motorrad fest. Er soll nach diesen vielen Kilometern ohne Plattfuß einen gebührenden Platz auf dem Altiplano erhalten. Vielleicht als Wegweiser.

Es klingt sicherlich sentimental, einen abgefahrenen Schlappen nicht wegzuwerfen, sondern noch ein Stück mitzuschleppen. Doch bekommt man auf einer solchen Tour zu eher simplen Dingen oft eine ganz besondere Beziehung. Vor allem, wenn sie über lange Distanzen problemlos funktionieren.

Wer übrigens Zweifel an der Umweltverträglichkeit einer solchen Art der Entsorgung hat, liegt in diesem Teil der Welt falsch. Hier am Rande der Konsumgesellschaft findet sich auch noch für den ausrangiertesten Gegenstand Verwendung. Mein Reifen wird also sicher nicht lange in der Einöde liegen bleiben.

Nach dem morgendlichen Start steuern wir zunächst Antofogasta an. Wir wollen noch einmal Kontakt mit der Heimat aufnehmen. Und die Minenstadt bietet dazu vermutlich die letzte Möglichkeit für die nächsten Tage.

Wie jeder Ballungsraum auf dieser Welt leidet auch Antofagasta unter akutem Parkplatzmangel. Wir stellen unsere Motorräder im Halteverbot ab. Ich bleibe bei den Maschinen, während sich Birgit und Jo aufmachen, ein Telefon zu suchen.

Unsere Gesetzeswidrigkeit bleibt nicht lange verborgen. Ein Polizist nähert sich. Mit hektischen Armbewegungen gibt er mir zu verstehen, dass die Maschinen dort weg müssen. Der hat gut reden. Für eine einzelne Person ist das eine unlösbare Aufgabe. Wie soll ich ein Motorrad wegfahren und gleichzeitig ein Auge auf die anderen beiden Maschinen behalten?

Also tue ich so, als ob ich den Ordnungshüter nicht verstünde. Viel Schauspielkunst verlangt das nicht, denn ich habe wirklich keine Ahnung, was er mir erzählt. Ich kratze meine ganzen Spanischkenntnisse zusammen und versuche ihm die Lage zu erklären.

Als der Polizist das Zauberwort Alemania hört, ändert sich schlagartig sein Verhalten. Er will alles über unsere Reise wissen, wo wir in Deutschland wohnen und welche Plätze wir in Südamerika schon besucht haben. Die Wiederherstellung der Straßenverkehrsordnung ist nun Nebensache. Was aber nicht heißt, dass er überhaupt kein Auge mehr für das Geschehen um ihn herum hat. Von Zeit zu Zeit unterbricht er unser Gespräch, um per Trillerpfeife den Straßenverkehr in gesetzlichen Bahnen zu halten.

Zu meinem Glück kommt Birgit vom Telefonieren zurück. Sie kann den Wissensdurst des Gesetzeshüters besser befriedigen. So bleibt mir genügend Zeit, das Telefon aufzusuchen und mich in Ruhe mit Anne zu unterhalten.

Bei meiner Rückkehr steht der Polizist immer noch neben unseren Motorrädern und unterhält sich prächtig mit Birgit und Jo. Zum Schluss lässt er es sich nicht nehmen, jeden von uns persönlich mit Handschlag zu verabschieden. Dann hält er den Verkehrsstrom an, um uns einen sicheren Start zu ermöglichen. Einen Augenblick lang gehört uns die Hauptverkehrsstraße von Antofagasta allein.

Die ersten 150 Kilometer sind bester Asphalt. Für die Infrastruktur sorgt hier nicht der Staat, sondern die Bergbaugesellschaften. Zu den Minen führen wahre Highways. Kupfer ist das Gold der Atacama-Wüste. Der Abbau von Natriumnitrat - auch

Salpeter genannt - spielt nur noch eine geringe Rolle, seit der deutsche Wissenschaftler Fritz Haber die Möglichkeit der künstlichen Herstellung entdeckte.

Die Straße führt uns stetig nach oben. Nicht einmal 80 Kilometer benötigen wir, um von Meeresniveau auf 2.200 Höhenmeter zu gelangen. Die unzähligen entgegenkommenden Lkws bringen den Kupferkies nach Antofagasta. Im Gegenzug nehmen sie Menschen und Material mit zurück.

Dann und wann überqueren wir Schienen, auf denen der Zug von Antofagasta über den Paso Socompa hinüber nach Argentinien fährt.

Plötzlich stehen wir vor dem großen Eingangstor einer Kupfermine. Zwei Wachleute eilen herbei und fragen, was wir wollen. Sie sind nervös. Wir scheinen hier Fremdkörper zu sein und passen absolut nicht in das Gesamtbild der staubigen Bagger und Lkws, die so groß sind, dass wir locker mit unseren Motorrädern unter ihnen durchfahren könnten.

Jo erklärt den Wachen, dass wir den Weg zum Socompa Pass suchen würden. Einer der beiden Posten deutet auf den Weg zurück. Offensichtlich haben wir den Einstieg in die Piste schon vor zwei Kilometern verpasst. Also zurück.

Die Piste führt uns in Schlangenlinien weiter nach oben bis auf 3.000 Meter Höhe. Der Leistungsverlust des Motors ist wieder deutlich zu spüren. Nur zäh läßt sich die Maschine beschleunigen.

Wir fahren über ein Hochplateau, an dessen Seiten sich die Berge bis auf 4.500 Höhenmeter emporschwingen. Dann und wann passieren wir verlassene Gebäude. Alte Bahnstationen, die ihre Schuldigkeit getan haben und nun langsam verrotten. Oft folgt die Piste den Schienen.

In Imilac, einer ausrangierten Bahnstation, schlagen wir unser Lager auf. Ich stiefle ein wenig durch die alte Anlage, um sie zu inspizieren. Das alles ist schon ziemlich unheimlich. Die Phantasie geht mit mir durch, und ich habe ständig das Gefühl, Schritte oder Stimmen zu hören und beobachtet zu werden. Diese alte Station hat mich im Nu verzaubert.

Aus Übermut beginne ich, mein Zelt zwischen den Schienen aufzubauen. Wann hat man schließlich schon mal die Gelegenheit, inmitten von Gleisen zu zelten?

Jo sieht mich an, als ob ich nicht mehr alle Tassen im Schrank hätte. Ganz falsch liegt er damit nicht. Denn der schnelle Aufstieg in große Höhen bringt so manche skurrile Idee hervor. Die ersten Anzeichen von Soroche, wie die Höhenkrankheit hier genannt wird, zeigen sich entweder als Depression oder als Euphorie. Bei mir ist wohl Letzteres der Fall.

Jos Hinweis, dass diese Bahnlinie immer noch in Betrieb sei, bringt mich auf den Boden der Tatsachen zurück. Der Eisenbahn-Fan klärt Birgit und mich darüber auf, dass auf einem Teilstück der Verbindung vom chilenischen Antofagasta ins argentinische Salata der Tren de las Nubes - der »Zug in den Wolken« - fahre. Möglicherweise könne das genau dieses Stück hier sein. Na gut, dann will ich mal mein Zelt woanders aufbauen.

Die alte Station hält ein großes Privileg für uns bereit: In den verfallen Gebäuden liegt überall Holz, und wir können ein großes Feuer entfachen. So sitzen wir schon bald gemütlich beim Tee.

Während ich darüber nachdenke, ob Jos Warnung ernst gemeint war, höre ich auf einmal ein rhythmisches Stampfen. Keine Frage - ein Zug! Und schon Minuten später rauscht mit ohrenbetäubendem Lärm eine Diesellok samt Waggons an uns vorbei.

Ich bin sprachlos, und Jo lacht sich halb tot. »Hättest du dein Zelt zwischen den Gleisen aufgebaut, wäre es etwa gegen Mitternacht in Antofagasta«, meint er. Nicht auszudenken, wenn der Zug mich im Schlaf überrascht hätte.

Ob Höhenluft oder Zug - wir sind jedenfalls so aufgekratzt, dass wir noch die halbe Nacht am wärmenden Feuer sitzen und in die Sterne schauen. Wie am Paso San Francisco sind sie so nah, dass man meint, man könnte sie mit ausgestreckten Armen berühren. Erst als uns der Brennstoff ausgeht, suchen wir in unseren Schlafsäcken Zuflucht vor den Minusgraden.

Die Nacht ist kurz, denn in den frühen Morgenstunden donnert der Gegenzug in Richtung Argentinien ein paar Meter neben unseren Zelten vorbei. Ich liege mit einem Schlag einen Meter hoch über dem Boden. Einschlafen kann ich jetzt nicht mehr. Birgit und Jo geht es ebenso. Warum also nicht frühstücken und sich dabei den Sonnenaufgang ansehen?

Dick eingepackt in Fleece-Pullover, langer Unterhose, Motorradklamotten, Mütze und Handschuhe zittern wir dem Ereignis entgegen. Als uns dann die ersten Sonnenstrahlen erreichen, können wir die dicken Sachen nicht schnell genug ausziehen. Das Thermometer schießt förmlich in den 30-Grad-Bereich. Beim Packen genießen wir die Sonnenstrahlen.

Bevor wir Imilac verlassen, hänge ich noch meinen alten Reifen an ein Gerüst. Ein angemessener Platz für das treue Stück. Und wer weiß - vielleicht ist es hier oben einmal einem anderen Motorradfahrer von Nutzen.

Wir machen uns auf in Richtung Salar de Atacama. Diesen Salzsee zu finden, ist jedoch nicht so einfach. Auf dem Weg dorthin zweigen viele Pisten rechts und links ab. Das Ganze wird zum reinen Glücksspiel. Unser Kartenmaterial hilft uns auch nicht weiter. Die einzig halbwegs brauchbare Landkarte, die wir vor Ort auftreiben konnten, ist ein sehr grober Autoatlas. Dessen Ersteller hatten wohl nicht an die Möglichkeit gedacht, dass sich jemals ein Auto- oder Motorradfahrer in diese Gegend verirren könnte.

Inzwischen haben wir schon zum dritten Mal die falsche Piste erwischt. Alle Spuren sind nach einigen Kilometern im wahrsten Sinne des Wortes im Sande verlaufen. Ich mache mir langsam Sorgen um den Sprit. Zwar ist der Tank noch gut gefüllt, und auch der Reservekanister ist voll. Aber wenn wir noch einige Male danebengreifen, kann es eng werden.

Endlich stoßen wir auf einen rostigen Wegweiser, der am

Rande der Piste im Boden steckt. Und nach einer weiteren Stunde haben wir ihn dann tatsächlich erreicht, den Salar de Atacama. Ich fühle mich wie ein Entdecker. Die Sonne brennt erbarmungslos auf die weite Salzfläche, das gleißende Licht schmerzt in den Augen.

Eigentlich sieht dieser Salzsee nicht so aus, wie ich ihn mir vorgestellt habe. Platt und eben - das war der Salar meiner Phantasie. Auf jeden Fall so flach, dass man über ihn hinwegfahren kann. In Wirklichkeit liegen seine Salzschichten so chaotisch übereinander, als wäre der See ein frisch gepflügter Acker.

Auf einer Piste geht es mitten durch den Salar. Sie ist planiert und hat die Qualität einer Asphaltstraße. Vor uns erheben sich wie Perlen an einer Schnur mehrere Vulkane. Einer von ihnen, der Lascar, hat sich 1995 zuletzt bemerkbar gemacht und dampft immer noch.

Wir fahren nach Toconao, einem kleinen malerischen Dorf. Der Ort wirkt wie ausgestorben an diesem frühen Nachmittag. Klarer Fall: Es ist Siesta-Zeit, und jeder sucht Zuflucht vor der sengenden Sonne. Nur wir fahren bei 35 Grad mit den Motorrädern durch die Gegend.

Wir entscheiden, in Toconao zu bleiben und uns irgendwo im Schatten von Bäumen auszuruhen und abzukühlen. Bäume mitten in der Salzwüste? Wir erliegen keiner Fata Morgana, es gibt sie wirklich. Quebrada de Jerez heißt der Ort, an dem in der Atacama-Wüste solche Wunder geschehen. Eine Schlucht mit einem Fluss hat am Rande von Toconao eine Oase entstehen lassen. Wir trauen kaum unseren Augen: Grünes Gras und Obstbäume, an denen pralle Früchte hängen, sind nicht gerade Dinge, die man in dieser lebensfeindlichen Umgebung erwartet.

Da der Ort keinen Zeltplatz hat, müssen wir in der Wüste nach einer geeigneten Stelle suchen. Bei dem Angebot kein Problem. Am Fuße des dampfenden Vulkans Lascar werden wir fündig.

Im Schlafsack geht mir einiges durch den Kopf. Morgen werden wir San Pedro de Atacama erreichen, unsere letzte gemeinsame Station. Dort muss ich Birgit und Jo verlassen und den Heimweg antreten. Ich bekomme einen dicken Klos in den Hals. In den letzten sechs Monaten sind wir drei zu einer verschworenen Gemeinschaft geworden. Dieses Team nun zu verlassen, fällt mir schwer. Verdammt schwer.

Mit einem flauen Gefühl im Magen fahre ich am nächsten Morgen nach San Pedro de Atacama, wo wir sofort unsere Zelte aufstellen. Von hier aus wollen wir zu den Geysiren von Tatio fahren.

Das bedeutet 100 Kilometer Holperpiste. Kein Problem. Vorher müssen wir noch tanken - großes Problem. Denn die einzige Tankstelle im Ort hat kein Benzin mehr. Auf die Frage, wann Nachschub komme, hören wir nur die allseits beliebte Anwort für diese Art von Situationen: »Mañana« - morgen. Es bleibt uns nichts anderes übrig, als Geduld zu bewahren.

Tags darauf wiederholt sich die Szene, nur werde ich dieses Mal mit einem »Más tarde« - später - vertröstet. Also vielleicht noch heute. Das lässt Hoffnung aufkeimen.

Derweil müssen wir uns die Wartezeit auf dem Zeltplatz vertreiben. Ein riesiger Swimmingpool sorgt für Kurzweil. Ich halte es für ziemlich dekadent, dass in einer der trockensten Gegenden der Erde ein großer Pool mit Wasser steht. Ich hatte mich schon darauf eingestellt, hier nicht einmal eine Dusche vorzufinden.

Aus dem »Más tarde« ist inzwischen ein »Mañana« geworden. Auf dem Rückweg von einer weiteren Exkursion zur Tankstelle laufen uns Marion und Ralf über den Weg. Das Hallo schallt durch den ganzen Ort. Wir freuen uns riesig, die beiden wiederzusehen. Merkwürdig, dass sie immer dann auftauchen, wenn ich gerade meine depressive Phase habe. In El Bolsón war es der Abschied von Anne, und hier ist es die nahe Rückreise.

Auch dieses Mal versteht es Ralf, mich aufzumuntern. Wir sitzen mehrere Stunden im Café und verquatschen die Zeit. Die Wiedersehensfreude lässt uns leider vergessen, dass wir unsere

Wasservorräte auffüllen wollten. Natürlich sind die Geschäfte geschlossen, als wir endlich daran denken. Jetzt stehen wir da. Ausdrücklich hat uns der Besitzer des Campingplatzes davor gewarnt, das Wasser aus der Leitung zu trinken. In letzter Zeit gab es in San Pedro de Atacama wohl einige Cholerafälle. Marion und Ralf sind unsere rettenden Engel - sie helfen uns mit ein paar Litern aus ihrem Vorrat aus.

Langsam wird das Benzin für uns zum Problem. Wenn wir morgen keinen Sprit bekommen, ist die Zeit für mich zu knapp, um mit Birgit und Jo den zweitägigen Trip nach Tatio anzutreten.

Den ganzen Vormittag macht sich Langeweile breit. Von der Tankstelle gibt es keine neuen Nachrichten. Wir öden uns an - dumm herumsitzen ist nichts für uns.

Irgendetwas muss passieren. Da Birgit sich noch ausruhen möchte, brechen Jo und ich zum nahen Valle de la Luna auf. Für die 40 Kilometer lange Tour reicht der Sprit auf alle Fälle. Das Tal des Mondes liegt im Schatten des fast 6.000 Meter hohen Vulkans Lincancabur. Wie in Ischigualasto hat der Wind auch hier in Jahrmillionen bizarre Formen in den sandigen Stein geweht. Fast vier Stunden dauert unsere Fahrt durchs Mondtal.

Auf dem Rückweg schauen wir bei der Tankstelle vorbei. Wir bekommen das Wort zu hören, mit dem wir gerechnet haben: »Más tarde.«

Zurück am Zeltplatz, richten wir uns für den Notfall ein. Meine Ténéré und Jos Dominator schaffen mit dem eigenen Benzinvorrat noch etwa 50 Kilometer. Birgits BMW, wegen ihres 35-Liter-Tanks auch liebevoll »Tankwagen« genannt, kommt noch ein Stück weiter. Wir überlegen, ob es sinnvoll ist, das Benzin aus unseren Motorrädern in die BMW zu füllen und sie mit allen Reservekanistern auszustatten. So kann einer von uns in die 80 Kilometer entfernte Kupferstadt Calama fahren und dort auftanken. Da wir auf diesem Weg aber nicht für alle Motorräder genügend Benzin bekommen, um nach Tatio und zurück zu fahren, wollen wir den heutigen Tag noch einmal abwarten.

Am Nachmittag schauen Marion und Ralf vorbei, doch auch sie bringen keine Neuigkeiten von der Tankstelle. Wir verbringen die Wartezeit am Pool.

Gegen Abend fällt mir die Aufgabe zu, in Sachen Sprit nach San Pedro zu fahren. Auf meine Frage, wie es denn aussehe, antwortet der Tankwart mit der größten Selbstverständlichkeit der Welt: »He Amigo, das hier ist eine Tankstelle - natürlich haben wir Benzin. Was denkst du denn?« Dann brechen wir beide in schallendes Gelächter aus. Na endlich. Jetzt, wo alle Motorräder mit Treibstoff versorgt sind, steht unserer Fahrt nach Tatio nichts mehr im Wege.

Morgens muss ich mich regelrecht zusammenreißen, um meine Sachen zu packen. Der nahende Abschied führt zu einer Art depressiver Lustlosigkeit. Birgit geht es nicht anders. Seitdem wir in San Pedro de Atacama sind, leidet sie unter einem gewaltigen Durchhänger. Vielleicht verzieht sich diese Unlust durch den Ausflug nach Tatio.

Auf diese Piste sind wir alle gespannt. Wahre Horrorgeschichten haben wir schon darüber gehört. Die Palette der Gerüchte reicht von langen Tiefsandfeldern über gigantische Schlaglöcher bis zu teilweise nicht mehr vorhandenen Fahrspuren.

Gegen Mittag treten wir die Fahrt zum höchsten Geysirgebiet der Welt an. Tatio liegt 4.300 Meter über dem Meeresspiegel. Das heißt für uns, dass wir von San Pedro de Atacama mit den Motorrädern fast 2.000 Meter hochklettern müssen.

Die Piste gibt sich überraschend angenehm. Es tauchen zwar immer wieder einige unruhige Passagen auf, die ersten 50 Kilometer verlaufen im Großen und Ganzen jedoch unproblematisch. Dann legen sich uns ein paar kurze Tiefsandfelder in den Weg. Aber auch die schaffen wir ohne Schwierigkeiten. Zwischendurch werden die Räder der Enduros in einem kleinen

Fluss nass, mit dem wir hier oben nun wirklich nicht gerechnet haben.

Dann sehen wir in einiger Entfernung die dampfenden Quellen von Tatio. Überall schießen qualmende Wasserfontänen in die Luft. Über dem ganzen Gebiet wehen Dampffahnen, die der Wind zügig über die weite Ebene treibt. Doch schon nach wenigen Metern haben sich diese weißen Wolken in nichts aufgelöst.

Tatio ist ein gutes Beispiel dafür, dass die Anden noch nicht zur Ruhe gekommen sind. Unter den riesigen Bergen brodelt es nach wie vor.

Hier oben kommen wir nun endlich zu unserem Bad unter freiem Himmel. Zunächst erfordert es einige Überwindung, bei dem eisigen Wind halbnackt ins Wasser zu steigen. Und dann dauert es noch eine ganze Weile, bis man einen günstigen Platz gefunden hat. Der kleine Tümpel wird nämlich von einer heißen Quelle gespeist, die das Wasser unterschiedlich aufheizt. Die Temperaturen in dem Naturbecken gehen von ganz kalt bis ganz heiß. Ist der Wohlfühl-Bereich dann schließlich erreicht, möchte man die Quelle am liebsten nie mehr verlassen. Herrlich!

Sonnenaufgang und Sonnenuntergang sind die schönsten Zeiten im Gebiet von Tatio. Wenn sich der Wind legt, steigen die weißen Schwaden fast senkrecht in den Himmel, und der Dampf nebelt alles um sich herum ein.

Die Nacht verbringen wir in völliger Einsamkeit direkt an den Quellen. Es wird bitterkalt. Das Quecksilber sinkt weit unter den Gefrierpunkt. Rundherum herrscht völlige Stille.

Kaum ist die Sonne am anderen Morgen über den Bergen aufgestiegen, ist es mit der Einsamkeit vorbei. Die ersten Busse kommen an und bringen Besucher zu den Geysiren. Sonnenaufgang in Tatio ist eben ein touristisches Highlight der Atacama-Wüste.

Wir fahren wieder hinunter nach San Pedro. Die Überraschung ist groß, denn auch Marlene und Guy haben sich auf dem Zeltplatz eingefunden. Als ob hier oben im Norden Chiles eine kleine Nachfeier des Treffens von Ushuaia stattfände.

Ich schiebe meine Abreise nach Santiago bis zur letzten Minute hinaus. Hänge sogar noch einen Tag in San Pedro dran, um mit allen Freunden gebührend Abschied zu feiern.

Dann ist der Abreisetermin endgültig ausgereizt. 1.700 Kilometer bis Santiago de Chile liegen vor mir, drei Tage habe ich dafür Zeit.

Es dauert ziemlich lange, bis alle Sachen zusammengepackt sind. Im Laufe der Reise haben wir viele Utensilien untereinander getauscht und brauchen nun ein Weile, bis wir alles wieder auseinander sortiert haben. Was Birgit und Jo nicht mehr benötigen, wird auf die Ténéré gepackt.

Mit einem Kloß im Hals steige ich auf mein Moped. Vor mir liegen die letzten gemeinsamen Kilometer mit Birgit und Jo, die mich noch bis zur Bergbaustadt Calama begleiten. Auch Marion, Ralf, Marlene und Guy sind dabei.

Die Strecke bis Calama verläuft auf Asphalt und ist schnell heruntergespult. In einer Kneipe trinken wir den letzten gemeinsamen Kaffee. Geredet wird nicht viel, es herrscht eine gedrückte Stimmung. Birgit und Jo fällt es ebenso schwer wie mir, Lebewohl zu sagen. Sechs Monate waren wir nun Tag und Nacht zusammen. Nie ist dabei ein böses Wort gefallen. Jeder von uns hat auf den anderen Rücksicht genommen, und wir haben bestens miteinander harmoniert. Dieser Moment ist - sieht man von Annes Abreise ab - für mich der schlimmste unserer ganzen Reise.

Natürlich hätten wir drei unser Abenteuer gerne gemeinsam zu Ende gebracht. Doch erstens bindet mich das Versprechen, das ich Anne gab. Der Termin der abgesprochenen Rückkehr ist ohnehin schon weit überschritten. Zweitens stehen für mich in Kürze die ersten geschäftlichen Termine an.

Dann kommt der Moment, den ich schon seit Tagen fürchte. Ich herze jeden noch einmal kräftig, mir ist zum Heulen zumute. Dann schnell rauf auf die Ténéré und nichts wie weg. Nur nicht umdrehen. Raus aus Calama, danach immer Richtung Süden.

Die ersten Kilometer sind eine Qual. Tausend Gedanken schießen mir durch den Kopf. Ich vermisse das gewohnte Bild, die Silhouetten zweier Motorräder irgendwo vor mir. Es ist grausam, plötzlich alleine zu sein.

Die Etappe nach Santiago bedeutet fahren, fahren, fahren. Pausen gibt es nur zum Tanken und zum Übernachten in kleinen Hosterias. Das Zelt baue ich aus Zeitgründen nicht mehr auf. Ansonsten finde ich keinen einzigen Grund zum Anhalten. Es dauert lange, bis sich meine Stimmung wieder etwas hebt.

Nach zweieinhalb Tagen tauche ich in den Verkehr von Santiago ein. Dort steige ich wieder im Hotel Indiana ab. Pedro, der Hausmeister, freut sich sehr, mich zu sehen. Er hilft mir, die Maschine ins Foyer zu manövrieren.

Der erste Weg in Santiago führt mich zum Büro der Lufthansa, um die Details für den Rückflug zu klären. Dort erfahre ich, dass die Ténéré schon morgen am Flughafen sein muss. So steht mir heute noch eine Menge Packerei bevor. Auf dem Rückweg schaue ich noch einmal bei der Post vorbei. Und diesmal habe ich Glück: Annes versprochener Brief ist in der Zwischenzeit angekommen.

Hallo mein Schatz,

wie am Flughafen in Puerto Montt versprochen, sende ich dir einen ganz, ganz lieben Gruß nach Santiago. Seit meiner Rückkehr aus Südamerika fühle ich mich einfach grauenvoll. Keine Freude, wieder hier zu sein, die Eltern und Geschwister zu sehen. Ich habe dir ja schon unzählige Male am Telefon erzählt, wie einsam ich mich ohne dich fühle, wie verlassen. Vor allem jetzt, nachdem wir zusammen durch Südamerika gefahren sind.

Jetzt weiß ich endlich, wie du dich fühlst, kann mir vorstellen, wie schön es wäre, längere Zeit einfach auszubrechen. Das große Bett ist so leer ohne dich. Ob du es nun glaubst oder nicht: Ich sehne mich tatsächlich zurück nach Isomatte und Schafsack. Wie schön war diese Zeit mit dir, und wie schnell ist sie vorbeigegangen.

Ich denke viel an dich und bin heute sogar mit dem Finger über die Landkarte entlang der Route gefahren, die du noch vor dir hast. Ein unendlich langes Stück. Pass ja auf dich auf und sei vorsichtig, damit ich dich heil und unversehrt wieder in den Arm schließen kann.

Bis dahin müssen jedoch noch 9 Wochen vergehen - 9 lange Wochen. Für dich wird diese Zeit sehr kurz sein, sehr schnell vergehen - kein Wunder, denn schließlich siehst und hörst du jeden Tag etwas anderes. Für mich sind die Tage hier furchtbar lang. Eigentlich immer das Gleiche: 6.00 Uhr aufstehen, arbeiten und den Abend entweder allein in der Wohnung verbringen oder sich aufraffen und Eltern, Geschwister oder Freunde besuchen.

So manches Mal wird mir nun bewusst, wie ungezwungen unser Tagesablauf in Südamerika war und wie eingeengt man sich fühlt, wenn man von so einer Reise zurückkehrt. Du hast mir gezeigt, wie schön das Leben sein kann - zu zweit, auf Reisen.

Ruhelos bin ich heute durch die Wohnung gestreift und habe immer wieder an dich gedacht. Was du gerade so machst, wo du bist und ob du dich genauso einsam fühlst wie ich mich.

Der Abschied am Flughafen war einfach schrecklich - nie wieder möchte ich so etwas durchmachen müssen. Ich denke, dir ging es ähnlich, denn ansonsten hätten wir uns nicht versprochen, die nächste Reise von Anfang bis Ende zusammen zu unternehmen.

Die Zeitumstellung habe ich noch nicht ganz überwunden - es ist mittlerweile 23.00 Uhr, und ich bin einfach nicht müde. Du sitzt wahrscheinlich jetzt vor dem Zelt und genießt die letzten Sonnenstrahlen. Mein Gott, wie ich dich beneide, dass du noch einige Wochen auf diesem faszinierenden Kontinent verbringen kannst.

Hier ist das Wetter einfach nur schrecklich - eben Winter mit allem, was dazu gehört: Kälte, Schnee und eisiger Wind. Eine Erkältung ist schon im Anmarsch, Halsschmerzen habe ich schon seit zwei Tagen - kein Wunder bei diesen Temperaturen hier. Ich friere so, und du bist nicht da, um mich zu wärmen. Eingekuschelt in deinen dicken blauen Pulli sitze ich mit der Wärmflasche vor der Heizung und denke mit Wehmut an die sonnigen Tage auf Chiloé.

Birgit musste mir übrigens am Flughafen versprechen, dass sie gut auf dich aufpasst. Tu das jetzt bloß nicht mit einer Handbewegung ab - ich habe eben Angst um dich und wüsste nicht, was ich mache würde, wenn dir etwas zustoßen sollte.

Meinem Schultergelenk geht es dank der Bestrahlungen und der Spritzentherapie übrigens schon etwas besser - es wird allerdings noch eine Zeitlang dauern, bis die Entzündung wieder vollständig zurückgegangen ist.

Da fällt mir ein: Am Flughafen in Santiago ist der Riemen des Rucksacks gerissen - er war wohl doch etwas zu schwer, obwohl noch nicht einmal Souvenirs drin waren.

Ich freue mich auf deinen nächsten Anruf. Bis dahin umarme ich dich und sende dir tausend Küsse. Bis bald - und ganz liebe Grüße an Birgit und Jo
Anne

Bis in den späten Abend hinein sortiere und packe ich meine Ausrüstung. Dabei geht es um die Frage, was ich bis zum Abflug brauche und was nicht. Das Gewicht spielt dabei eine große Rolle. Denn jedes Kilo, das die Ténéré auf die Waage bringt, muss bezahlt werden.

Am nächsten Tag mache ich mich mit der bepackten Maschine auf zum Flughafen. In der Cargo-Halle der Lufthansa wird das Motorrad schon sehnsüchtig erwartet. Diesmal bleibt es komplett zusammengeschraubt, nur die Spiegel muss ich abnehmen. Daraufhin wird die Ténéré auf eine Palette geschoben und für den Flug bombensicher verzurrt.

Nun kommt das letzte Abenteuer meiner Reise: Die Zollabwicklung für das Motorrad. Mit den Dokumenten in der Hand schickt mich der Cargo-Manager der Lufthansa in eines der unzähligen Büros. Der Zöllner dort hat angeblich mit der ganzen Sache nichts zu tun und verweist mich an ein Gebäude, das sich am anderen Ende der Freihandelszone befindet. Hier nehmen sich zwei junge Damen meiner an und drücken mir einen Zettel in die Hand, der von den Lufthansa-Mitarbeitern ausgefüllt werden muss.

Noch bin ich guter Dinge. Bis jetzt ist das alles noch der übliche Papierkram innerhalb der ganz normalen südamerikanischen Bürokratie. Ich marschiere also wieder zurück zum blauen Kranich. Der Chef wirft einen kurzen Blick auf die Papiere und stellt fest, dass es sich um Einfuhrdokumente handelt. Die sind jedoch nutzlos, da ich ja ausreisen will. Also wieder zurück zu den jungen Damen und die Sachlage klären. Da meine Spanischkenntnisse hierfür nicht ausreichen, frage ich, ob wir die Angelegenheit in Englisch besprechen könnten. »Si claro«, entfährt es den beiden Zöllnerinnen, und sie drücken mir ein weiteres Papier in die Hand. Mit einem Lächeln schicken sie mich ins nächste Büro.

Der dortige Beamte weiß jedoch mit diesem Dokument nichts anzufangen. Er telefoniert kurz, und wenig später stehe ich erneut vor den Mädels. Der nächsten Versuch. Neuer Zettel, neues Büro, doch auch diesmal ein Fehlschlag. Als ich wieder vor dem Schalter der beiden stehe, mache ich ihnen klar, dass ich nun die Nase voll hätte. Sie sollten mir jetzt endlich das richtige Formular aushändigen. Unser Disput erregt sogar die Aufmerksamkeit eines älteren Herren, der im hintersten Winkel des Büros sitzt. Er scheint der Chef zu sein. Einen Grund, sich einzumischen, sieht er nicht.

Meine Aufregung amüsiert die Damen köstlich. Ein neuer Zettel kommt ins Spiel. Darauf soll die Fluggesellschaft bescheinigen, dass das Motorrad überhaupt existiert. Der Lufthansa-

Manager weiß nun überhaupt nicht mehr, was los ist. Er telefoniert und schickt mich in ein Nachbarbüro. Dort bekomme ich ein Dokument, das ich den Damen vorlegen soll. Offensichtlich das richtige.

Diesen Trumpf spiele ich dann aus. Den beiden Zöllnerinnen vergeht schlagartig das Lachen. Ratlose Gesichter. Solche Papiere haben sie offensichtlich noch nie gesehen. Gespannt warte ich auf die Reaktion. Sie ziehen den Chef zu Rate. Der winkt jedoch nur abfällig mit der Hand. Kichernd legt daraufhin eine der Zöllnerinnen ein weiteres Formular auf den Tisch. Wieder soll ich in ein anderes Gebäude, in ein anderes Büro gehen. Aber auch dort komme ich nicht zum Zug.

Jetzt habe ich den Kanal aber endgültig voll. Zurück am Schalter werde ich laut. Fast drei Stunden irre ich nun schon umher - jetzt ist Schluss. Ich mache dem Haufen klar, dass in jeder kleinen Zollstation Patagoniens kompetentere Mitarbeiter beschäftigt würden. Doch meine Wut steigert die allgemeine Heiterkeit nur noch.

In meiner Not bitte ich den Lufthansa-Manager um Hilfe. Obwohl der wenig Zeit hat, nimmt er sich meiner Sache an. Zusammen treten wir vor den Schalter. Er stellt die beiden Damen ordentlich in den Senkel und sagt mit strenger Miene, dass er es gar nicht schätze, wenn der Zoll über Lufthansa-Kunden lache. Plötzlich wird die Angelegenheit zur Chefsache. Der ältere Herr verlässt seine Ecke und kommt zum Schalter. Den Zöllnerinnen entgleiten die Gesichtszüge. Bürochef und Manager wechseln einige Sätze, dann kommt die Sache ins Rollen.

Ich darf im Vorraum Platz nehmen. Die jungen Damen rennen nun geschäftig hin und her. Sie bringen mir nicht nur sämtliche Dokumente an den Tisch, alle Formulare sind sogar schon komplett ausgefüllt. Ich muss nur noch unterschreiben. Den beiden stinkt dieser Extra-Service gewaltig. Hatten sie am Anfang doch so viel Spaß mit mir. Binnen 20 Minuten ist tatsächlich alles erledigt. Mein Motorrad wird morgen nach Frankfurt geschickt.

Drei Tage später sitze auch ich in einem Flugzeug über dem Atlantik. Es bringt mich zurück in mein altes Leben. Was wird mich dort erwarten? Wie wird sich meine Südamerika-Auszeit auf den künftigen Alltag auswirken? Ich fürchte, dass nichts mehr so sein wird wie vorher. Viel lieber wäre ich in den Anden geblieben, hätte mich einfach immer weiter treiben lassen.

Im Zeitraffer schießen mir die Ereignisse der letzten sechs Monate durch den Kopf. Die Aufregung in Panambi, Villie und seine Familie in der Colonia Nova, die Motorradfreaks in Azul und alle diese netten Menschen, die ich wahrscheinlich nie mehr wiedersehen werde. Viele Dinge werde ich wohl vergessen. Aber die Freundlichkeit und Herzlichkeit all derer, die mir auf dieser Reise begegnet sind, werden mir mein Leben lang in Erinnerung bleiben.

Und dann ist da noch meine alte Ténéré, das gute Stück. Auch auf dieser Reise hat sie mich nicht im Stich gelassen. Einige Blessuren hat sie zwar abbekommen, aber sie läuft nach wie vor tadellos. 175.000 Kilometer stehen inzwischen auf dem Tacho - beinahe unglaublich. Ihr Gnadenbrot hat sie sich jetzt wirklich verdient.

Ich schließe die Augen und denke an zu Hause. Ein halbes Jahr lang habe ich meine Auszeit in vollen Zügen genossen und eigentlich immer Angst vor der Rückkehr gehabt. Doch jetzt im Flugzeug freue ich mich doch irgendwie auf Deutschland. Anne wird auf mich warten, die Freunde, Bekannten und Verwandten werden mich willkommen heißen. Und auf einmal ist es wieder da, das Interesse an den Dingen, die in der Zwischenzeit zu Hause passiert sind. Kein Zweifel - so gerne ich auf Reisen gehe, so gerne kehre ich auch wieder zurück.

Epilog

Die Zeit danach

Seit dem Ende meiner Auszeit ist nun einige Zeit vergangen. Die Frage nach dem Danach beantwortete sich von selbst, denn der alte Trott stellte sich schneller wieder ein als mir lieb war. Kaum hatte ich mich bei meinen Auftraggebern zurückgemeldet, wuchs mein Auftragspolster ständig.

Meine ganzen Existenzängste hatten sich als unbegründet erwiesen. Im Gegenteil: Es fand sogar eine Art Karrieresprung statt. Denn durch die Südamerika-Reise konnte ich neue Kontakte knüpfen, die mir beim Ausbau meiner beruflichen Aktivitäten sehr behilflich waren und es noch sind. Die Auszeit tat mir beruflich auf jeden Fall gut. Wobei man es als Selbständiger natürlich leichter hat als ein Angestellter, sich für mehrere Monate auszuklinken.

Schwierigkeiten hatte ich schon eher auf der persönlichen Ebene. So hatte ich am Anfang große Probleme, mich längere Zeit in geschlossenen Räumen aufzuhalten. Auch gingen mir Menschenansammlungen ziemlich auf den Wecker. Das hat sich inzwischen alles ziemlich gelegt. Mein Hang zu Ruhe und Einsamkeit ist seit Südamerika jedoch eindeutig stärker geworden.

Überhaupt keine Umstellungsprobleme hatte Jo. Er arbeitet nach wie vor halbtags als Redakteur bei einem Verlag. Allerdings bedeutet halbtags bei ihm nicht, dass er vier Stunden pro Tag in der Redaktion sitzt. Jo arbeitet im Halbjahres-Rhythmus. Deshalb war für ihn der Ausstieg auf Zeit beruflich ohnehin nie ein Problem.

Bei Birgit sah die Sache schon anders aus. Angestellt in einer Software-Firma, arbeitete sie acht Stunden am Tag unter ganz normalen Bedingungen. Sechs Monate freinehmen? Ein Problem. Sie hatte jedoch das Glück, dass ihre Firma sie für die Südamerika-Reise beurlaubte. Andernfalls hätte sie kündigen müssen. Was sie auch getan hätte. Denn die Reise nach Südamerika war ihr wichtiger als ihr Job.

Die Frage, Job oder Lebenstraum, Kopf oder Bauch, stellt sich jeder einmal, der vom Ausstieg auf Zeit träumt. Was ist wichtiger für mich? Der Job und damit das gesicherte Leben oder ein Ausstieg, der immer den Schritt ins Ungewisse bedeutet? Diese Entscheidung, die jeder nur für sich selbst treffen kann, verlangt etwas Mut und ein wenig Lust am Abenteuer. Denn sein Leben umzukrempeln, einmal etwas ganz anderes zu tun, das alleine ist schon ohne die neuen äußeren Bedingungen mehr als abenteuerlich.

Ich habe die Entscheidung, mir eine Auszeit zu gönnen, nie bereut. Die Zeit in Südamerika hat mein Leben bereichert und verändert. Ein kleines bisschen der »Mañana-Mentalität« konnte ich mir bis jetzt bewahren. Keines der Erlebnisse möchte ich missen. Die Erinnerungen an die Menschen und die Landschaft wird mich - so hoffe ich - für den Rest meines Lebens begleiten.

Mittlerweile merke ich, dass der Travel-Bug nichts von seiner Aggressivität verloren hat. Die erste Zeit nach Südamerika meldete er sich nicht und gab sich mit Erinnerungen zufrieden. Doch jetzt macht sich dieses Virus immer öfter bemerkbar und verlangt nach neuer Nahrung. Ich ertappe mich ab und zu dabei, wie ich sehnsuchtsvoll an die nächste Auszeit denke.

Doch gäbe es dieses Mal einige Veränderungen. Anne müsste auf jeden Fall von Anfang bis Ende dabei sein - auf ihrem eigenen Motorrad. Eine solche Tortur wie in Südamerika möchte ich Anne, mir und auch keinem Motorrad mehr zumuten.

Auch meine Maschine wäre wohl etwas neueren Datums. Den Ehrgeiz, die Ténéré noch einmal für eine solche Reise fit zu machen, habe ich nicht. Obwohl sie tapfer bis zum Schluss durchhielt, benötigte sie die ganze Zeit über einen hohen Wartungs- und Pflegeaufwand.

Nach der Reise sah die Ténéré ziemlich ramponiert aus. Eigentlich lohnte es sich nicht mehr, in das 10 Jahre alte Ding mit einer Laufleistung von 176.000 Kilometern noch Zeit und Geld zu investieren. Denn weitere Reisen oder endlose Drehzahlorgien auf deutschen Autobahnen wollte ich der XT nicht mehr zumuten. Verkaufen konnte ich sie aber ebensowenig, denn wer will schon einen Einzylinder mit einer solchen Laufleistung?

Verschrotten? Nein, nach all dem, was wir zusammen durchgemacht hatten, kam so etwas überhaupt nicht in Frage. Verschenken? Schon eher. In Burkhard, der so manche Stunde mit mir an der Ténéré geschraubt hatte, fand ich einen dankbaren Abnehmer. Er setzte das Motorrad wieder liebevoll in Stand.

Leider konnte er sich nicht allzu lange an der Ténéré erfreuen. Sie wurde auf offener Straße erlegt. Die missachtete Vorfahrt eines Autofahrers raffte sie dahin. Burkhards Schutzengel war Gott sei Dank zur Stelle. Mein Freund hatte Glück, viel Glück. Dieser Unfall hätte für ihn wesentlich schlimmer ausgehen können. Bis auf Hautabschürfungen, einer zu nähenden Wunde sowie diversen Prellungen an Händen und Knien bekam er nichts ab. Die Ténéré überlebte diesen Zusammenstoß ebenso wie das Auto nicht.

Zwei weitere Dinge würde ich ändern: Zum einen wäre die Verbesserung meiner Spanischkenntnisse ein absolutes Muss, sollte mich eine Reise wieder nach Südamerika führen. Die Motorräder waren stets ein Kommunikator, der es leicht machte, mit den Menschen in Kontakt zu kommen. Doch zu Gesprächen, die über das übliche »wohin, woher und wie lange« hinaus gingen, kam es aufgrund meiner mangelnden Sprachkenntnisse nie. Heute finde ich es schade, dass ich mich vor der Reise nicht aufraffen konnte, intensiver Spanisch zu lernen.

Zum anderen würde ich auch nicht mehr als Trio fahren wollen, obwohl wir drei uns wirklich gut verstanden. Mir wäre es aber lieber als Quartett zu verreisen - Anne, Birgit, Jo und ich. Pläne dafür existieren schon in unseren Köpfen.

Daten & Fakten

EINREISE

Deutsche Staatsbürger benötigen für die Einreise nach Argentinien, Brasilien, Chile und Uruguay kein Visum. Für einen Aufenthalt von bis zu 90 Tagen reicht der Reisepass, der bei der Einreise mindestens noch drei Monate gültig sein muss.

Für die Einfuhr eines Fahrzeugs wird normaleweise kein Carnet de Passage benötigt (Ausstellung des Carnets durch den ADAC). In der Regel stellt der Zoll bei der Einreise ein Dokument für die zeitlich begrenzte Einfuhr eines Fahrzeuge aus (Admision Temporaria Vehiculos de Turistas). Aber dieses Verfahren wird unterschiedlich gehandhabt. Es kommt immer wieder vor, dass Zöllner bei der Einreise mit einem Fahrzeug ein gültiges Carnet verlangen. Wer auf Nummer sicher gehen will, sollte ein gültiges Carnet de Passage dabeihaben. Der Flughafen von Santiago de Chile gilt zur Zeit als unkomplizierteste Einfuhrstation in Südamerika.

Touristische Abteilung der Botschaft von Argentinien
Adenaueralle 52
53113 Bonn
Fon: 0228/228010
Fax: 0228/214809
Internet: www.Argentinische-Botschaft.de

Botschaft der Bundesrepublik Deutschland in Argentinen
(Embajada de la Republica Federal Alemania)
Calle Villanueva 1055
C1426 BMC, Buenos Aires
Fon: 0054/11/47782500
Fax: 0054/11/47782550
Internet: www.embaalemana.com.ar

Botschaft der Republik Chile, Bad Godesberg
Kronprinzenstr. 20
53173 Bonn
Fon: 0228/955840

Botschaft der Republik Chile Außenstelle Berlin
Leipziger Str. 63
10117 Berlin
Fon: 030/2044990
Fax: 030/2044312

Botschaft der Bundesrepublik Deutschland in Chile
(Embajada de la Republica Federal Alemania)
Calle Agustinas 785, 7. Stock
Santiago
Fon: 0056/2/4632500
Fax: 0056/2/4632525

Botschaft der Bundesrepublik Deutschland in Brasilien
(Embaixada da Republica Federal da Alemanha)
Avenida das Nacıes, lote 25, Quadra 807
70415-900 Brasila - DF
Fon: 0055/61/4437330
Fax: 0055/6/4437508
e-mail: germanembassy@zaz.com.br

Botschaft der Bundesrepublik Deutschland in Uruguay
(Embajada de la Republica Federal Alemania)
Casilla de Correo
20014 Montevideo (Postfach)
Straßenanschrift:
La Cumparsita 1417/35, Plaza Alemania
11200 Montevideo
Fon.: 00598/2/9025222
Fax: 00598/2/9023422
e-mail: deubot@montevideo.com.uy

POLITISCHE LAGE/SICHERHEIT

In den beschriebenen Ländern ist die politische Lage stabil. In Argentinien, Brasilien, Chile und Uruguay herrscht Demokratie, was aber nicht darüber hinwegtäuschen darf, dass die Militärs gerade in Argentinien und Chile immer noch viel Macht haben. Aber die amtierenden

Regierungen sind so gefestigt, dass ein Putsch unwahrscheinlich ist. Argentinien, Chile und Uruguay sind sichere Reiseländer. Die Kriminalität ist hier nicht größer als in Deutschland. Jedoch sollte man sich gerade in den Großstädten vor Trickbetrügern und Taschendieben in Acht nehmen. Brasilien macht leider eine Ausnahme. Die Kriminalität ist im Süden zwar nicht so hoch wie in den Ballungszentren Rio de Janeiro und Sao Paulo, wo Straßenraub und Gewaltdelikte an der Tagesordnung sind. Doch kann es auch im Süden zu Überfällen kommen. Besonders auf den Touristenstrecken von Argentinien zu den Badestränden rund um Porto Alegre haben Raubüberfälle dramatisch zugenommen.

Weitere Angaben über diese Länder können im Internet unter www.auswaertiges-amt.de abgerufen werden (Länder-Info). Die Auskünfte werden vom Auswärtigen Amt ständig aktualisiert.

MOTORRAD-TRANSPORT

Der Transport per Flugzeug ist der sicherste und schnellste Weg, das Motorrad nach Südamerika zu verfrachten. Der Transport wird in zwei bis drei Tagen abgewickelt. Hier heißt es, die Preise der verschiedenen Luftfracht-Speditionen zu vergleichen oder sich direkt mit den einzelnen Fluggesellschaften in Verbindung zu setzen. Letztere können direkt über die Zentrale des Frankfurter Flughafens erreicht werden: Fon: 069/6901. Für diejenigen, die den Papierkrieg scheuen, übernimmt GS Sportreisen den kompletten Lufttransport.

GS-Sportreisen in München
Fon: 089/27818484
Fax: 089/27818481
Internet: www.gs-sportreisen.de

Bikeworld Travel GmbH in 32756 Detmold
Fon: 05231/580262
Fax: 05231/580265
Internet: www.bikeworld-travel.de
Bikeworld hat speziell für den Transport von Motorrädern Palet-

ten entwickelt, auf denen die Motorräder komplett festgezurrt werden. Auf dieser Webseite finden sich nützliche Tipps und Hinweise, worauf beim Transport eines Motorrades per Flugzeug zu achten ist.

In Time in Hamburg
Fon: 04174/71470
Fax: 04174/714717

MBS Air Cargo in Köln
Fon 02203/9338-41 bis -43
Fax: 02203/9338-92

Lufthansa Büro in Santiago
Ultramar, Moneda 970, 16. Stock
Fon: 0056/2/6301655
Fax: 0056/2/6301636

VERSICHERUNG

In Argentinien besteht Haftpflicht für Kraftfahrzeuge. Für die anderen Länder ist es ratsam eine Fahrzeugversicherung abzuschließen. Diese Versicherung lässt sich schon in Deutschland abschließen.

NOWAG-Versicherung
Rieslingstr. 40
65207 Wiesbaden
Fon: 06122/15646
Fax: 06122/8993

GESUNDHEIT

Pflichtimpfungen sind in keinem der beschriebenen Länder vorgeschrieben. Doch die Impfung gegen Tetanus, Hepatitis A, Hepatitis B, Polio und Typhus sind dringend zu empfehlen. In Chile (im Norden des Landes) und Brasilien treten immer wieder Cholerafälle auf. Eine Impfung gegen Cholera ist allerdings nur bedingt anzuraten, da der in Deutschland zugelassene Impfstoff nicht zuverlässig wirksam ist. Gegen die Cholera helfen in erster Linie hygienische Maßnahmen vor Ort. So sollte man nur sauberes, abgekochtes Wasser trinken, Obst nur geschält essen und kein rohes Gemüse oder Salat verzehren. Das Wasser aus den Bächen und Flüssen kann im abgekochten Zustand bedenkenlos getrunken werden. Für alle Fälle ist die Mitnahme von Wasserentkeimungsmitteln wie Micropur zu empfehlen. Die Gefahr, dass Touristen mit dem Hanta-Virus, der durch die Exkremente von Ratten übertragen wird, in Berührung kommen, ist mehr als gering.

Folgende Tropeninstitute informieren über notwendige Impfungen bei Reisen nach Südamerika:

Berlin
Institut für Tropenmedizin
Engeldamm 62
10179 Berlin
Automatische Ansage für Südamerika: 030/1974

Hamburg
Bernhard-Nocht-Institut für Tropenmedizin
Bernhard-Nocht-Str. 74
20359 Hamburg
Individuelle Reiseberatung, persönliches Datenblatt für DM 30,00
Fon: 040/42818800 (werktags von 9 bis 16 Uhr)

München
Abteilung für Infektions- und Tropenmedizin der Universität,
Leopoldstr. 5
80802 München
Automatische Ansage für Südamerika: 089/333369

Heidelberg
Institut für Tropenhygiene und öffentliches Gesundheitswesen
Im Neuenheimer Feld 324
69120 Heidelberg
Automatische Ansage für Südamerika: 06221/565635

KRANKENVERSICHERUNG

Immer daran denken: Viele Auslandskrankenversicherungen gelten nur für einen Auslandsaufenthalt von maximal 90 Tagen oder sogar noch kürzer. Wer sich länger im Ausland aufhält, ist nach Ablauf dieser Frist nicht mehr versichert. Die Deutsche Krankenversicherung (DKV) bietet günstige Versicherungstarife für Langzeitreisende an. Der Beitrag richtet sich nach Geschlecht, Reisedauer, Eintrittsalter und Aufenthaltsland. Vertragsdauer: minimal 3 Monate, maximal 60 Monate.

DKV
Aachener Str. 300
50933 Köln
Fon: 0221/5780
Internt: www.dkv.com

Die DKV bietet auch einen Versicherungs-Service im Internet.

KLIMA - REISEZEIT - TEMPERATUREN

Wer von Norden bis Süden durch Chile oder Argentinien reist, kommt durch mehrere Klimazonen. In Argentiniens Norden ist es subtropisch (feuchtwarm), dagegen herrscht im Norden Chiles trockenes und heißes Klima (Wüstenklima). Der Süden ist in beiden Ländern von den Temperaturen her gemäßigt, das Klima ist mit dem in Deutschland vergleichbar. Doch kann es auch im Sommer im äußersten Süden zu Schneefällen kommen. Kräftige Temperaturunterschiede sind in Patagonien keine Seltenheit, dafür ist es meistens trocken. Der heftige Wind bläst eigentlich immer und geht einem teilweise ganz schön auf die Nerven. An der westlichen Seite der Anden (Chile) fällt viel Niederschlag. In den Bergen sind auch im Sommer Nachttemperaturen von minus 10 Grad üblich.

Die Jahreszeiten auf der Südhalbkugel sind genau umgekehrt. Sommer ist von November bis April. Das ist auch die beste Reisezeit für den äußersten Süden. Die Winter sind feucht und kalt. Viele der hohen Andenpässe können nur von Januar bis Mitte März passiert werden.

GELD

Der US-Dollar ist die Leitwährung auf dem gesamten südamerikanischen Kontinent. Der argentinische Peso ist direkt an den US-Dollar gekoppelt, der Umtauschkurs beträgt fast 1:1. In Argentinien kann auch problemlos mit der US-Währung bezahlt werden. Geld kann ebenfalls an Geldautomaten, die Kreditkarten akzeptieren, abgehoben werden. Die gebräuchlichen Kreditkarten sind Mastercard und Visa. Travellerschecks werden nicht von allen Banken angenommen.

Auch in Chile lässt sich Bargeld problemlos an Automaten abheben. Diese sind im Süden allerdings selten. Travellerschecks werden hier nur von Wechselstuben akzeptiert. Wer sich längere Zeit auf dem Land aufhält, sollte sich mit genügend Bargeld eindecken, denn dort haben moderne Zahlungsmittel wie Kreditkarten und Travellerschecks keinen Wert.

SPRACHE

Grundlegende Spanischkenntnisse sind für einen Aufenthalt in Südamerika notwendig. Mit Englisch kommt man - wenn überhaupt - nur in Großstädten oder in touristischen Zentren weiter. In einigen Regionen in Chile und Argentinien hat man eventuell das Glück, auch mit Deutsch weiterzukommen. In Brasilien wird Portugiesisch gesprochen. Wie in den anderen Ländern kommt man auch im Amazonasstaat mit Englisch nicht sehr weit.

UNTERKUNFT

Bei der Unterkunft ist das Zelt die erste Wahl. Zum einen bietet es eine preisgünstige Übernachtung, zum anderen hat man auch dort eine Schlafmöglichkeit, wo es keine Hotels und Hosterias gibt. Die Campingplätze bieten meist keinen großen Luxus und verfügen über mehr oder weniger einfache sanitäre Anlagen. Das freie Zelten ist in Patagonien und in den Anden kein Problem. Hotels und Hosterias sind in fast jedem Ort zum Teil schon ab 20 Mark pro Nacht und Person zu haben.

MOTORRAD

Beim Motorrad gilt die Regel: weniger ist mehr. Eine gesunde Mischung aus Gewicht und Hubraum machen das Vorankommen auf unwegsamen Pisten einfacher. Motorräder mit einem Leergewicht von 150 bis 200 kg und einem Hubraum von 500 bis 750 ccm eignen sich am besten für Reisen dieser Art. Die Straßenverhältnisse in Patagonien und in den Anden sind oft miserabel. Eine Enduro ist daher am geeignetsten, um auf den schlechten Strecken voranzukommen.

Zubehörfirmen

Touratech
Auf dem Zimmermann 7 - 9
78078 Niedereschach
Fon: 07728/92790
Fax: 07728/927929
Internet: www.touratech.de.

SW-Motech
Auf der Neustadt 16
35282 Rauschenberg
Fon: 06425/820280
Internet: www.mo-tech.de

African Queens
Holledaustr. 9 a
85301 Geisenhausen
Fon: 08441/18442
Fax: 08441/18402
Internet: www.africanqueens.de

Tanken

Mit einer Tankfüllung (inklusive Reservekanister), die eine Reichweite von 500 bis 550 km ermöglicht, ist man fast immer auf der sicheren Seite. Die meisten Enduros müssen aber erst auf diese Reichweite umgerüstet werden. Hierzu gibt es zwei Möglichkeiten: Kunststofftanks aus dem Zubehörhandel wie z. B. von Acerbis oder eine Maßanfertigung.

Tankbauer

Lammers Tanks
Markusstr. 45
49716 Meppen
Fon: 05931/13967

Reinschlüssel
Eisenbahnstr. 128
72072 Tübingen
Fon: 07071/360135 (Alu-Tanks)

Off-Road
Nikolaus-Groß-Str. 19
27755 Delmenhorst
Fon: 04221/22444

Bernd Tesch
Zur Fernsicht 18
52224 Stolberg-Zweifall
Fon und Fax: 02402/75375
Internet: www. berndtesch.de

Sauer
Steinhof 7
77704 Oberkirch
Fon: 07802/6049

Motorrad Stemler GmbH
Garschlager Heide 29
42899 Remscheid
Fon: 02191/53067

Wandel GmbH Kunststoffbeschichtungen
Heinrich-Heine-Str. 5
49163 Bohmte
Fon: 05471/513 (WBO-Tanks)

Federelemente

Ob eine Umrüstung auf Zubehör-Federelemente wirklich notwendig ist, sollte vorher unter realistischen Bedingungen ausprobiert werden. Bei vielen Modellen sind die serienmäßigen Teile besser als ihr Ruf. Sollte sich herausstellen, dass nach Alternativen zur Grundausstattung gesucht werden muss, sind Federelemente von TechnoFlex, Öhlins oder WhitePower eine gute Wahl.

Folgende Anbieter passen die Federung individuell den Bedürfnissen des Fahrers an:

TechnoFlex, Wilbers-Products GmbH
Alfred-Mozer-Str. 84
48527 Nordhorn
Fon: 05921/6057
Fax: 05921/74099
Internet: www.technoflex.de.

SW-Motech
Auf der Neustadt 16
35282 Rauschenberg
Fon: 06425/820280
Internet: www.mo-tech.de

Reifen

Auf den Pisten Südamerikas hat sich der Barum ED9T bewährt. Auf der Ténéré schaffte dieser Reifen eine Laufleistung von 22.000 Kilometern und machte auch in schwierigem Gelände eine gute Figur. Weitere Stollen-Alternativen für eine solche Reisen sind: Continental TKC 80, Michelin T63, Pirelli MT 21.

Reifen sind in Südamerika nur in den größeren Städten wie Santiago, Antofagasta, Buenos Aires oder Mendoza zu bekommen. Iquique (im Norden Chiles) besitzt eine Freihandelszone, Waren - auch Motorradreifen - werden dort wesentlich preisgünstiger als anderswo im Land angeboten.

Gepäcksysteme und Koffer

Der Transport des Gepäcks ist eine der größten Herausforderungen einer solchen Reise. So wenig wie möglich und soviel wie nötig sollte die Devise heißen. Danach zu handeln, ist nicht immer ganz leicht. Zur Unterbringung der Utensilien haben sich Aluboxen und wasserdichte Taschen von Ortlieb bestens bewährt. Für die Aluboxen gibt es auf dem Markt mehrere Anbieter:

Touratech
Auf dem Zimmermann 7 - 9
78078 Niedereschach
Fon: 07728/92790
Fax: 07728/927929
Internet: www.touratech.de.

Därr Expeditionsservice
Theresienstr. 66
80333 München
Fon: 089/282032
Fax: 089/282525

Bernd Tesch
Zur Fernsicht 18
52224 Stolberg-Zweifall
Fon und Fax: 02402/75375
Internet: www. berndtesch.de

RMS
Siedlungsstr. 3
97270 Kist
Fon: 09306/8599

Neumüller GmbH
Langholz 1
94136 Thyrnau
Fon: 08501/90090

Ralf Petersen
Regel 4
460509 Xanten
Fon: 02801/3922

AUSRÜSTUNG

Zelt und Schlafsack sollten von gehobener Qualität sein. Das Zelt muss auch einer stärkeren Brise widerstehen können. Besondere Sorgfalt sollte der Wahl des Kochers gelten. Auf solchen Reisen empfiehlt sich ein Benzinkocher. Benzin hat den höchsten Heizwert (ca. 11.000 kcal) gefolgt von Gas (ca. 7.000 kcal). Benzinkocher haben außerdem den Vorteil, dass der Brennstoff fast überall erhältlich ist. Wer mit dem Motorrad fährt, hat ohnehin Sprit im Tank. Ein guter Windschutz ist vor allem in Patagonien ein unentbehrliches Kochutensil.

Globetrotter Ausrüstung
Bargkoppelstieg 12
22145 Hamburg
Fon: 040/67966179
Fax: 040/67966186
Internet: www.Globetrotter.de

Därr Expeditionsservice
Theresienstr. 66
80333 München
Fon: 089/282032
Fax: 089/282525

Woick
Plieninger Str. 21
70794 Filderstadt
Fon: 0711/7096700
Internet: www.woick.de

Touratech
Auf dem Zimmermann 7 - 9
78078 Niedereschach
Fon: 07728/92790
Fax: 07728/927929
Internet: www.touratech.de.

AUSRÜSTUNGSBERATUNG

R-Tec, Rainer Würtele
Holzstr. 12
71404 Korb
Fon: 07151/279674
Fax: 07151/279675
Spezialgebiet: Navigation und individuelle Länderberatung

Bernd Tesch
Zur Fernsicht 18
52224 Stolberg-Zweifall
Fon und Fax: 02402/75375
Internet: www.berndtesch.de

LANDKARTEN

Der argentinische Automobilclub (ACA) gibt Detailkarten des ganzen Landes heraus. Diese Karten gibt es an den ACA-Tankstellen in den größeren Orten oder in der ACA-Zentrale in Buenos Aires. In Chile sind gute Straßenkarten so gut wie gar nicht zu bekommen. Der Grund: Es gibt keine. Die Ölgesellschaft Copec vertreibt an ihren Tankstellen einen kleinen Straßenatlas von Chile (bestehend aus mehreren Karten), mit dem man ganz gut zurecht kommt. Die eingezeichneten Entfernungen stimmen auf den Karten allerdings nicht immer mit der Realität überein. Für die Planung zu Hause hat sich die R+V-Karte »Südamerika« im Maßstab 1 : 4 Millionen als nützlich erwiesen. Wer mehr Details braucht, erhält bei Därr Expeditionsservice russische Armeekarten über dieses Gebiet.

Därr Expeditionsservice
Theresienstr. 66
80333 München
Fon: 089/282032
Fax: 089/282525

LITERATUR

Die Bibel für Südamerikareisende ist das **South American Handbook** aus dem Footprint-Verlag. Das Buch ist in Englisch geschrieben und wird jedes Jahr aktualisiert.
Preis ca. DM 75,00 (ISBN 0 -900751-746)

Über Chile gibt es vom Verlag **Reise Know How** ein gutes Reisehandbuch mit vielen Informationen, die sich nicht nur auf Unterkünfte Restaurants und Verkehrsverbindungen beziehen.
Preis DM 44,80 (ISBN 3-89662-054-1)

Weitere Informationen unter www.reise-know-how.de

APA Guide Südamerika, Langenscheidt.
Preis DM 44,80 (ISBN 3-8268-2401-6)

Geo-Spezial »Argentinien« und »Anden«.

Viele gute Tipps für eine längere Auszeit wie zum Beispiel Argumentationshilfen gegenüber dem Arbeitgeber, Vertragsänderungen für die Freistellung, aber auch Erfahrungsberichte finden sich in dem Buch **Aussteigen auf Zeit** von Anke Richter, VGS-Verlag Köln.
Preis DM 19,80 (ISBN 3-8025-1386-X)

INTERNET

Internet-Verbindung mit Travellern weltweit gibt es bei www.horizonsunlimited.com. Auf einer virtuellen Pinnwand (Bulletin Board) kann man dort seine Fragen hinterlegen, die dann von Reisenden auf der ganzen Welt beantwortet werden.

Weiterhin können Fragen zum Thema Motorradreisen im e-mail-Zirkel »Motorrad-Reise-Treffen« (MRT) gestellt werden.
Unter http://home.t-online.de/home/r.wuestefeld kann man sich in diesen Zirkel eintragen.

Zum guten Schluss

Es ist bei Büchern dieser Art üblich, dass Dank ausgesprochen wird. Eine schöne Tradition, die ich auch gerne aufgreifen möchte. Denn es gibt einige Leute, ohne die diese Zeilen nicht existieren würden.

Da ist als erstes meine Frau Anne. Sie half mir beim Korrekturlesen und machte mich ab und zu recht deutlich auf Ungereimtheiten aufmerksam. Durch ihre Geduld und Mithilfe ist diese Geschichte sicherlich besser geworden.

Auch meinen Reisepartnern, Birgit Pütz und Jo Deleker, ist mein Dank gewiss. Schließlich waren sie es, die mir den Floh ins Ohr setzten, nach Südamerika zu fahren. Mit ihnen verbrachte ich dort eine phantastische Zeit. Für ihre kommenden Touren wünsche ich Jo viele schöne Motive, Birgit weniger platte Reifen und beiden, dass sie stets gesund und munter zurückkommen.

Nicht zu vergessen ist der Highlights-Verlag. Sylva Harasim und Martin Schempp brachten mich überhaupt auf die Idee, meine Erlebnisse in Südamerika in einem Buch festzuhalten.

Auch einige Unternehmen, die mich bei den Vorbereitungen vor und während der Reise unterstützten, sollen an dieser Stelle nicht unerwähnt bleiben. Yamaha, Touratech, Ortlieb, Hein-Gericke und Lowepro stellten mir für die Tour durch Südamerika einige ihrer Produkte zur Verfügung, die sich unterwegs alle bewährten. Auf diese Reise wäre ich sicher auch ohne dieses Sponsoring gegangen, doch die Unterstützung dieser Unternehmen machte vieles einfacher.

Schließlich sei auch ganz herzlich der Firma Rukka gedankt, die durch ihre Unterstützung die Herstellung dieses Buches ermöglichte.

rukka
air
POWER
GORE-TEX
CORDURA
AFT